예제를 통해 → 문제를 풀고 → 만들고 → 해결하며 배우는 → 생각하는 힘

퍼즐로 이해하는 알고리즘

퍼즐로 이해하는
알고리즘

들어가며

퍼즐은 논리적 사고로 여러 번의 시행착오를 거쳐 즐겁게 풀어내는 문제입니다. 오래 전부터 전 세계에서 머리를 쓰는 지능형 게임으로 사랑받았습니다. 찬찬히 생각에 몰입할 때 가려졌던 문제 구조가 조금씩 보이기 시작해 마침내 답이 훤히 보이는 재미, 아무리 머리를 굴려도 종잡을 수 없던 답이 궁리를 거듭한 끝에 섬광처럼 번뜩일 때의 기쁨. 퍼즐은 끝까지 포기하지 않은 사람에게 값진 성취감을 선사합니다.

한편 알고리즘은 문제를 푸는 일종의 도구입니다. 우리는 알고리즘의 힘을 빌려 수많은 문제를 해결합니다. 내비게이션은 '현 위치에서 목적지로 가는 경로를 찾아' 문제를 해결하고, diff 명령어는 '주어진 두 문서의 내용을 비교'해 문제를 풉니다. 방법에 상관없이 '같은 방법으로' 풀고자 하는 문제의 답을 찾아낸다는 점이 알고리즘의 위대한 특징입니다. 스도쿠를 푸는 알고리즘은 바르게 적용하기만 하면 프로그램에 어떤 스도쿠 문제를 입력하든 답을 출력합니다.

이 책에서는 퍼즐 프로그램을 만들어보면서 알고리즘으로 사고하는 능력을 즐겁게 연마합니다. 각 절은 다양한 퍼즐을 소개하며 시작합니다. 먼저 퍼즐을 손으로 풀어보며 흥미롭게 두루두루 살펴봅니다. 충식산, 스도쿠, 오델로 등 예전부터 널리 알려진 퍼즐은 단지 재미만이 아니라 알고리즘으로 사고하는 힘을 기르는 데 도움되는 요소가 여럿 있습니다. 가령 스도쿠를 풀 때 '이 칸에는 이 수가 들어올 수 없다', '이 수는 이 칸에 넣을 수 없다' 같은 생각을 하는 분이 많을 겁니다. 이러한 방식을 알고리즘 세계에서는 '탐색 가지치기'라 합니다. 퍼즐을 풀고 프로그램을 적용하다 보면 알고리즘적 사고력도 자연스럽게 배양됩니다.

이 책에 제시한 프로그램에는 퍼즐을 푸는 데 필요한 최소한의 기능만 담았습니다. 고속화, 기능 추가, 예외 처리 등 다양한 방법으로 프로그램을 개선해 여러분만의 독자적인 프로그램을 만들어보기 바랍니다.

2022년 4월 오쓰키 겐스케

이 책에 대해

이 책의 구성이나 유의점 등을 설명합니다.

● 사용 언어

C++ 언어로 퍼즐 프로그램을 만듭니다. 기본 기능만 사용하므로 그 외 언어로도 만들 수 있습니다. 소스 코드 중에는 C++ 11 이후 버전을 사용해야 컴파일 가능한 것도 있으니, 이 점을 유의하세요.

● 컴퓨터 환경

제 컴퓨터로 실험한 결과를 그대로 옮기기도 했습니다. 컴퓨터 환경은 아래와 같습니다.

• MacBook Pro(13-inch, M1, 2020), 8코어 CPU, 8GB 메모리

● 기타 자료

이 책에 소개된 퍼즐 프로그램은 아래 링크에서 볼 수 있습니다.

• https://github.com/drken1215/book_puzzle_algorithm/

감사의 말

이 책은 기술평론사의 『Software Design』에 연재된 「パズルで鍛えるアルゴリズム力」의 내용을 토대로 합니다. 연재에 이르기까지 제안하고 이끌어주신 야마자키 카오리 님은 연재하는 중에도 제 원고를 보기 쉽게 정리해주시고, 집필할 때에는 편집도 맡아 주셨습니다. 고가와 준 님은 표지 디자인을 해주시고, BUCH 님은 본문 디자인과 전자 출판을 담당해주셨습니다. 많은 분의 도움이 없었다면 이 책은 세상에 나오지 못했을 겁니다. 도움을 주신 모든 분께 감사드립니다.

조 히데아키 님, 이케다 유 님, 다나베 다카히토 님은 제 원고를 읽고 자잘한 오타나 부정확한 기술을 적시하는 등 유익한 피드백을 많이 주셨습니다. 덕분에 틀린 것을 바로잡고 읽기도 쉬워졌습니다.

마지막으로, 「パズルで鍛えるアルゴリズム力」을 구독하시는 모든 분과 이 책을 읽어주신 독자 여러분께 감사드립니다.

퍼즐 베타리더 추천사

텐퍼즐, 스도쿠, 오델로 등의 퍼즐을 손으로 풀어보고 C++ 언어로 알고리즘을 구현해 보는 책입니다. 직접 손으로 풀어 고민하는 과정은 기억에 오래 남아 복잡한 사고를 수월하게 한다는 점, 풀이를 넘어 문제를 만들어 보는 과정을 거친다는 점은 다른 알고리즘 책에서 보기 힘든 본 도서의 차별화된 장점입니다.

또한 알고리즘을 익히는 것을 넘어 복잡한 규칙을 단순화하는 방법이나 예외를 규칙으로 만드는 방법도 다양하게 소개되어 있어 실제 현업의 문제를 푸는 데 큰 도움이 됩니다. 완전 탐색, 메타 휴리스틱스 등의 알고리즘을 익히다 보면 자연스레 수리 최적화 및 강화학습 등 AI 영역에 도달하게 됨을 깨닫게 될 것입니다.

참고로 각 예제는 C++ 언어로 구현되어 있으나 특정 언어에 종속되지 않고 알고리즘만 담아내고 있어 Python으로 구현해도 무리가 없었음을 밝힙니다.

허민 한국외국어대학교 데이터분석가

퍼즐 베타리더 추천사

프로그래머에게 코드를 만들어내는 코딩 능력도 중요합니다만 그에 못지않게 문제를 해결하고 최적의 해결법을 찾아내는 알고리즘 능력 역시 중요합니다. 알고리즘이란 문제를 이해하고 그에 맞는 해결법을 찾아 문제를 해결하는 능력을 말합니다. 이 책은 다양한 알고리즘을 주제로 그에 맞는 해결법을 퍼즐을 보고 떠올릴 수 있게 해결책을 제시해 그 알고리즘을 해결할 방법을 알려줍니다. 또한 스도쿠나, 오델로처럼 한 번쯤 들어보았을 만한 주제들을 퍼즐로 만들어 프로그래밍적인 해결법을 고안하며 알고리즘에 대한 흥미를 유발합니다.

허헌 프리랜서 개발자

목 차

제 1 장

알고리즘 입문 1

제 2 장 ——————————
그래프 알고리즘 73

제 3 장 ━━━━━━━━━━━━━━━━━━━━━━━━━━━━

심화 알고리즘 189

제 1 장

알고리즘 입문

이 책에서는 다양한 퍼즐을 풀어보고 퍼즐 프로그램을 만
들어보며 알고리즘(algorithm) 사고방식을 연마합니다. 먼
저 1장에서는 모든 경우의 수를 살펴보는 완전 탐색을 통
해 퍼즐을 풀어봅니다. '완전 탐색'은 여러 알고리즘의 설
계에 기초가 되는 중요한 방법입니다.

1-1

텐퍼즐(ten puzzle): 완전 탐색

🧩 텐퍼즐

많은 독자분들이 차 번호판 숫자로 다양한 수를 만드는 놀이를 해본 경험이 있을 겁니다. 특히 교통 혼잡으로 제자리걸음을 할 때 전방 차량의 번호판 숫자로 지루함을 달래곤 합니다. 쇼기[1]의 후지이 소타[2] 용왕(2022년 4월 현재)도 어릴 때 여러 숫자를 뒤섞어 10을 만드는 놀이를 자주 했다고 합니다.

번호판이 5141일 경우, 4개의 수 5, 1, 4, 1을 사칙연산으로 조합해 다양한 수를 만듭니다. 수를 늘어놓아도 좋고 괄호로 묶어도 상관없습니다. 예를 들어 1부터 10까지 수를 그림 1-1과 같이 만들 수 있습니다. 합이 6이 되는 수를 만들기는 다소 어렵습니다.

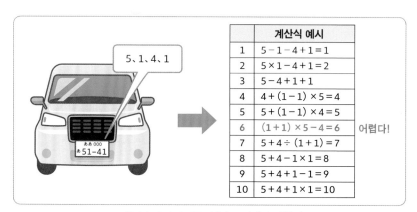

	계산식 예시	
1	$5 - 1 - 4 + 1 = 1$	
2	$5 \times 1 - 4 + 1 = 2$	
3	$5 - 4 + 1 + 1$	
4	$4 + (1 - 1) \times 5 = 4$	
5	$5 + (1 - 1) \times 4 = 5$	
6	$(1 + 1) \times 5 - 4 = 6$	어렵다!
7	$5 + 4 \div (1 + 1) = 7$	
8	$5 + 4 - 1 \times 1 = 8$	
9	$5 + 4 + 1 - 1 = 9$	
10	$5 + 4 + 1 \times 1 = 10$	

그림 1-1 5, 1, 4, 1로 1부터 10까지 수 만들기

---

1 역주) 일본식 장기를 말합니다.
2 역주) 일본의 쇼기 기사. 역대 최연소로 기성(棋聖, 쇼기 기전(棋戦) 중 하나) 타이틀을 획득하고, 최연소 九단을 달성했습니다.

이 답만 정답인 것은 아닙니다. 다음과 같이 10을 만드는 계산식은 많습니다.

$$5×4÷(1+1)=10$$

텐퍼즐은 주어진 4개의 수로 사칙연산을 조합해 만들고자 하는 수(대개 10)를 만드는 퍼즐입니다.[3] 지금부터 4개의 수로 10을 만드는 계산식을 구하는 프로그램을 만들어 봅시다.

퍼즐에 도전

텐퍼즐을 푸는 알고리즘을 생각하기 전에 실제로 텐퍼즐 문제를 풀어봅시다. 난도를 세 단계로 나눠 12문제를 출제했습니다. 만들고자 하는 수는 모두 10입니다.

○ 레벨 1

우선은 쉬운 문제(4문제)로 가볍게 몸을 풀어봅시다.

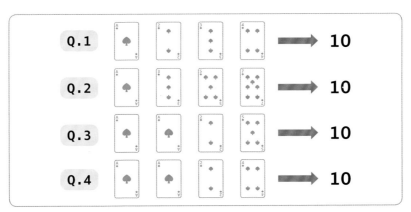

그림 1-2 레벨 1 텐퍼즐 문제

---

3 텐퍼즐을 메이크텐(make ten)이라고도 합니다. '메이크텐'을 검색하면 두뇌 운동에 도움되는 즐거운 게임 앱이 여러 개 나옵니다.

레벨 2

다음으로 난도가 조금 높은 문제를 풀어봅시다. 레벨 1 문제에 비해 계산식이 다소 복잡합니다.

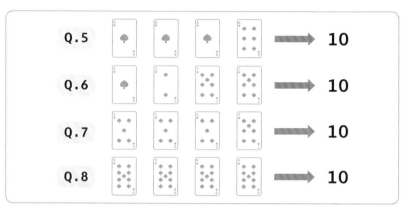

그림 1-3 레벨 2 텐퍼즐 문제

레벨 3

마지막 문제는 제법 어렵습니다. Q.12는 가이세이 중학교에서 2004년 입시문제로 출제되어 유명해졌으며, 그 외 문제도 다양한 미디어에서 여러 번 소개됐습니다. 이 문제들을 힌트 없이 푸는 데 도전해보기 바랍니다.

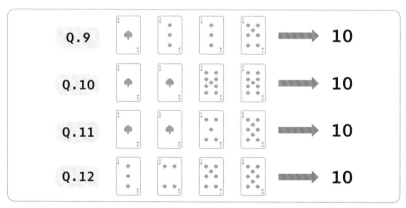

그림 1-4 레벨 3 텐퍼즐 문제

🧩 텐퍼즐을 푸는 알고리즘

텐퍼즐을 푸는 알고리즘을 생각해봅시다. 텐퍼즐은 이론적으로 '4개의 수를 사용한 계산식'을 전부 알아보아야 풀 수 있습니다. 이처럼 생각할 수 있는 경우를 모두 알아보는 방법을 완전 탐색(brute-force search)이라 합니다. 일반적으로 완전 탐색 알고리즘을 설계할 때는 다음 두 가지를 고려해야 합니다.

- 생각할 수 있는 경우를 어떻게 열거할 것인가?
- 생각할 수 있는 경우는 몇 가지인가?

이를 텐퍼즐로 생각해봅시다.

- 계산식을 역폴란드 표기법(후위 표기법)으로 나타내기

그림 1-5에서 알 수 있듯, 텐퍼즐에 등장하는 계산식은 매우 다채롭습니다. 이를 무작위로 열거하지 않고 역폴란드 표기법(reverse Polish notation)을 활용하면 편리하게 적을 수 있습니다.[4] 역폴란드 표기법이란, 예를 들어 계산식 '3+6'을 '36+'와 같이 연산자를 숫자의 뒤쪽으로 옮겨 적는 방법입니다.

$$3 + 6 \implies 36 +$$
$$3 - 6 \implies 36 -$$
$$3 \times 6 \implies 36 \times$$
$$3 \div 6 \implies 36 \div$$

그림 1-5 역폴란드 표기법 개요

역폴란드 표기법을 이용하면 '두 수의 연산'만이 아니라 복잡한 계산식도 간결해집니

---

4 역폴란드 표기법이란 명칭은 이 방법을 고안한 폴란드 논리학자 얀 우카시에비치 이름에서 유래했습니다.

다. 계산식 6×(1+2)-8을 예로 들어볼까요? 그림 1-6의 순서대로, 우선 1+2를 12+로 나타내고, 그다음 6×(1+2)를 612+×로, 마지막으로 전체 식 6×(1+2)-8을 612+×8-로 나타냅니다.

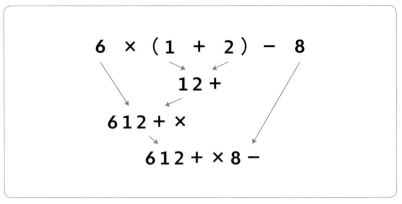

그림 1-6 역폴란드 표기법을 사용한 복잡한 계산식

역폴란드 표기법에 익숙해지고자 표 1-1에 여러 계산식을 역폴란드 기법으로 나타냈습니다. 4개 수를 사용한 계산식에서는 연산자를 3개 사용하므로 7개 기호로 구성됩니다. 역폴란드 표기법을 활용하면 괄호가 불필요하다는 이점이 있습니다.

표 1-1 역폴란드 표기법으로 나타낸 계산식 예시

원래 계산식	역폴란드 표기법에 따른 계산식	원래 계산식	역폴란드 표기법에 따른 계산식
1+2+3+4	12+3+4+	5×7-5×5	57×55×-
7+5-3+1	75+3-1+	(9×9+9)÷9	99×9+9÷
1×1×2×5	11×2×5×	(1+7÷3)×3	173÷+3×
1+1+2×4	11+24×+	(1+1÷9)×9	119÷+9×
(1+1)×(6+1)	11+61-×	8÷(1-1÷5)	8115÷-÷
(7-1)÷2+7	71-2÷7+	(3-7÷4)×8	374÷-8×

● 역폴란드 표기법으로 나타낸 식의 계산방법

다음으로 역폴란드 표기법으로 나타낸 식을 계산하는 방법을 알아보겠습니다. 식 6×(1+2)-8에 대응하는 역폴란드 표기법 식 612+×8-의 계산 순서는 그림 1-7과 같습니다. 역폴란드 표기법에서는 계산 과정을 '배열'로 관리합니다.

역폴란드 표기법	계산 과정	
	{}	배열이 빈 상태에서 시작!
6	{6}	배열 끝에 6을 삽입
6 1	{6, 1}	배열 끝에 1을 삽입
6 1 2	{6, 1, 2}	배열 끝에 2를 삽입
6 1 2 +	{6, 3}	1, 2를 꺼내고 1+2=3을 삽입
6 1 2 + ×	{18}	6, 3을 꺼내고 6×3=18을 삽입
6 1 2 + × 8	{18, 8}	배열 끝에 8을 삽입
6 1 2 + × 8 -	{10}	18, 8을 꺼내고 18-8=10을 삽입

그림 1-7 역폴란드 표기법으로 나타낸 식을 계산하는 방법

역폴란드 표기법으로 나타낸 식의 계산법을 앞부터 차례로 살펴보겠습니다. 먼저 수가 등장하면 배열 끝에 해당 수를 삽입합니다. 그리고 연산자가 등장하면 다음 방법을 따릅니다.

1. 배열 말미에서 2개의 수를 꺼내고
2. 해당 연산자에 따라 계산한 결과를
3. 배열 말미에 삽입한다.

마지막으로 남은 수가 계산 결과입니다. 이러한 배열 사용법은 '가장 마지막에 삽입한 요소를 가장 먼저 꺼낸다'는 LIFO(last-in first-out) 동작을 따릅니다. 그리고 LIFO 동작을 구현하는 데이터 구조를 스택(stack)이라 합니다. 스택은 배열을 활용해 간결하게 나타냅니다.

스택과 큐 Part 1

알고리즘을 적용할 때 입력으로 읽어들인 값이나 계산 도중 구한 값을 자료 구조(data structure)라는 형태로 유지합니다. 자료 구조란 효율적으로 관리된 데이터 집합체를 말합니다. '배열'도 자료 구조의 일종입니다.

여기서 설명하는 스택(stack)과 큐(queue)는 '차례로 내려오는 작업을 어떤 순서로 처리해 나갈지'를 표현하는 자료 구조입니다. 스택과 큐는 모두 다음 처리를 지원합니다.

- push(x): 요소 x를 자료 구조에 삽입한다.
- pop( ): 자료 구조에서 요소를 하나 꺼낸다.

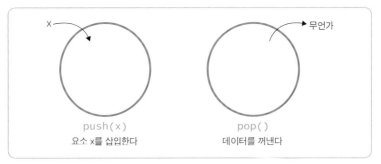

그림 A 스택과 큐의 공통 프레임워크

pop( )을 사용할 때 어느 요소를 고를지 다양한 방법으로 생각할 수 있습니다. 상황이나 용도에 따라 적절한 방법을 적용해 다양한 자료 구조를 설계합니다. 스택과 큐는 pop( )의 동작을 표 A와 같이 정한 것입니다.

표 A 스택과 큐의 정의

자료 구조	pop의 정의
스택	자료 구조에 포함된 요소 중 가장 마지막에 push된 요소를 꺼낸다.
큐	자료 구조에 포함된 요소 중 가장 처음에 push된 요소를 꺼낸다.

스택은 '책을 쌓아올린 상태'에 비유할 수 있습니다. 쌓아올린 책 중에서 맨 위에 있는 책을 꺼낸다는 것은 맨 마지막에 올린 책을 꺼낸다는 뜻입니다. 이러한 사고방식이 바로 LIFO입니다. 웹 브라우저의 '뒤로 가기' 버튼을 스택의 예로 들 수 있습니다.

큐는 '라면 가게 행렬'에 비유할 수 있습니다. 줄을 선 순서대로 주문한 음식을 서빙해야 합니다. 이러한 사고방식을 FIFO(first-in first-out)라 합니다. 예로는 항공권 예약의 취소 대기 처리가 있습니다.

스택
가장 마지막에 쌓아올린 책을 꺼낸다.

큐
가장 먼저 줄 선 사람부터 순서대로 서빙한다.

그림 B 스택과 큐의 개념

텐퍼즐 프로그램으로 활용하는 역폴란드 표기법은 전형적인 스택 활용 예입니다. 큐도 마찬가지로 2-3절 '미로'에서 설명할 **너비 우선 탐색**(breadth-first search)에 활용합니다. 스택과 큐에 대해 더 자세하게 배우고 싶다면 북가이드 [1], [3](저서의 282p) 등을 참고하세요.

⦿ 역폴란드 표기법 계산을 적용

역폴란드 표기법 식을 계산하는 함수는 리스트 1-1과 같이 적용합니다. 스택을 표시하는 배열로 기존 배열이 아닌 벡터(vector)형 변수를 활용합니다. 벡터형 변수를 활용하면 배열 크기를 변경하는 등의 작업이 쉬워집니다. 예를 들어 벡터형 변수 space의 끝에 값 v를 삽입하는 동작은 space.push_back(v)라 씁니다. 또 끝의 요소는 space.back()으로 얻고, 끝의 요소를 삭제하는 동작은 space.pop_back()이라 씁니다.

리스트 1-1에선 역폴란드 표기법 식을 612+*8-처럼 7개 글자 문자열 exp로 나타냈습니다(숫자나 연산자 사이의 공백은 제거합니다). 구체적으로, exp = "612+*8-"로 calc_

poland(exp)를 실행하면 10이 반환됩니다.

리스트 1-1 역폴란드 표기법으로 나타낸 식을 계산하는 함수 calc_poland( )를 적용

```cpp
1  // 역폴란드 표기법의 계산식을 계산한다
2  double calc_poland(const string& exp) {
3      // 계산을 위한 배열
4      vector<double> space;
5
6      // 역폴란드 표기법 exp의 각 문자 c를 순서로 본다
7      for (char c : exp) {
8          if (c >= '0' && c <= '9') {
9              // c가 수를 표시하는 문자일 경우
10             // '7'처럼 문자 정수를 7과 같은 수로 변환한다
11             int add = c - '0';
12
13             // 배열 말미에 삽입한다
14             space.push_back(add);
15         } else {
16             // c가 연산자이면 말미에서 2개의 수를 꺼낸다
17             double second = space.back();
18             space.pop_back();
19             double first = space.back();
20             space.pop_back();
21
22             // 연산 결과를 배열 말미에 삽입한다
23             if (c == '+')
24                 space.push_back(first + second);
25             else if (c == '-')
26                 space.push_back(first - second);
27             else if (c == '*')
28                 space.push_back(first * second);
29             else
30                 space.push_back(first / second);
31         }
32     }
33     // 배열 말미에 남아 있는 값을 반환한다
34     return space.back();
35 }
```

역폴란드 표기법으로 나타낸 계산식에서 기존 계산식을 복원하는 함수 decode_poland()를 리스트 1-2처럼 적용합니다. exp = "612+×8-"에 decode_poland(exp)를 실행하면, 문자열 "6 * (1 + 2 - 8)"이 반환됩니다. 리스트 1-2는 리스트 1-1과 코드가 상당히 비슷합니다.

제1장 알고리즘 입문

리스트 1-2 역폴란드 표기법으로 나타낸 계산식에서 기존 계산식을 복원하는 함수 decode_poland( )

```
 1  // 역폴란드 표기법 계산식에서 기존 계산식을 복원한다
 2  string decode_poland(const string& exp) {
 3      // 기존 계산식 복원을 위한 배열
 4      vector<string> space;
 5
 6      // 역폴란드 표기법 exp의 각 문자 c를 순서로 본다
 7      for (char c : exp) {
 8          if (c >= '0' && c <= '9') {
 9              // 수를 나타내는 문자 c를 문자열로 변환해 배열 말미에 삽입한다
10              space.push_back({c});
11          } else {
12              // c가 연산자이면 말미에서 2개의 계산식을 꺼낸다
13              string second = space.back();
14              space.pop_back();
15              string first = space.back();
16              space.pop_back();
17
18              // 곱셈, 나눗셈에서는 연산자의 우선순위가 높으므로
19              // 그 전후의 계산식(단독 수 제외)에 괄호를 붙인다
20              if (c == '*' || c == '/') {
21                  if (first.size() > 1)
22                      first = "(" + first + ")";
23                  if (second.size() > 1)
24                      second = "(" + second + ")";
25              }
26
27              // 연산자를 토대로 복원한 계산식을 배열 말미에 삽입한다
28              if (c == '+')
29                  space.push_back(first + " + " + second);
30              else if (c == '-')
31                  space.push_back(first + " - " + second);
32              else if (c == '*')
```

11

```
33                    space.push_back(first + " * " + second);
34              else
35                    space.push_back(first + " / " + second);
36          }
37      }
38      return space.back();
39  }
```

○ 계산식 열거

이제 역폴란드 표기법 계산식을 열거하는 문제만 남았습니다. 우선 숫자와 연산자의 배치 패턴을 열거하는데, 사실 그림 1-8의 5종 패턴밖에 없습니다.[5] 이때 x는 0부터 9 까지 수 중 어느 하나를 표현하고, o는 4개의 연산자 중 하나를 표현합니다.

		계산식 예시
패턴 1	X X X X O O O	8 1 1 5 ÷ − × ➡ 8 ÷ (1 − 1 ÷ 5)
패턴 2	X X X O X O O	6 3 4 × 8 − + ➡ 3 × 4 − 8 + 6
패턴 3	X X X O O X O	3 7 4 ÷ − 8 × ➡ (3 − 7 ÷ 4) × 8
패턴 4	X X O X X O O	1 1 + 6 1 − × ➡ (1 + 1) × (6 − 1)
패턴 5	X X O X O X O	1 2 + 3 + 4 + ➡ 1 + 2 + 3 + 4

그림 1-8 역폴란드 표기법의 계산식으로 생각할 수 있는 5개 패턴

5개 패턴만으로 다채로운 계산식을 만들 수 있다는 사실에 놀라는 분이 많을지도 모르 겠습니다. 하지만 실제로 가능합니다.

○ 생각할 수 있는 계산식 개수

주어진 4개의 수를 활용해 역폴란드 표기법 계산식을 몇 가지나 생각해볼 수 있는지 알

---

5 예를 들어 'xxooxxo' 등은 계산식으로 성립하지 않습니다. 그 이유도 생각해보세요.

아봅시다. 일반적으로 탐색 알고리즘을 적용할 때 탐색할 선택지 가짓수를 짐작하는 일은 중요합니다. 선택지 가짓수가 많다면(많은 퍼즐이 그렇습니다) 완전 탐색은 비효율적이며 고급 알고리즘이 필요합니다. 다행히 텐퍼즐의 경우 선택지 가짓수가 적습니다.

```
x x x x o o o        x x x o x o o        x x x o o x o      패턴:
      x x o x x o o          x x o x o x o                   5가지

1234      1243      1324      1342      1423      1432        xxxx 를
2134      2143      2314      2341      2413      2431        메우는 법:
3124      3142      3214      3241      3412      3421        24가지
4123      4132      4213      4231      4312      4321

+ + +   + + -   + + x   + + ÷   + - +   + - -   + - x   + - ÷
+ x +   + x -   + x x   + x ÷   + ÷ +   + ÷ -   + ÷ x   + ÷ ÷     ooo 를
                                                                 메우는 법:
- + +   - + -   - + x   - + ÷   - - +   - - -   - - x   - - ÷     64가지
- x +   - x -   - x x   - x ÷   - ÷ +   - ÷ -   - ÷ x   - ÷ ÷

x + +   x + -   x + x   x + ÷   x - +   x - -   x - x   x - ÷
x x +   x x -   x x x   x x ÷   x ÷ +   x ÷ -   x ÷ x   x ÷ ÷

÷ + +   ÷ + -   ÷ + x   ÷ + ÷   ÷ - +   ÷ - -   ÷ - x   ÷ - ÷
÷ x +   ÷ x -   ÷ x x   ÷ x ÷   ÷ ÷ +   ÷ ÷ -   ÷ ÷ x   ÷ ÷ ÷
```

그림 1-9 가능한 계산식 가짓수 생각하기

- 수와 연산자의 배치 패턴 5가지
- 수 나열 방법 24가지
- 연산자 삽입 방법 64가지

위의 가짓수를 곱해 총 5×24×64=7,680가지라 할 수 있습니다.[6] 그림 1-9에는 4개의 수가 1, 2, 3, 4인 경우를 나타냈지만, 다른 경우도 이와 동일합니다. 단, 4개의 수에 중복된 수가 포함될 경우, 4개의 수를 나열하는 가짓수가 24가지보다 더 적어질 테니 전체 선택지의 가짓수도 적어집니다.

7,680가지 선택지를 사람이 직접 확인하기는 어렵습니다. 다음 칼럼 '컴퓨터의 계산 능력'에서 살펴보겠지만, 일반 가정용 컴퓨터가 1초 동안 실행하는 명령 스텝 횟수는 약 10억 회입니다. 따라서 7,680가지 선택지는 매우 빠르게 조사할 수 있습니다.

---

6 선택지 가짓수를 더 줄일 수도 있습니다. 예를 들어 '3+5'와 '5+3'이 동일하다는 등의 대칭성을 고려하면 실질적인 선택지 가짓수는 감소합니다.

Column

컴퓨터의 계산 능력

'텐퍼즐' 프로그램에서는 4개의 수를 활용해 생각할 수 있는 계산식(역폴란드 표기법)이 7,680가지라는 근거로 완전 탐색에 기반한 알고리즘을 채택했습니다. 일반적으로 퍼즐을 푸는 알고리즘을 판단하려면 컴퓨터 계산 능력을 알아야 합니다. 평범한 가정용 컴퓨터를 사용할 경우, 1초 동안 처리 가능한 계산 스텝 횟수는 약 10억 회입니다.[7]

이를 확인하기 위해 리스트 A를 실행해봅시다. 10억 회 반복하는 for 문입니다. 제 컴퓨터 환경에서 계산 실행 시간은 2.1초였습니다. for 문이 1회 반복할 때 판단 처리 i < 1000000000와 갱신 처리 ++i라는 2회의 계산 처리를 하므로, 1초 동안 약 10억 회 계산 처리를 실행함을 알 수 있습니다.

여기서 텐퍼즐을 다시 생각해봅시다. 가령 1가지 선택지에서 계산을 100번 할 때 1초 동안 1천만 가지 선택지를 살펴보게 됩니다. 그런데 실제로 살펴보는 선택지 가짓수가 겨우 7,680가지이므로 1초도 채 걸리지 않음을 알 수 있습니다. 또 알고리즘 계산 시간을 예상하는 시간 복잡도 계산량 표기도 있습니다. 시간 복잡도에 대한 내용은 3-3절 칼럼 '알고리즘의 시간 복잡도'에서 다시 설명하겠습니다.

리스트 A 10억 회 반복하는 for 문

```
1  #include <iostream>
2  using namespace std;
3
4  int main() {
5      for (int i = 0; i < 1000000000; ++i) {
6
7      }
8  }
```

---

7 CPU의 클럭 수를 나타내는 단위로 GHz(=10^9헤르츠)를 자주 사용하는 점으로도 쉽게 이해할 수 있습니다.

텐퍼즐 프로그램 적용

드디어 주어진 4개의 수로 만들고자 하는 수를 만드는 프로그램을 적용합니다. 앞 절에서 언급했듯, '4개의 수 순서'와 '3개의 연산자 종류'와 '5개의 계산식 패턴'을 모두 탐색합시다. 구체적으로는 리스트 1-3처럼 적용할 수 있습니다. '4개의 수 순서'를 모두 생성하기 위해 함수 next_permutation()[8]을 사용합니다.

```
v={1,2,3,4}
       next_permutation(v.begin(), v.end())
v={1,2,4,3}
       next_permutation(v.begin(), v.end())
v={1,3,2,4}
       next_permutation(v.begin(), v.end())
       ⋮
       next_permutation(v.begin(), v.end())
v={4,3,2,1}
                                          False가 반환됨
       next_permutation(v.begin(), v.end())
   종료
```

그림 1-10 함수 next_permutation()의 동작

리스트 1-3을 차근히 살펴봅시다. 17~23행에선 4개의 수를 활용한 식의 계산 결과(변수 ans)가 만들고자 하는 수(변수 target)와 일치하는지 여부를 판정하고, 일치하면 답(변수 res)에 삽입할 함수 오브젝트를 정의합니다. 21행의 calc_poland(exp) - target 〈 EPS 부분은 'ans와 target 값의 차가 10^{-9} 이하이면 ans와 target이 동일하다고 가정한다'는 뜻입니다. 변수 ans는 부동소수점 타입이므로 ans == target으로는 바르게 평가할 수 없음에 유의하기 바랍니다.

리스트 1-3 텐퍼즐 프로그램(1_1_ten_puzzle_solver.cpp)

```
1  #include <iostream>
2  #include <algorithm>
```

---

[8] 역주) C++ STL에서 제공하는 순열조합 관련 내장 함수입니다.

```
 3  #include <vector>
 4  #include <string>
 5  #include <cmath>
 6  #include <utility>
 7  using namespace std;
 8
 9  // 함수 calc_poland(), decode_poland()는 생략한다
10
11  // 텐퍼즐 프로그램
12  // val:4개 수를 저장한 배열, target:만들고자 하는 수
13  vector<string> solve(vector<int> val, int target) {
14      // 답을 나타내는 계산기를 저장할 배열
15      vector<string> res;
16
17      // 역폴란드 표기법 계산식 exp를 알아보기 위한 함수 오브젝트
18      const double EPS = 1e-9;   // 충분히 작은 값
19      auto check = [&](const string& exp) -> void {
20          // 계산 결과와 만들고자 하는 수의 값의 차가 충분히 작을 때 일치한다고 가정한다
21          if (abs(calc_poland(exp) - target) < EPS)
22              res.push_back(decode_poland(exp));
23  };
24
25      // 4개의 수 val의 정렬을 순서대로 시험한다
26      sort(val.begin(), val.end());   // val을 사전순으로 최소화한다
27      do {
28          // 4개의 문자를 연결해 가능한 문자열 fours를 만든다
29          string fours = "";
30          for (int v : val) fours += to_string(v);
31
32          // 4³=64가지의 연산자 조합을 알아본다
33          const string ops = "+-*/";   // 4개의 연산자
34          for (char op1 : ops) {
35              for (char op2 : ops) {
36                  for (char op3 : ops) {
37                      // 우선 패턴 "xxxxooo"를 만든다
38                      string exp = fours + op1 + op2 + op3;
39
40                      // 패턴 "xxxxooo"를 시험해본다
41                      check(exp);
42
43                      // 패턴 "xxxoxoo"를 시험해본다
```

```
44              swap(exp[3], exp[4]), check(exp);
45
46              // 패턴 "xxxooxo"를 시험해본다
47              swap(exp[4], exp[5]), check(exp);
48
49              // 패턴 "xxoxoxo"를 시험해본다
50              swap(exp[2], exp[3]), check(exp);
51
52              // 패턴 "xxoxxoo"를 시험해본다
53              swap(exp[4], exp[5]), check(exp);
54            }
55          }
56        }
57      } while (next_permutation(val.begin(), val.end()));
58      return res;
59 }
60
61 int main() {
62     // 4개의 수와 만들고자 하는 수를 입력한다
63     vector<int> val(4);    // 4개의 수
64     int target;  // 만들고자 하는 수
65     for (int i = 0; i < 4; ++i) {
66         cout << i + 1 << " th number: ";
67         cin >> val[i];
68     }
69     cout << "target number: ";
70     cin >> target;
71
72     // 텐퍼즐을 푼다
73     vector<string> res = solve(val, target);
74
75     // 출력
76     for (const string& exp : res)
77         cout << exp << " = " << target << endl;
78 }
```

예시로 4개의 수를 3, 4, 7, 8로 하고, 만들고자 하는 수를 10으로 입력해 리스트 1-3을
실행해봅시다. 그러면 결과는 다음과 같습니다. 제 컴퓨터 환경에서 함수 solve()의 실
행에 필요한 시간은 0.0080초였습니다.

실행 결과 텐퍼즐 프로그램 실행 결과 예시

```
1 th number: 3
2 th number: 4
3 th number: 7
4 th number: 8
target number: 10
(3 - 7 / 4) * 8 = 10
8 * (3 - 7 / 4) = 10
```

🧩 텐퍼즐 파고들기

마지막으로, 만든 프로그램을 활용해 텐퍼즐을 더 깊이 알아봅시다.

○ 10을 만들 수 있는 패턴

4개의 수가 주어진 여부에 따라 10을 만들 수 있는 경우와 그렇지 않은 경우가 있습니다. 10을 만들 수 있는 경우를 모두 찾아봅시다. 우선 4개 수의 조합은 총 715가지입니다.[9] 이 모든 경우에 리스트 1-3의 텐퍼즐 프로그램을 적용합니다. 그 결과, 715가지 중

0000	0001	0002	0003	0004	0005	0006	0007	0008	0009
0011	0012	0013	0014	0015	0016	0017	0018	0022	0023
0024	0026	0027	0029	0033	0034	0035	0036	0038	0039
0044	0045	0047	0048	0049	0056	0057	0058	0059	0066
0067	0068	0069	0077	0078	0079	0088	0089	0099	0111
0112	0113	0114	0116	0117	0122	0123	0134	0144	0148
0157	0158	0166	0167	0168	0177	0178	0188	0222	0233
0236	0269	0277	0279	0299	0333	0335	0336	0338	0344
0345	0348	0359	0366	0369	0388	0389	0399	0444	0445
0447	0448	0457	0478	0479	0489	0499	0566	0567	0577
0588	0589	0599	0666	0667	0668	0677	0678	0689	0699
0777	0778	0788	0799	0888	1111	1112	1113	1122	1159
1169	1177	1178	1179	1188	1399	1444	1499	1666	1667
1677	1699	1777	2257	3444	3669	3779	3999	4444	4459
4477	4558	4899	4999	5668	5788	5799	5899	6666	6667
6677	6777	6778	6888	6899	6999	7777	7788	7789	7799
7888	7999	8899	–	–	–	–	–	–	–

그림 1-11 10을 만들 수 없는 4개의 수 조합

---

9 4개의 수를 조합한 가짓수는 0부터 9까지 10개 수 중에서 중복을 허용해 4개를 고르는 경우의 수와 일치합니다. '중복 조합'을 활용하면 경우의 수는 $_{10}H_4 = _{10+4-1}C_4 = 715$가지로 계산됩니다.

10을 만들 수 있는 경우는 552가지입니다. 10을 만들 수 없는 163가지 경우는 그림 1-11과 같습니다. 4개의 수가 서로 다른 수라면 반드시 10을 만들 수 있다는 점도 알 수 있습니다.

⬤ 10을 만들기 어려운 패턴

10을 만들기 어려운 4개 수의 조합을 알아봅시다. 앞에서 살펴본 레벨 3 문제를 풀려면 사실 분수 계산식이 필요합니다. 텐퍼즐 프로그램을 활용해 분수를 사용하지 않으면 풀 수 없는 조합을 모두 구해봅시다. 그 결과는 4개의 레벨 3 문제와 일치합니다.

🧩 정리

이 절에서 살펴본 텐퍼즐 프로그램의 요점을 복습해봅시다. 텐퍼즐에서는 생각할 수 있는 선택지를 모두 살펴보도록 완전 탐색 알고리즘을 설계했습니다. 완전 탐색 알고리즘을 설계할 때는 두 가지를 검토해야 합니다.

1. 생각할 수 있는 경우를 어떻게 열거할 것인가?
2. 생각할 수 있는 경우는 몇 가지인가?

이번에는 역폴란드 표기법을 활용해 심층적으로 탐색할 수 있었습니다. 또 생각할 수 있는 선택지가 7,680가지로 매우 적다는 사실도 중요했습니다. 선택지 가짓수가 많아질 경우 고급 알고리즘이 필요합니다. 예를 들어 2-1절에서 다룰 '스도쿠'는 선택지 가짓수가 많아서 완전 탐색으로는 풀 수 없습니다. 탐색을 고안하는 방법이 중요합니다.

그렇더라도 문제를 풀 때 완전 탐색 알고리즘을 맨 먼저 고려하는 게 좋습니다. 이를 통해 동적 계산법(dynamic programming) 같은 고급 알고리즘 설계로 이어지는 사례도 많습니다.

퍼즐 정답

예제의 12문제 정답은 그림 1-12와 같습니다. 단, 그림 1-12에 열거한 계산식이 '유일한 정답'은 아닙니다. 레벨 1에선 덧셈이나 곱셈만으로 10을 만들 수 있습니다. 레벨 2에서는 계산식이 다소 복잡해지고, 레벨 3에서는 '분수'가 등장하는 등의 계산식이 필요합니다.

레벨 1		
	Q.1	$1 + 2 + 3 + 4 = 10$
	Q.2	$7 + 5 - 3 + 1 = 10$
	Q.3	$1 \times 1 \times 2 \times 5 = 10$
	Q.4	$1 + 1 + 2 \times 4 = 10$

레벨 2		
	Q.5	$(1 + 1) \times (6 - 1) = 10$
	Q.6	$(7 - 1) \div 2 + 7 = 10$
	Q.7	$5 \times 7 - 5 \times 5 = 10$
	Q.8	$(9 \times 9 + 9) \div 9 = 10$

레벨 3		
	Q.9	$(1 + 7 \div 3) \times 3 = 10$
	Q.10	$(1 + 1 \div 9) \times 9 = 10$
	Q.11	$8 \div (1 - 1 \div 5) = 10$
	Q.12	$(3 - 7 \div 4) \times 8 = 10$

그림 1-12 레벨 1, 2, 3 텐퍼즐 문제 정답 예시

Column

알고리즘과 프로그램의 차이

1-1절에서는 텐퍼즐을 푸는 알고리즘을 생각하면서 프로그램을 구현했습니다. 알고리즘과 프로그램이 어떻게 다른지 궁금한 분도 계실 텐데요. 여기서 그 차이를 정리하겠습니다.

우선 알고리즘(algorithm)이란 '문제를 해결하는 수단'입니다. 그리고 문제란 주어진 데이터를 입력해 원하는 출력값을 얻는 것입니다. 예를 들어 문제 '텐퍼즐'을 푸는 알고리즘이란 '4개의 수와 만들고자 하는 수'를 입력했을 때 '만들고자 하는 수를 만드는 계산식'을 출력으로 반환하는 것입니다.

한편 프로그램(program)이란 알고리즘을 컴퓨터상에 실행할 수 있도록 C++이나 Python 등의 프로그래밍 언어로 구현한 것입니다. 알고리즘은 어디까지나 문제를 풀기 위한 방법이자 절차이고, 그 절차를 수행하는 방식은 따지지 않습니다. 알고리즘은 이론적으로 다른 사람의 도움을 받아 실행할 수 있는 것이죠. 그렇지만 현실 세계에서 큰 문제를 해결하려는 경우에는 다른 사람의 도움을 받더라도 실행 속도나 정확성 등에서 한계가 있습니다. 그래서 보통 알고리즘은 컴퓨터 프로그램에 적용해 실행합니다.

그림 C '텐퍼즐' 프로그램 개념도

알고리즘의 위대한 특징은 풀고자 하는 문제에서 어떤 데이터를 입력하든 '같은 방법으로' 답을 도출하는 것입니다. 텐퍼즐을 예로 들면, '1, 1, 1, 1을 활용해 4를 만드시오' 같은 간단한 문제부터 '1, 1, 9, 9를 활용해 10을 만드시오' 같은 어려운 문제까지 어떤 데이터를 입력하든 답을 출력합니다.

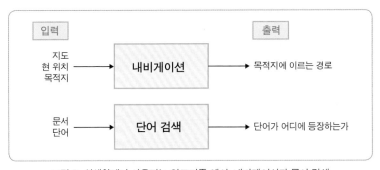

그림 D 실생활에서 사용되는 알고리즘 예시: 내비게이션과 문서 검색

실용적인 예를 들면 내비게이션은 현 위치가 어디든지 목적지에 이르는 경로를 표시하며, 문서 검색 시스템은 어떤 문서에서든 원하는 단어가 등장한 곳을 찾아줍니다. 이러한 시스템을 지탱하는 것이 바로 알고리즘입니다.

👆 더 알아보기

트럼프 게임 '사칙'

텐퍼즐과 유사한 게임으로 사칙이라는 트럼프 게임을 소개합니다. 무척 재미있으니 여러 분도 꼭 즐겨보기 바랍니다.

표 1-2 트럼프 게임 '사칙' 개요

항목	개요
플레이 인원수	2~6명
플레이 시간	약 20분
준비물	트럼프 카드 52장(조커 제외)

먼저 52장의 트럼프 카드를 뒤집은 상태에서 중앙의 산패에 내려놓습니다. 산패의 카드 가 없어질 때까지 다음을 반복합니다.

1. 가위바위보 등의 방법으로 '뱅커'[10]를 한 명 정한다.

2. 뱅커가 수를 하나 정하고 플레이어 전원에게 선언한다(10이 아니어도 됨).

3. 뱅커가 산패에서 카드 4장을 들어 앞면이 보이게 산패 주위에 내려놓는다. 산패에 남 은 카드가 4장 미만일 때 남은 카드를 모두 늘어놓는다.

4. 플레이어 전원이 앞면이 보이게 늘어놓은 카드의 수를 활용해 뱅커가 선언한 수를 만

---

10 역주) 카드를 나눠주는 사람을 말하며, 일본어로는 親(おや)라 합니다.

드는 법을 생각한다.

5. 뱅커가 선언한 수를 만드는 방법을 맨 처음 생각해낸 플레이어가 그 방법을 말한다. 방법이 맞다면 그 플레이어가 앞면으로 늘어놓은 카드를 전부 가져간다. 카드는 빠른 자의 차지다.

6. 플레이어 전원이 포기한 경우 산패에서 카드를 한 장 꺼내 앞면이 보이게 늘어놓는다. 그 카드에 적힌 수를 포함해 앞면이 보이게 늘어놓은 카드의 수를 활용해 다시 뱅커가 선언한 수를 만드는 방법을 생각한다.

산패의 카드가 없어지면 게임이 끝납니다. 게임이 종료될 때 가장 많은 카드를 가진 플레이어가 승리합니다. 상급 플레이어끼리 게임할 경우, 딜러가 2022나 3.14 같은 어려운 수를 말하는 경우도 많습니다. 특히 3.14 같은 소수는 만들기가 매우 어렵습니다.

고마치잔: 재귀 함수

🧩 고마치잔

고마치잔도 텐퍼즐과 마찬가지로 몇 개의 수를 사용해 특정한 수(고마치잔에서는 100)를 만드는 퍼즐입니다. 에도 시대부터 사랑받으며 오랜 역사가 담긴 퍼즐입니다. 노래꾼 오노노 고마치의 처소를 99일 밤마다 방문한 후카쿠시노 쇼쇼를 그리워해 붙인 명칭이라는 일설이 있습니다.

$$1 \square 2 \square 3 \square 4 \square 5 \square 6 \square 7 \square 8 \square 9 = 100$$

그림 1-13 고마치잔 개념도

그림 1-13의 고마치잔에서는 계산식의 □에 '공백', '+', '−', '×', '÷' 중 하나를 한 번씩 넣어 바른 계산식을 완성합니다. 여기서 □에 '공백'을 넣으면 □의 좌우에 있는 수가 연결됩니다. 예를 들어 1과 2 사이의 □에 '공백'을 넣으면 12라는 두 자리 수가 됩니다. 고마치잔의 해로, 그림 1-14 같은 계산식을 생각할 수 있습니다.

$$1 \boxed{\uparrow} 2 \boxed{\uparrow} 3 \boxed{\uparrow} 4 \boxed{\uparrow} 5 \boxed{\uparrow} 6 \boxed{\uparrow} 7 \boxed{\uparrow} 8 \boxed{\uparrow} 9 = 100$$

공백   −   −   +   −   +   +   공백

⬇

$$12 - 3 - 4 + 5 - 6 + 7 + 89 = 100$$

그림 1-14 고마치잔의 해 예시

1과 2 사이의 □에 '공백'을 넣고, 2와 3 사이의 □에는 '−'를, 이후의 □에는 '−', '+', '−', '+',

'+', '공백'을 순서대로 넣었습니다. 물론 예시 외에 다양한 해를 생각할 수 있습니다. 텐 퍼즐처럼, 완전 탐색 알고리즘으로 고마치잔의 해를 모두 찾아봅시다. 고마치잔에서 는 재귀 함수(recursive function)가 활약합니다.

🧩 직접 풀어보기

먼저 다양한 해를 직접 구해봅시다. 뒤에서 검증하겠지만, 해가 101가지나 됩니다. 그 중 몇 가지를 소개합니다.

⬤ 100에 가까운 수를 먼저 만든다

고마치잔을 푸는 요령은 처음에 되도록 100과 가까운 수를 만들고, 남은 수로 값을 미 세하게 조정하는 것입니다. 예를 들어 12와 89를 더하면 101이 됩니다. 따라서 남은 3, 4, 5, 6, 7을 사용해 1을 만들면 되겠습니다. 다양한 방법이 나오리라 생각되지만, 의외 로 방법이 적어서 그림 1-15에 나타낸 세 가지뿐입니다. 세 번째 해는 '÷'가 포함되어 난도가 조금 높습니다.

$$12 - 3 - 4 + 5 - 6 + 7 + 89 = 100$$
$$12 + 3 + 4 + 5 - 6 - 7 + 89 = 100$$
$$12 + 3 + 4 - 56 \div 7 + 89 = 100$$

그림 1-15 12와 89로 먼저 101을 만드는 해

⬤ 89 이외의 수로 11을 만든다

앞에서는 12와 89로 101을 만들었습니다. 마찬가지로 3×4와 89로 101을 만들 수도 있 습니다. 이 경우엔 남은 1, 2, 5, 6, 7로 1을 만들면 되겠습니다. 의외일 수도 있겠지만, 이 경우 해는 그림 1-16에 나타낸 단 하나입니다.

$$1 + 2 + 3 \times 4 - 5 - 6 + 7 + 89 = 100$$

그림 1-16 3×4와 89로 먼저 101을 만드는 해

101뿐만 아니라 8과 9를 제외한 1, 2, 3, 4, 5, 6, 7로 11을 만들면 좋겠다고 생각할 수도
있습니다. 이 경우 여러 해를 생각할 수 있는데, 그중 네 가지를 그림 1-17에 나타냈습니
다. 네 번째 해는 수를 많이 연결한 것이 재미있습니다.

$$1 - 23 + 4 \times 5 + 6 + 7 + 89 = 100$$
$$1 \times 23 - 4 + 5 - 6 - 7 + 89 = 100$$
$$12 \div 3 + 4 \times 5 - 6 - 7 + 89 = 100$$
$$123 - 45 - 67 + 89 = 100$$

그림 1-17 89 이외의 수로 11을 만드는 해

● 수를 연결하지 않는 해

수를 연결하지 않는 해도 구해볼까요? 8×9=72를 만들고 나면, 1, 2, 3, 4, 5, 6, 7로 28을
만들면 되겠습니다. 일례로 그림 1-18 같은 해를 얻게 됩니다.

$$1 + 2 + 3 + 4 + 5 + 6 + 7 + 8 \times 9 = 100$$
$$1 \times 2 \times 3 + 4 + 5 + 6 + 7 + 8 \times 9 = 100$$
$$1 + 2 + 3 - 4 \times 5 + 6 \times 7 + 8 \times 9 = 100$$
$$1 + 2 \times 3 \times 4 \times 5 \div 6 + 7 + 8 \times 9 = 100$$

그림 1-18 수를 연결하지 않는 해

고마치잔을 푸는 알고리즘

이제 고마치잔을 푸는 알고리즘을 생각해봅시다. 고마치잔의 □에 연산자를 넣는 방법을 모두 알아보는 완전 탐색법을 검토하겠습니다.

● 고마치잔 계산식을 열거

고마치잔 계산식에는 □가 8군데 있음을 주목해야 합니다. □에 5종 연산자 '+', '-', '×', '÷', '공백'을 넣는 방법을 모두 열거하면, $5^8 = 390{,}625$가지가 됩니다.

그림 1-19 고마치잔의 □에 5종 기호를 넣는 방법

1-1절 칼럼 '컴퓨터의 계산 능력'에서 설명했듯, 일반 가정용 컴퓨터는 1초 동안 10억 회의 계산 단계를 처리합니다. 그렇다면 390,625가지 계산식은 더욱 빠르게 구할 수 있습니다.

다음으로, 고마치잔의 계산식을 모두 열거하는 구체적인 방법을 생각해봅시다. 리스트 1-4처럼 8중 for 문을 활용하는 방법이 먼저 떠오를지도 모르겠습니다. 이에 따라 8개 □에 5종 연산자를 넣는 방법을 모두 알아볼 수 있습니다. 하지만 8중 for 문은 보기에도 복잡하고 버그도 쉽게 생기죠. 이러한 상황에서 활약하는 것이 바로 재귀 함수입니다.

리스트 1-4 8가지 연산자의 조합을 확인하기 위한 8중 for 문

```cpp
 1  #include <iostream>
 2  using namespace std;
 3
 4  int main() {
 5      for (int a = 0; a < 5; ++a) {
 6          for (int b = 0; b < 5; ++b) {
 7              for (int c = 0; c < 5; ++c) {
 8                  for (int d = 0; d < 5; ++d) {
 9                      for (int e = 0; e < 5; ++e) {
10                          for (int f = 0; f < 5; ++f) {
11                              for (int g = 0; g < 5; ++g) {
12                                  for (int h = 0; h < 5; ++h) {
13                                      // 살펴본다
14                                  }
15                              }
16                          }
17                      }
18                  }
19              }
20          }
21      }
22  }
```

◯ 재귀 함수를 사용한다

재귀 함수를 활용하면 리스트 1-4를 리스트 1-5처럼 바꿔 작성할 수 있습니다.

리스트 1-5 리스트 1-4의 8중 for 문을 재귀 함수로 재작성

```cpp
 1  #include <vector>
 2  using namespace std;
 3
 4  // 재귀 함수
 5  void rec(const vector<int> &vec) {
 6      // 종료 조건:vec의 크기가 8
 7      if (vec.size() == 8) {
 8          // 살펴본다
 9
10          // 재귀 처리를 마친다
```

```
11          return;
12      }
13
14      // vec의 말미에 값 5를 순서대로 삽입해 시험한다
15      for (int add = 0; add < 5; ++add) {
16          // vec을 새로운 배열 vec2로 복사한다
17          vector<int> vec2 = vec;
18
19          // vec2의 말미에 add를 추가한다
20          vec2.push_back(add);
21
22          // 재귀 호출
23          rec(vec2);
24      }
25  }
26
27  int main() {
28      // 빈 배열을 정의한다
29      vector<int> vec;
30
31      // 재귀 함수를 호출한다
32      rec(vec);
33  }
```

이렇게 재귀 함수를 자유자재로 사용하게 되면 탐색 알고리즘의 폭이 넓어집니다. 하지만 처음에는 리스트 1-5 같은 재귀 함수 동작을 따르는 것이 어려울 수도 있습니다.

리스트 1-5가 작동하는 모습을 그림 1-20에 나타냈습니다. 단, 7행의 vec.size() == 8을 vec.size() == 3으로, 15행의 for (int add = 0; add < 5; ++add)를 for (int add = 0; add < 2; ++add)로 규모를 축소했습니다.

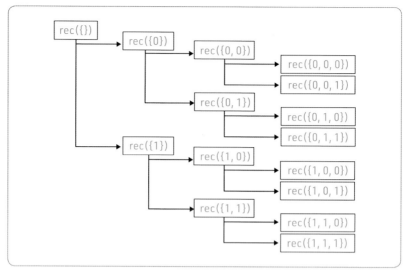

그림 1-20 리스트 1-5의 재귀 함수 동작 개념도

Column

재귀 호출의 효율화

리스트 1-5의 재귀 함수는 사실 시간 복잡도 면에서 다소 비효율적입니다. 17행에서
vector<int>형 변수 vec의 값을 새 변수 vec2로 복사하기 때문입니다. 리스트 1-5 같이
재귀 함수가 단순하다면 비효율에 따른 계산 시간의 증가폭이 작지만, 다음과 같은 재귀
함수도 생각할 수 있습니다. 이에 대해서는 다음 절에서 자세히 살펴보겠습니다.

- 스도쿠 프로그램을 만들 때 다양한 수를 넣는 법을 재귀적으로 시험해본다.
- 오델로 AI를 만들 때 다양한 다음 한 수를 재귀적으로 시험해본다.

이때 '스도쿠 판을 나타내는 정보를 그대로 복사'하는 처리를 빈번히 실행하면 1회마다
복사하는 처리가 과중하므로 총 계산 시간도 증가합니다.

이때 판을 그대로 복사하지 않고 같은 판에 다음 한 수를 반영하면서 돌려쓰듯 해봅시다.
판을 나타내는 오브젝트를 비효율적으로 생성하지 않고 탐색할 수 있습니다. 재귀에서

돌아오면 해당 수를 되돌립니다.

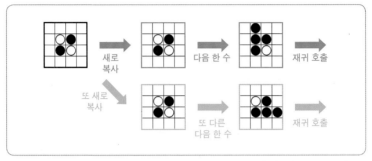

그림 E Before: 판 정보를 그대로 복사하면 시간이 오래 걸린다(오델로 판의 경우)

효율적인 재귀 호출법

1. 판에 다음 한 수를 직접 반영한다.
2. 해당 판을 활용해 재귀 호출한다.
3. 재귀에서 돌아오면 수를 되돌린다.

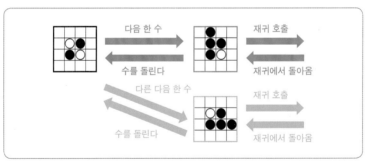

그림 F After: 판을 돌려쓰듯 하면 효율적이다(오델로 판의 경우)

이렇게 생각해보면 리스트 1-5는 리스트 B처럼 바꿔 작성할 수 있습니다.

리스트 B 리스트 1-5를 개선

```
1  #include <vector>
2  using namespace std;
3
```

```
 4   // 재귀 함수
 5   void rec(vector<int> &vec) {
 6       // 종료 조건: vec의 크기가 8
 7       if (vec.size() == 8) {
 8           // 살펴본다
 9
10           // 재귀 처리를 마친다
11           return;
12       }
13
14       // vec의 말미에 값 5를 순서대로 삽입해 시험한다
15       for (int add = 0; add < 5; ++add) {
16           // vec의 말미에 add를 추가한다
17           vec.push_back(add);
18
19           // 재귀 호출
20           rec(vec);
21
22           // vec의 말미에 add를 추가한 수를 되돌린다
23           vec.pop_back();
24       }
25   }
26
27   int main() {
28       // 빈 배열을 정의한다
29       vector<int> vec;
30
31       // 재귀 함수를 호출한다
32       rec(vec);
33   }
```

● 연산처리 적용

이렇게 고마치잔 계산식을 모두 살펴볼 탐색의 기본 틀을 완성했습니다. 이제 8개 □
에 연산자를 어떻게 넣을지 정했을 때 계산 결과를 구하는 방법을 생각해봅시다. 다양
한 방법이 있지만, 여기선 다음 순서로 계산합니다.

> **Step 1** : 먼저 공백을 처리한다(수를 연결한다).
> **Step 2** : 그다음 곱셈, 나눗셈 부분을 처리한다.
> **Step 3** : 마지막으로 덧셈, 뺄셈 부분을 처리한다.

1 □ 2 □ 3 □ 4 □ 5 □ 6 □ 7 □ 8 □ 9 = 100

　+　　공백　　공백　　×　　÷　　−　　−　　공백

⬇ **Step1** : 공백 채우기

1 + 234 × 5 ÷ 6 − 7 − 89

⬇ **Step2** : 곱셈 · 나눗셈

1 + 195 − 7 − 89

⬇ **Step3** : 덧셈 · 뺄셈

100

그림 1-21 고마치잔의 연산 처리 순서

Step 1 : 공백 처리

공백은 리스트 1-6의 함수 calc_empty()처럼 적용해 처리합니다. 이 함수는 □에 넣은 연산자를 나타내는 배열 signs를 인수로 하며, 공백을 연결한 후 계산식을 반환합니다. 연산자 '공백', '+', '−', '×', '÷'를 각각 수 0, 1, 2, 3, 4로 표현하면, 연결 후 계산식은 다음 쌍으로 나타납니다.

- vector〈double〉형 변수: 연결 후 계산식에서 '수'로 이루어진 배열
- vector〈int〉형 변수: 연결 후 계산식에서 '연산자'로 이루어진 배열

리스트 1-6 고마치잔의 공백을 연결하는 처리

```
1  // 연산자의 종류
2  const int EMPTY = 0;
```

```
 3  const int PLUS = 1;
 4  const int MINUS = 2;
 5  const int MUL = 3;
 6  const int DIV = 4;
 7
 8  // □에 넣은 연산자 중 공백을 처리하는 함수
 9  pair<vector<double>, vector<int>> calc_empty(const vector<int>&
    signs) {
10      // 공백 처리 후의 연산식을 나타내는 데이터
11      vector<double> new_vals;   // 수
12      vector<int> new_signs;   // 연산자
13
14      // 도중 경과 값(고마치잔의 맨 처음 값은 1이다)
15      double val = 1;
16
17      // 연산자를 순서대로 살펴본다
18      for (int i = 0; i < signs.size(); ++i) {
19          // 새로운 수(i=0, ... , 7일 때 add=2, ..., 9)
20          double add = i + 2;
21
22          if (signs[i] == EMPTY) {
23              // 공백일 경우 수를 연결한다(ex: 23×10+4=234)
24              val = val * 10 + add;
25          } else {
26              // 그렇지 않은 경우 수와 연산자의 조합을 새로 기록한다
27              new_vals.push_back(val);
28              new_signs.push_back(signs[i]);
29
30              // □직후의 새 값을 val에 기록한다
31              val = add;
32          }
33      }
34
35      // 마지막 값을 push해서 답을 반환한다
36      new_vals.push_back(val);
37      return make_pair(new_vals, new_signs);
38  }
```

프로그램이 꽤 복잡합니다. 구체적인 예로 signs = {1, 0, 0, 3, 4, 2, 2, 0}을 인수로 했을 때의 도중 경과를 보면 그림 1-22와 같습니다.

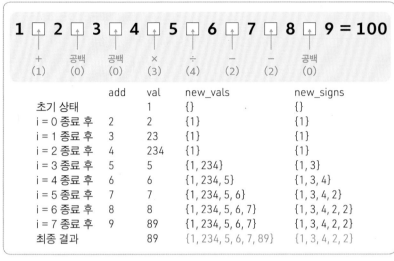

그림 1-22 공백을 처리하는 리스트 1-6의 동작 상세

Step 2 : 곱셈, 나눗셈 처리

곱셈, 나눗셈을 계산하는 처리는 리스트 1-7처럼 적용합니다. 리스트 1-6과 비슷하게 동작하며, 코드에서 MUL, DIV의 의미도 동일합니다.

리스트 1-7 고마치잔의 곱셈, 나눗셈을 계산하는 처리

```
1   // 곱셈, 나눗셈을 계산하는 함수
2   pair<vector<double>, vector<int>>
3   calc_mul_div(const vector<double>& vals, const vector<int>&
    signs) {
4       // 곱셈, 나눗셈 처리 후 계산식을 나타내는 데이터
5       vector<double> new_vals;   // 수
6       vector<int> new_signs;    // 연산자
7
8       // 도중 경과 값
9       double val = vals[0];
10
11      // 연산자를 순서대로 살펴본다
12      for (int i = 0; i < signs.size(); ++i) {
13          // 새 수
14          double add = vals[i + 1];
```

```
15
16          if (signs[i] == MUL) {
17              val *= add;
18          } else if (signs[i] == DIV) {
19              val /= add;
20          } else {
21              // 곱셈, 나눗셈이 아닐 경우 수와 연산자의 조합을 새로 기록한다
22              new_vals.push_back(val);
23              new_signs.push_back(signs[i]);
24
25              // □직후의 새 값을 val에 기록한다
26              val = add;
27          }
28      }
29
30      // 마지막 값을 push해서 답을 반환한다
31      new_vals.push_back(val);
32      return make_pair(new_vals, new_signs);
33  }
```

Step 3 : **덧셈, 뺄셈 처리**

덧셈, 뺄셈을 계산하는 처리는 리스트 1-8처럼 적용합니다. 코드에서 PLUS, MINUS의
의미는 리스트 1-6과 동일합니다.

리스트 1-8 고마치잔의 덧셈, 뺄셈을 계산하는 처리

```
1   // 덧셈, 뺄셈을 계산하는 함수
2   double calc_plus_minus
3   (const vector<double>& vals, const vector<int>& signs) {
4       // 답을 나타내는 변수
5       double res = vals[0];
6
7       // 연산자를 순서대로 살펴본다
8       for (int i = 0; i < signs.size(); ++i) {
9           // 새 수
10          double add = vals[i + 1];
11
12          if (signs[i] == PLUS) res += add;
13          else if (signs[i] == MINUS) res -= add;
```

```
14      }
15      return res;
16 }
```

고마치잔 프로그램 적용

이로써 고마치잔 프로그램을 적용할 준비를 모두 마쳤습니다. 고마치잔 프로그램은 앞에서 설명한 재귀 함수를 활용해 리스트 1-9 같이 적용할 수 있습니다. 함수 decode()는 □에 넣을 연산자를 지정했을 때 구체적인 계산식을 복원합니다.

리스트 1-9 고마치잔 프로그램 전체(1_2_komachi_solver.cpp)

```
1  #include <iostream>
2  #include <vector>
3  #include <string>
4  #include <cmath>
5  #include <utility>
6  using namespace std;
7
8  // 연산자의 종류
9  const int EMPTY = 0;
10 const int PLUS = 1;
11 const int MINUS = 2;
12 const int MUL = 3;
13 const int DIV = 4;
14
15 // 만들고자 하는 수
16 const int TARGET = 100;
17
18 // 함수 calc_empty(). calc_mul_div(), calc_plus_minus()는 생략한다
19
20 // sign: 부호 넣는 법을 나타내는 8차원 벡터
21 double calc(const vector<int>& signs) {
22     // Step 1: 공백 연결
23     pair<vector<double>, vector<int>> step1 = calc_empty(signs);
24
25     // Step 2: 곱셈, 나눗셈
```

```
26        pair<vector<double>, vector<int>> step2
27          = calc_mul_div(step1.first, step1.second);
28
29        // Step 3: 덧셈, 뺄셈
30        return calc_plus_minus(step2.first, step2.second);
31  }
32
33  // 수식 재현
34  string decode(const vector<int>& sign) {
35      string res = "1";
36      for (int i = 0; i < sign.size(); ++i) {
37          // 연산자 추가
38          if (sign[i] == PLUS) res += " + ";
39          else if (sign[i] == MINUS) res +=  " - ";
40          else if (sign[i] == MUL) res += " * ";
41          else if (sign[i] == DIV) res += " / ";
42
43          // 수 추가
44          res += to_string(i + 2);
45      }
46      return res;
47  }
48
49  // 재귀 함수
50  void rec(const vector<int>& vec, vector<string>& res) {
51      // 종료 조건: vec의 크기가 8
52      if (vec.size() == 8) {
53          // 계산 결과와 값 100의 차이가 충분히 작을 때 일치한다고 간주한다
54          const double EPS = 1e-9;   // 충분히 작은 값
55          if (abs(calc(vec) - TARGET) < EPS)
56              res.push_back(decode(vec));
57
58          // 재귀 처리를 마친다
59          return;
60      }
61
62      // vec의 말미에 값 5를 순서대로 삽입해 시험한다
63      for (int add = 0; add < 5; ++add) {
64          // vec을 새로운 배열 vec2에 복사한다
65          vector<int> vec2 = vec;
66
```

```
67          // vec2의 말미에 add를 추가한다
68          vec2.push_back(add);
69
70          // 재귀 호출
71          rec(vec2, res);
72      }
73  }
74
75  int main() {
76      // 재귀 함수를 처리하기 위한 빈 배열을 정의한다
77      vector<int> vec;
78
79      // 재귀적으로 구한다
80      vector<string> res;   // 해를 저장할 배열
81      rec(vec, res);
82
83      // 답을 출력한다
84      cout << "The number of solutions: " << res.size() << endl;
85      for (const string& str : res)
86          cout << str << " = " << TARGET << endl;
87  }
```

고마치잔 프로그램(리스트 1-9)의 실행 결과는 다음과 같습니다.

실행 결과

```
The number of solutions: 101
123 + 45 - 67 + 8 - 9 = 100
123 + 4 - 5 + 67 - 89 = 100
123 + 4 * 5 - 6 * 7 + 8 - 9 = 100
(..생략..)
1 / 2 * 34 - 5 + 6 - 7 + 89 = 100
1 / 2 * 3 / 4 * 56 + 7 + 8 * 9 = 100
1 / 2 / 3 * 456 + 7 + 8 + 9 = 100
```

실제로 해가 전부 101가지임을 확인했습니다. 제 컴퓨터 환경에서 계산 시간은 1.92초
였습니다. 그리고 1-2절 칼럼 '재귀 호출의 효율화'에서 설명한 방법을 적용했을 때는
1.75초였습니다.

심화 : 2022를 만드는 경우

심화 내용으로, 고마치잔으로 2022를 만드는 방법도 알아봅시다. 다음 6가지입니다.

실행 결과

```
The number of solutions: 6
1234 + 5 - 6 + 789 = 2022
12 * 34 * 5 + 6 - 7 - 8 - 9 = 2022
1 + 2 + 3 + 4 * 567 * 8 / 9 = 2022
1 + 2 + 3 / 4 * 5 * 67 * 8 + 9 = 2022
1 - 2 + 345 * 6 - 7 * 8 + 9 = 2022
1 * 2 * 3 + 4 * 567 * 8 / 9 = 2022
```

정리

이 절에서 적용한 고마치잔 프로그램의 요점을 복습해봅시다. 고마치잔도 텐퍼즐과 마찬가지로 완전 탐색 알고리즘을 설계했습니다. 생각할 수 있는 고마치잔의 계산식 은 가짓수가 390,625개이며, 완전 탐색 알고리즘으로 쉽게 풀 수 있었습니다.

그리고 완전 탐색 알고리즘을 적용할 때에는 재귀 함수를 활용했습니다. 재귀 함수 를 자유자재로 다루게 되면 다양한 문제에 명쾌한 탐색 알고리즘을 설계할 수 있게 됩니다.

👆 더 알아보기

고마치잔 문제 만들기

고마치잔과 유사한 퍼즐은 다양한 곳에서 사고력 시험 문제로 자주 출제됩니다.

> **Q.1** 다음 □에 알맞은 +, −, ×, ÷를 적어 넣으시오.
>
> $$1 \,\square\, 23 \,\square\, 45 \times 6 \times 7 \,\square\, 89 = 2002$$
>
> (오사카 교육대학 부속 이케다 중학교, 2002년 출제)
>
> **Q.2** 다음 □에 알맞은 +, ×를 적어 넣으시오(해가 2개).
>
> $$1 \,\square\, 2 \,\square\, 3 \,\square\, 4 \,\square\, 5 = 2 \,\square\, 3 \,\square\, 4 \,\square\, 5 \,\square\, 6$$
>
> (아자부 중학교, 2008년 출제)
>
> **Q.3** 다음 □에 알맞은 +, −, ×, ÷를 적어 넣으시오.
>
> $$12 \,\square\, 3 \,\square\, 45 \,\square\, 6 \,\square\, 7 \,\square\, 89 = 100$$
>
> (자작 문제)

그림 1-23 고마치잔과 비슷한 퍼즐

이러한 퍼즐을 만들 때 □에 기호를 넣는 방법이 한 가지(혹은 몇 가지)가 되도록 조정하기는 어렵습니다. **이때 사전에 문제를 풀어본 후 얻은 해를 분류하면 효율적입니다.** 여기선 그림 1-23의 Q.3처럼, □에 '+', '−', '×', '÷'를 넣어 100으로 만드는 방법이 단 하나뿐인 문제를 만들어봅시다.

우선 원래 고마치잔 문제를 풀어봅니다. 앞에서 서술했듯 고마치잔의 해는 101개입니다. 그러한 해를 '수를 연결하는 법'에 따라 분류합니다. 예를 들어 12, 3, 4, 5, 6, 7, 89로 연결하는 해는 다음 3개입니다.

$$12 + 3 + 4 + 5 - 6 - 7 + 89 = 100$$
$$12 - 3 - 4 + 5 - 6 + 7 + 89 = 100$$
$$12 \div 3 + 4 \times 5 - 6 - 7 + 89 = 100$$

그림 1-24 고마치잔의 해 중에서 12, 3, 4, 5, 6, 7, 89 같이 수를 연결하는 해

이는 다음 문제의 해가 3개라는 의미입니다.

다음 □에 알맞은 +, -, ×, ÷를 적어 넣으시오.

12 □ 3 □ 4 □ 5 □ 6 □ 7 □ 89 = 100

그림 1-25 해가 3개인 문제

되도록 해가 1개인 문제를 만들고 싶다면, 고마치잔의 101개 해를 '수를 연결하는 법'에 따라 그룹화한 후 단 1개 해만 속하는 그룹을 추출하면 됩니다. 리스트 1-10과 같이 연관 배열(associative array)을 활용해 해를 그룹화합니다. C++에서는 표준 라이브러리로 map형을 사용합니다.

리스트 1-10 고마치잔의 해를 '수를 연결하는 법'으로 분류하는 방법

```cpp
1  #include <iostream>
2  #include <vector>
3  #include <string>
4  #include <map>
5  using namespace std;
6
7  // 계산식을 수학처럼 분해하는 함수를 적용하도록 한다
8  // 예를 들어exp = "12 + 3 * 45 + 6 * 7 - 89"일 때
9  // divide(exp) = {12, 3, 45, 6, 7, 89}가 된다
10 vector<int> divide(const string &exp);
11
12 int main() {
13     // 고마치잔을 푸는 부분은 생략한다
14     // 변수 res에 저장한다
15     vector<string> res;
16
17     // 키: 수 연결법(예를 들어 12, 3, 45, 6, 7, 89})
18     // 값: 해당되는 고마치잔의 계산식을 모두 저장한 배열
19     map<vector<int>, vector<string>> groups;
20
21     // 고마치잔의 해를 분류한다
22     for (const auto& exp : res)
23         groups[divide(exp)].push_back(exp);
24
25     // 출력한다
```

```
26      for (const auto& it : groups) {
27          // 그룹 크기가 1이 아닌 것은 제외한다
28          if (it.second.size() != 1) continue;
29
30          // 계산식을 출력한다
31          cout << it.second[0] << endl;
32      }
33  }
```

리스트 1-10의 출력 결과입니다.

실행 결과

```
1 / 2 / 3 * 456 + 7 + 8 + 9
1 / 2 * 34 - 5 + 6 - 7 + 89
1 + 2 + 34 - 5 + 67 - 8 + 9
1 + 2 * 34 - 56 + 78 + 9
1 + 23 - 4 + 5 + 6 + 78 - 9
1 * 23 + 4 + 5 + 67 - 8 + 9
1 * 23 - 4 - 56 / 7 + 89
1 + 234 * 5 / 6 - 7 - 89
1 + 234 * 5 * 6 / 78 + 9
1 * 234 + 5 - 67 - 8 * 9
1 + 234 - 56 - 7 - 8 * 9
12 + 3 + 4 - 56 / 7 + 89
12 + 3 * 45 + 6 * 7 - 89
123 + 4 - 5 + 67 - 89
123 + 45 - 67 + 8 - 9
123 - 45 - 67 + 89
```

결과를 보면 고마치잔 문제를 16개 만들 수 있습니다. 그림 1-23의 Q.3도 그중 하나입니다. 그 밖에 그림 1-26 같은 꽤 어려운 문제도 만들 수 있습니다. 또 '문제를 풀어보고 해를 분류하는' 방법은 고마치잔뿐 아니라 다른 퍼즐을 만들 때도 응용이 가능합니다. 충식산(1-3절)이나 복면산(2-2절)을 만드는 데도 도움이 됩니다.

다음 □에 알맞은 +, -, ×, ÷를 적으시오.

1 □ 2 □ 3 □ 456 □ 7 □ 8 □ 9 = 100

그림 1-26 고마치잔을 소재로 한 어려운 퍼즐 문제

마지막으로, '고마치잔과 비슷한 퍼즐' 정답입니다.

A.1 $1 \times 23 + 45 \times 6 \times 7 + 89 = 2002$

A.2 $1 + 2 + 3 \times 4 + 5 = 2 + 3 + 4 + 5 + 6$
$1 \times 2 + 3 + 4 \times 5 = 2 + 3 \times 4 + 5 + 6$

A.3 $12 + 3 \times 45 + 6 \times 7 - 89 = 100$

A.4 $1 \div 2 \div 3 \times 456 + 7 + 8 + 9 = 100$

그림 1-27 고마치잔과 비슷한 퍼즐 정답

충식산: 가지치기

충식산

충식산[11]은 필산에서 □로 바뀐 수에 알맞은 값을 넣어 원래 필산으로 복원하는 퍼즐입니다.[12] 아이들의 교육이나 어른들의 두뇌 훈련에도 유용하고 널리 애용되며 각종 입학 시험에도 많이 출제됩니다.

```
  1 □              1 8
×  □ 2          ×  3 2
  3 □      ➡     3 6
  □ 4            5 4
5 □ 6          5 7 6
```

그림 1-28 충식산 예시

필산을 복원할 때 규칙은 다음과 같습니다.

> 충식산 규칙
>
> • 각 □에는 0, 1, 2, 3, 4, 5, 6, 7, 8, 9 중 하나가 들어간다.
> • 왼쪽 끝 □에는 0이 들어갈 수 없다.

충식산 문제는 해가 하나만 존재하는 것이 대원칙입니다. 일반적으로 퍼즐 문제에서

---

11 역주) 숫자(금액)가 적힌 종이 일부를 벌레가 먹어버렸다는 데서 유래했다고 합니다. 2-2절에서 다룰 복면산과 비슷한 퍼즐입니다.

12 필산이 아닌 계산식에서 숫자를 □로 바꾼 충식산도 있습니다. 또 충식산 중에는 곱셈이나 나눗셈뿐만 아니라 제곱근 풀이를 소재로 한 문제도 있습니다(북가이드 [15]의 240, 241번 문제 등).

하나로 결정되는 해를 유일해라 합니다.

충식산 문제는 전 세계에서 만들어집니다. 하지만 일본의 충식산은 특유의 아름다운 수식과 복잡함으로 문제의 질적 수준이 상당히 높기로 유명합니다. 술술 풀리는 간단한 문제부터 며칠간 씨름을 해야 할 어려운 문제까지 다양합니다. 이런 다양한 문제는 북가이드 [15]의『虫食算パズル700選』에서 볼 수 있습니다.

이번에는 충식산 프로그램을 작성해봅니다. 고마치잔과 마찬가지로 재귀 함수를 활용한 완전 탐색법을 이용합니다. 단, 탐색의 효율을 높이기 위해 가지치기(pruning)라는 기법도 활용하겠습니다.

퍼즐에 도전

충식산을 푸는 알고리즘을 생각하기 전에 충식산 문제를 난이도 순으로 22개 제시합니다. 제가 만들지 않은 문제에는 출처를 표기하겠습니다.

● 레벨 1
쉬운 문제부터 풀어봅시다.

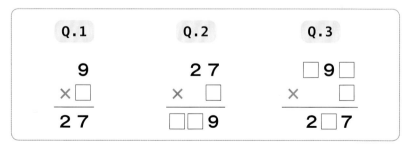

그림 1-29 레벨 1 충식산

레벨 2

레벨 1보다 더 복잡한 필산입니다.

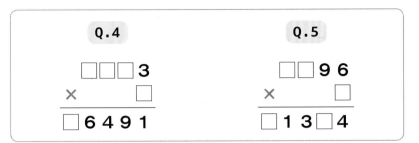

그림 1-30 레벨 2 충식산

레벨 3

두 자릿수를 곱하는 필산입니다.

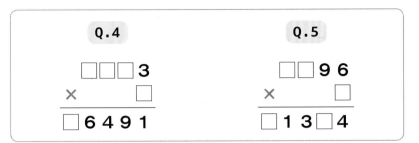

그림 1-31 레벨 3 충식산

○ 레벨 4

나눗셈도 등장합니다.

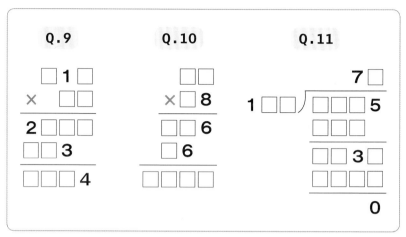

그림 1-32 레벨 4 충식산

○ 레벨 5

다소 복잡한 문제도 풀어봅시다. Q.14는 3을 3의 형태로 늘어놓은 모습입니다.

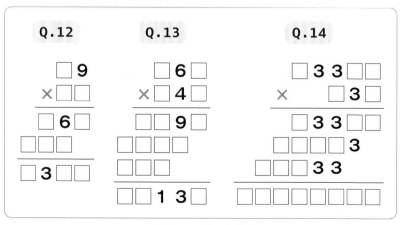

그림 1-33 레벨 5 충식산

○ 레벨 6

Q.16은 E. F. 오딜링이 1925년에 발표한 작품으로 '고독한 7(solitary 7)'이라 합니다. 표시된 수는 7 하나뿐입니다(딱 나눠 떨어지는 것을 의미하는 0은 제외합니다). 이처럼 표시된 수가 하나뿐인 충식산을 고독한 n이라 부르기도 합니다.

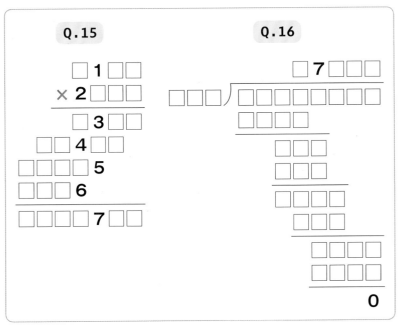

그림 1-34 레벨 6 충식산

○ 레벨 7

Q.17은 0부터 9까지 수를 하나씩 배치합니다. 이러한 충식산 문제도 '고독한 n'처럼 오래전부터 수없이 많이 만들어졌습니다. Q.18은 7을 7개 사용해 7의 형태로 표현했습니다.

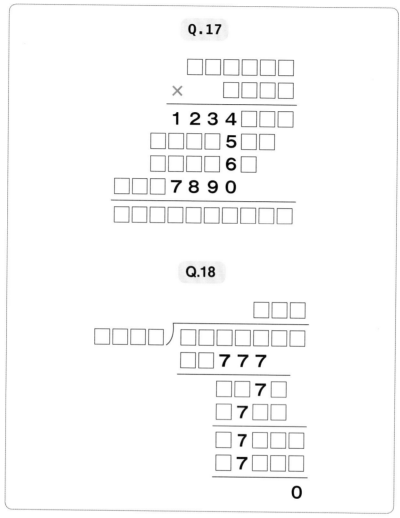

그림 1-35 레벨 7 충식산

○ 레벨 8

Q. 20은 나눠 떨어짐을 의미하는 0을 제외하고 단 하나의 수도 주어지지 않았습니다. 이러한 충식산을 완전 충식산이라 합니다.

Q.19

```
    □ 1 □ □ □ □
  ×   □ □ □ □ □
  ─────────────
    2 □ 3 □ □ □
  □ □ □ □ □ □ □
    □ □ 4 □ 5 □ 6 □
  □ □ □ □ □ □
    □ □ □ □ 7 □ 8
  □ □ □ □ □ □ □
  ─────────────
  □ □ □ □ □ □ □ 9 □ □ □ □ □
```

Q.20

```
              □ □ □ □ . □ □ □
        ┌─────────────────────
  □ □ □ □ )□ □ □ □ □ □ □ □
          □ □ □ □
          ──────────
            □ □ □ □
            □ □ □ □
            ──────────
              □ □ □ □    □
                □ □ □    □
                ──────────
                  □ □    □ □
                  □ □    □ □
                  ──────────
                    □    □ □ □
                    □    □ □ □
                    ──────────
                           0
```

그림 1-36 레벨 8 충식산

○ 레벨 9

Q. 21은 영국의 수학자 **윌리엄 버위크**가 1906년에 발표한 작품으로 '7개의 7'이라 합니다. 주어진 수가 7개밖에 없는데 □는 72개나 있습니다. Q. 16 '고독한 7'과 함께, 충식산을 전 세계에 알린 기념비적 명작입니다.

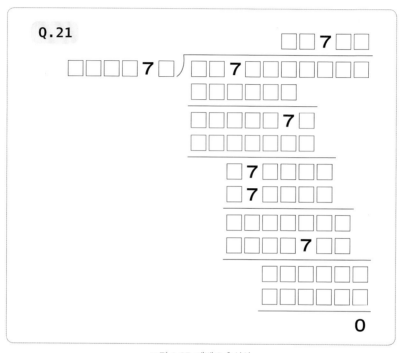

그림 1-37 레벨 9 충식산

○ 레벨 10

마지막은 초고난도 문제입니다. 24자리×20자리의 매우 거대한 충식산입니다.[13]

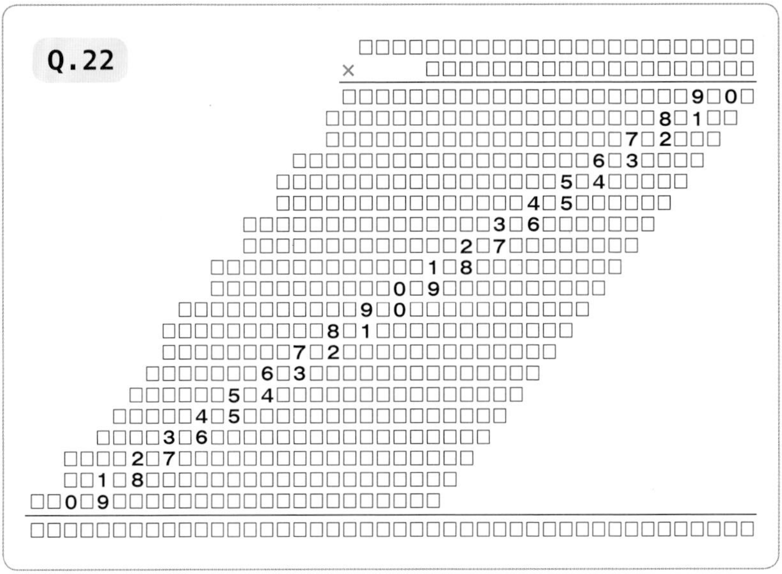

Q.22

그림 1-38 레벨 10 충식산

충식산을 푸는 알고리즘

충식산을 푸는 알고리즘을 생각해봅시다. 이 책에선 곱셈 필산만 다루지만 나눗셈 필산도 마찬가지로 생각할 수 있습니다. 곱셈 필산에서 최상단을 피승수(multiplicand), 2단 부분을 승수(multiplier), 최하단을 적곱(product), 그 외 부분을 부분곱(partial product)이라 칭하기도 합니다. 이 책에서는 편의상 승수에 0이 들어가는 등의 필산은 다루지 않겠습니다.

---

13 『虫食算パズル700選』(북가이드 [15])에 698번 문제로 게재된 작품(가토 도루 작)에서 영감을 받아 필자가 만든 문제입니다. 가토 도루의 작품은 23자리×20자리로, 이 자릿수의 경우 동일한 수 배치로 유일해가 존재하게 만드는 것이 불가합니다. 가토 도루의 문제는 복면 문자도 넣어 유일해가 되게 했습니다. 관심 있는 분은 꼭 확인해보세요. 충식산 문제를 만들 때 특정 문자 배치로 유일해를 만들기 힘들 경우, 피승수 자릿수를 늘리면 유일해 문제를 만들기가 쉬워지기도 합니다.

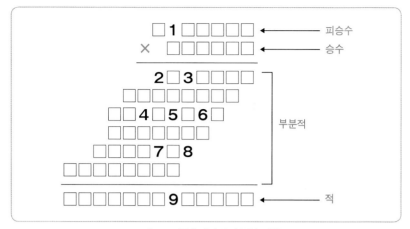

그림 1-39 곱셈 필산의 각 부분 명칭

● 충식산의 □를 채우는 방법

충식산의 □를 채우는 방법을 모두 살펴보는 완전 탐색법을 우선적으로 생각할 수 있습니다. 곱셈 필산에선 피승수과 승수의 □에 수를 모두 넣고 나면 남은 □의 수가 정해진다는 점에 주목합니다.

예를 들어 그림 1-36의 충식산(Q.19)에서 피승수를 '2,122,222', 승수를 '123,456'으로 적은 경우 필산을 구체적으로 계산합니다. 그렇게 하면 수가 맞는 곳도, 틀린 곳도 있게 됩니다. 틀린 곳이 없게 하는 피승수와 승수의 조합을 찾아냈을 때 그것이 충식산의 해가 됩니다.

이 충식산(Q.19)의 경우, 피승수와 승수의 □가 총 12개 있습니다. 각 □에 들어갈 수는 0부터 9까지 10개이므로 피승수와 승수의 □에 수를 넣는 가짓수는 10^{12}=1조 개입니다. 더 일반적인 충식산에서는 피승수와 승수의 □개수를 N이라 할 때 10^N가지 방법이 있습니다.[14] 충식산이 레벨 5 이하 같은 소규모라면 컴퓨터가 고속으로 충분히 풀지만, 충식산 규모가 크면 계산에 시간이 걸립니다. 이때 가지치기 방식을 고려할

---

14 정확히 말해, 맨 왼쪽의 □에 0이 들어가지 않거나, 승수의 □에 0이 들어가지 않는(혹은 확실히 0이 들어가거나) 점 등을 고려하면 선택지 가짓수가 다소 줄어듭니다.

수 있습니다. 그전에 먼저 재귀 함수를 활용한 완전 탐색법을 생각해봅시다.

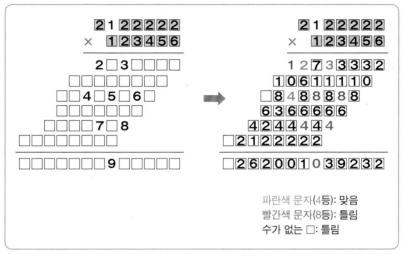

그림 1-40 충식산에서 피승수와 승수의 □에 수를 넣었을 때 정합성을 확인하는 방법

재귀 함수에 의한 완전 탐색

피승수와 승수의 □에 0부터 9까지 수를 넣는 방법을 모두 알아보는 완전 탐색법은 리스트 1-11과 같이 재귀 함수로 구현할 수 있습니다. 단, 세세한 처리는 생략하고 개념만 나타냈습니다.

리스트 1-11 충식산을 푸는 재귀 함수 개념을 나타내는 의사코드

```
1   // 승수의 □에 수를 넣어 나가는 재귀 함수
2   void rec_plier(vector<int>& vec) {
3       // 종료 조건
4       if (승수의 모든 □에 수가 들어 있음) {
5           if (정합함) {
6               답에 추가한다
7           }
8           return;
9       }
10
11      // 새 □에 수를 넣는다(승수에 0은 들어가지 않는 것으로 한다)
12      for (int add = 1; add <= 9; ++add) {
```

제 1 장

알고리즘 입문

```
13          vec.push_back(add);
14          rec_plier(vec);   // 재귀 호출

15          vec.pop_back();
16      }
17  }
18
19  // 피승수의 □에 수를 넣어 나가는 재귀 함수
20  void rec_plicand(vector<int>& vec) {
21      // 종료 조건
22      if (피승수의 모든 □에 수가 들어 있음) {
23          // 이번에는 rec_plier를 호출한다
24          vector<int> vec2;   // 빈 배열
25          rec_plier(vec2);
26          return;
27      }
28
29      // 새 □에 수를 넣는다
30      for (int add = 0; add <= 9; ++add) {
31          vec.push_back(add);
32          rec_plicand(vec);   // 재귀 호출
33          vec.pop_back();
34      }
35  }
36
37  // 충식산을 푼다
38  void solve() {
39      // 우선 재귀 함수 rec_plicand()를 호출한다
40      vector<int> vec;   // 빈 배열
41      rec_plicand(vec);
42  }
```

리스트 1-11에서는 먼저 재귀 함수 rec_plicand()를 호출하고, 오른쪽부터 순서대로 피승수의 □에 수를 넣습니다. 피승수 □에 수를 다 넣은 후에는 재귀 함수 rec_plier()를 호출해 오른쪽부터 순서대로 승수의 □에 수를 넣어 나갑니다.

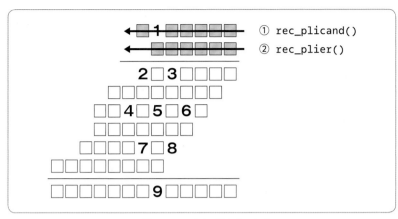

그림 1-41 □에 숫자를 넣는 순서

🧩 가지치기

앞에서 서술했듯, 리스트 1-11은 □의 개수가 많아지면 계산에 시간이 많이 걸려 감당하지 못합니다. 하지만 사실은 간단하게 개선해 대폭 고속화할 수 있습니다. 피승수와 승수의 □에 수를 모두 넣은 후 정합성을 확인하는 것이 아니라, 새 □에 수를 넣을 때마다 해당 단계에서 가능한 정합성을 확인하도록 합니다. 이 단계에서 모순점이 발견되면 남은 □에 수를 넣는 수고를 들이지 않고 선택지를 건너뜁니다. 이처럼 탐색 과정에서 해를 찾을 가망이 없는 선택지에는 탐색을 중단하는 것을 가지치기(pruning)라 합니다.

그림 1-42처럼, 피승수를 2,122,222로 하고 승수 오른쪽 끝의 □에 수를 넣으려 한다고 가정합시다. 여기서 오른쪽 끝의 □에 1을 넣으면 1단 부분곱 정보와 모순됩니다. 즉, '오른쪽 끝의 □에 1을 넣은 상태에서 승수의 남은 5개 □에 수를 넣는 탐색'은 불필요하다고 단언하게 됩니다. 이상의 아이디어를 차용해 리스트 1-11의 재귀 함수 rec_plier()를 리스트 1-12처럼 개선합니다.

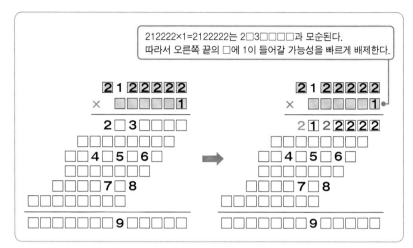

그림 1-42 가지치기의 모습

리스트 1-12 리스트 1-11의 재귀 함수 rec_plier()에 가지치기 처리 추가

```cpp
1  // 승수의 □에 수를 넣어 나가는 재귀 함수
2  void rec_plier(vector<int>& vec) {
3      // 종료 조건
4      if (승수의 모든 □에 수가 들어 있음) {
5          if (정합함) {
6              답에 추가한다
7          }
8          return;
9      }
10
11     // 새 □에 수를 넣는다(승수에 0은 들어가지 않는 것으로 한다)
12     for (int add = 1; add <= 9; ++add) {
13         // 가지치기
14         if (피승수*add가 정합하지 않음) continue;
15
16         vec.push_back(add);
17         rec_plier(vec);   // 재귀 호출
18         vec.pop_back();
19     }
20 }
```

Column

조합 폭발

앞서 언급했듯, 가지치기를 하지 않는 완전 탐색에서 피승수와 승수에 □가 N개 있는 충식산을 풀려면 대략 10^N가지 선택지를 살펴봐야 합니다. 그러면 □가 1개 늘어날 때마다 계산 시간이 10배 늘어납니다. 가령 1가지 선택지를 조사하는 데 0.0000001초 걸린다고 합시다. 이때 충식산을 푸는 데 드는 대략의 계산 시간은 B와 같습니다.

표 B □의 개수와 계산 시간의 관계

□의 개수	대략적인 계산 시간	문제 예시
1개	약 0.000001초	Q.1(레벨 1)
2개	약 0.00001초	Q.7(레벨 3)
3개	약 0.0001초	Q.8(레벨 3)
4개	약 0.001초	Q.9(레벨 4)
5개	약 0.01초	Q.14(레벨 5)
6개	약 0.1초	Q.15(레벨 6)
7개	약 1초	
8개	약 10초	
9개	약 100초	
10개	약 1시간	Q.17(레벨 7)
11개	약 10시간	
12개	약 100시간	Q.19(레벨 8)
13개	약 1개월	
14개	약 1년	
15개	약 10년	
...	...	
44개	약 10^{30}년	Q.22(레벨 10)

□가 10개 이상이 되는 시점부터 빠르게 충식산을 풀기가 어려워진다는 사실을 알 수 있습니다. 특히 □가 44개나 있는 Q.22(레벨 10)는 우주가 탄생한 이래 오늘날까지 10^{10}년 정도의 시간을 10^{20}번 반복해야 겨우 풀 수 있습니다. 이처럼 **문제 규모가 커지면 선택지 개수가 폭발적으로 늘어나는 것을 조합 폭발**(combinatorial explosion)이라 합니다.

조합 폭발을 실감 나게 다룬 애니메이션이 유튜브에 업로드됐습니다. 관심이 있는 분은

이 영상을 꼭 보기 바랍니다.

- 『フカシギの数え方』おねえさんといっしょ！みんなで数えてみよう！[15]
  https://www.youtube.com/watch?v=Q4gTV4r0zRs

그림 G   영상 『フカシギの数え方』의 장면 일부

충식산 프로그램 요소 준비

충식산을 푸는 알고리즘의 전반적 구조를 정했으니, 이번에는 상세한 내용을 구현해 봅시다.

○ 충식산 입력 데이터

먼저 충식산 프로그램에 입력할 데이터의 형식을 정합니다. 예를 들어 그림 1-43의 충식산은 리스트 1-13처럼 입력합니다.

---

15 역주) 번역 당시(2022년 7월) 한국어 자막을 지원합니다.

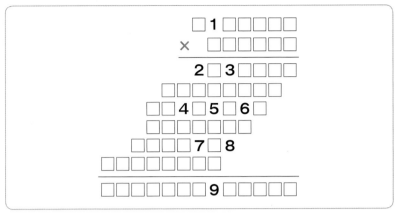

그림 1-43 입력할 충식산 예시

리스트 1-13 충식산의 입력 데이터 예시

```
 1   7 6
 2   *1*****
 3   ******
 4   2*3****
 5   ********
 6   **4*5*6*
 7   *******
 8   ****7*8
 9   ********
10   *******9*****
```

1행에는 피승수, 승수 자릿수를 공백으로 구별해 기입합니다. 이어지는 두 번째와 세 번째 행에는 각각 피승수와 승수 정보를 입력합니다. 충식산의 □에 대응하는 부분은 문자 *로 표시합니다. 계속해서 d행(승수의 자릿수를 d로 합니다)에는 부분곱 정보를 기입합니다. 마지막 행에는 곱(積)의 정보를 기입합니다.

정합성을 판단하는 함수

이제 충식산 프로그램을 적용하는 데 필요한 준비를 해봅시다. 우선 정수치 val이, 충식산 정보를 나타내는 문자열 str에 정합한지 여부를 판단하는 함수 is_valid()를 리스트 1-14처럼 적용합니다. 예를 들면, 다음의 경우 true 또는 false를 반환합니다.

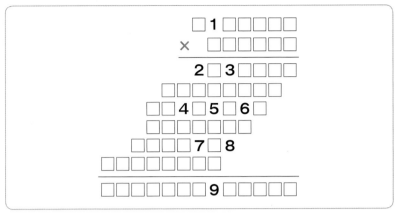

- val = 4649, str = ****일 때 true
- val = 4649, str = *6*9일 때 true
- val = 4649, str = 4*5*일 때 false
- val = 4649, str = ***일 때 false

리스트 1-14 정수치 val이 충식산 정보를 나타내는 문자열 str에 정합한지 여부를 판단하는 함수

```cpp
1  // 정수 val가 문자열 str에 정합한가?
2  bool is_valid(int64_t val, const string& str) {
3      // 정수 val을 문자열로 변환한다
4      string sval = to_string(val);
5
6      // 정수 val의 자릿수가 문자열 str의 길이와 일치해야 한다
7      if (sval.size() != str.size()) return false;
8
9      // 한 문자씩 정합성을 확인한다
10     for (int i = 0; i < sval.size(); ++i) {
11         // □의 값은 신경 쓰지 않는다
12         if (str[i] == '*') continue;
13
14         // 일치하지 않는 부분은 false
15         if (sval[i] != str[i]) return false;
16     }
17     return true;
18 }
```

수 v를 문자열 str의 오른쪽에서 k번째에 적용했을 때 정합한지 여부를 판단하는 함수 is_valid_sub()를 리스트 1-15처럼 적용합니다.

여기서 문자열 str의 맨 오른쪽 문자는 오른쪽에서 0번째에 있다고 생각합니다. 예를 들면, 각 경우 다음과 같이 반환합니다.

- v = 4, k = 0, str = 4*6*일 때 true
- v = 4, k = 1, str = 4*6*일 때 false
- v = 4, k = 2, str = 4*6*일 때 true

- v = 4, k = 3, str = 4*6*일 때 true

이 함수는 피승수나 승수의 □에 수를 넣을 때 이미 수가 들어 있는 부분이 모순되지 않는지 여부를 판단할 때 사용합니다.

리스트 1-15 수 v를 문자열 str의 오른쪽에서 k번째에 적용했을 때 정합한지 여부를 판단하는 함수

```
1  // 수 v를 문자열 str의 오른쪽에서 k번째에 적용했을 때 정합한가?
2  bool is_valid_sub(int v, int k, const string& str) {
3      // 오른쪽에서 k번째 문자를 얻는다
4      char c = str[(int)str.size() - 1 - k];
5
6      // 공백일 경우 문제 없음
7      if (c == '*') return true;
8
9      // 예를 들어 = '8'일 때 real_val = 8이 된다
10     int real_val = c - '0';
11
12     // 값이 일치하는지 여부를 판단한다
13     return (v == real_val);
14 }
```

○ □에 넣은 수에서 정수를 복원한다

다음으로 피승수나 승수의 □에 넣은 수 정보에서, 피승수 전체나 승수 전체의 정숫값을 복원하는 함수 decode()를 리스트 1-16과 같이 적용합니다. 예를 들어 vec = {3, 1, 4, 1, 5}일 때 정수 51413을 반환합니다(vec은 정숫값 오른쪽에서 한 자리씩 순서대로 꺼낸 것입니다).

리스트 1-16 □에 넣은 수에서 정수 전체를 복원하는 함수

```
1  // □에 넣은 수에서 정수 전체를 복원한다
2  int64_t decode(const vector<int>& vec) {
3      int64_t res = 0;   // 답
4      int64_t order = 1;   // 1, 10, 100, ...
5      for (int v : vec) {
6          res += order * v;
7          order *= 10;
```

```
 8      }
 9      return res;
10  }
```

충식산 프로그램 적용

앞에서 준비한 처리를 종합해 충식산 프로그램 전체를 리스트 1-18과 같이 적용합니다.

리스트 1-17 충식산 프로그램(1_3_mushikui_solver.cpp)

```cpp
 1  #include <iostream>
 2  #include <vector>
 3  #include <string>
 4  #include <utility>
 5  using namespace std;
 6
 7  // 함수 is_valid(), is_valid_sub(), decode()는 생략한다
 8
 9  // 충식산 프로그램을 관리하기 위한 클래스
10  class Mushikuizan {
11   private:
12      // 피승수, 승수, 곱
13      string multiplicand_, multiplier_, product_;
14
15      // 부분곱
16      vector<string> middle_;
17
18      // 답을 나타내는 배열 (피승수와 승수 쌍을 저장)
19      vector<pair<int64_t, int64_t>> res_;
20
21   public:
22      // 생성자
23      Mushikuizan(const string& multiplicand,
24                  const string& multiplier,
25                  const string& product,
26                  const vector<string>& middle) :
27        multiplicand_(multiplicand), multiplier_(multiplier),
28        product_(product), middle_(middle) {
```

```
29        }
30
31        // 승수의 □에 수를 넣어 나가는 재귀 함수
32        // plicand: 피승수에 넣은 수, vec: 승수의 □에 수를 넣은 결과
33        void rec_plier(int64_t plicand, vector<int>& vec) {
34            // 종료 조건: 승수의 모든 □에 수가 들어갔을 때
35            if (vec.size() == multiplier_.size()) {
36                // 승수를 구한다
37                int64_t plier = decode(vec);
38
39                // 적의 정합성을 확인한다
40                if (!is_valid(plicand * plier, product_)) return;
41
42                // 답을 저장한다
43                res_.emplace_back(plicand, plier);
44                return;
45            }
46
47            // 새 □에 수를 넣는다(승수에 0은 들어가지 않는 것으로 한다)
48            for (int add = 1; add <= 9; ++add) {
49                // 이미 수가 들어 있어 모순될 경우 건너뛴다
50                if (!is_valid_sub(add, vec.size(), multiplier_))
51                    continue;
52
53                // □에 수 add를 넣어 정합성을 확인한다
54                if (!is_valid(plicand * add, middle_[vec.size()]))
55                    continue;
56
57                // vec에 수 add를 추가해 재귀 호출을 한다
58                vec.push_back(add);
59                rec_plier(plicand, vec);
60                vec.pop_back();
61            }
62        }
63
64        // 피승수의 □에 수를 넣어 나가는 함수
65        // vec: 피승수의 □에 수를 넣은 결과
66        void rec_plicand(vector<int>& vec) {
67            // 종료 조건: 피승수의 모든 □에 수가 들어갔을 때
68            if (vec.size() == multiplicand_.size()) {
69                // 이번에는 승수의 □에 수를 넣어 나간다
```

```
70              vector<int> vec2;
71              rec_plier(decode(vec), vec2);
72              return;
73          }
74
75          // 새 □에 수를 넣는다
76          for (int add = 0; add <= 9; ++add) {
77              // 맨 왼쪽에는 0이 들어갈 수 없다
78              if (vec.empty() && add == 0) continue;
79
80              // 이미 수가 들어 있어 모순될 경우 건너뛴다
81              if (!is_valid_sub(add, vec.size(), multiplicand_))
82                  continue;
83
84              // vec에 값 add를 넣어 재귀 호출을 한다
85              vec.push_back(add);
86              rec_plicand(vec);
87              vec.pop_back();
88          }
89      }
90
91      // 충식산을 푼다(피승수와 승수 쌍을 저장한 배열을 반환한다)
92      vector<pair<int64_t, int64_t>> solve() {
93          // 답을 나타내는 배열을 비운다
94          res_.clear();
95
96          // 피승수의 □에서부터 수를 넣어 나간다
97          vector<int> vec;   // 빈 배열
98          rec_plicand(vec);
99          return res_;
100     }
101 };
102
103 int main() {
104     // 입력
105     cout << "Mushikuizan Input: " << endl;
106     int A, B;   // 피승수, 승수 자릿수
107     cin >> A >> B;
108     string hijou, jou, seki;   // 피승수, 승수, 곱
109     vector<string> middle(B);   // 중간 부분
110     cin >> hijou >> jou;
```

```
111      for (int i = 0; i < B; ++i) cin >> middle[i];
112      cin >> seki;
113
114      // 재귀적으로 푼다
115      Mushikuizan mu(hijou, jou, seki, middle);
116      const vector<pair<int64_t, int64_t>>& res = mu.solve();
117
118      // 해를 출력한다
119      cout << "The num of solutions: " << res.size() << endl;
120      for (int i = 0; i < res.size(); ++i) {
121          cout << i << " th solution: "
122              << res[i].first << " * " << res[i].second
123              << " = " << res[i].first * res[i].second << endl;
124      }
125 }
```

이 충식산 프로그램에 리스트 1-13의 입력 데이터가 주어졌을 때 출력 결과는 다음과 같습니다. 제 컴퓨터 환경에서는 푸는 데 0.71초 들었습니다. 가지치기가 없으면 100시간 정도가 필요할 것으로 추정됨(1-3절 칼럼 '조합 폭발' 참조)을 생각하면, 가지치기의 효과가 크다고 할 수 있습니다.

실행 결과

```
Mushikuizan Input:
7 6
*1*****
******
2*3****
*******
**4*5*6*
*******
****7*8
*******
*******9*****
The num of solutions: 1
0 th solution: 1165096 * 981992 = 1144114951232
```

정리

이 절에서 적용한 충식산 프로그램의 요점을 복습해봅시다. 충식산도 고마치잔과 마찬가지로 재귀 함수를 활용한 완전 탐색법으로 풀 수 있습니다. 하지만 충식산의 규모가 커지면 탐색해야 할 선택지가 폭발적으로 늘어납니다. 이때 가지치기라는 기법을 이용하면 계산 시간이 대폭 단축됩니다.

이 절에서 적용한 충식산 프로그램은 Q.19(레벨 8)을 1초 이내로 풀 수 있었지만 Q.22(레벨 10)는 빠르게 풀지 못합니다. 하지만 이 충식산 프로그램을 개선해 '어떤 순서로 □에 수를 넣어 나갈지' 궁리함으로써 Q.22도 풀게 됩니다. 그 이유도 생각해보세요.

퍼즐 정답

문제(Q.1~Q.22)의 정답입니다.

표 1-3 충식산 문제 정답

문제	정답
Q.1	9×3=27
Q.2	27×7=189
Q.3	297×1=297
Q.4	5213×7=36491
Q.5	4596×9=41364
Q.6	71×23=1633
Q.7	22×43=946
Q.8	78×12=936
Q.9	313×18=5634
Q.10	32×38=1216
Q.11	9085÷115=79
Q.12	89×83=7387
Q.13	366×249=91134
Q.14	33311×331=11025941
Q.15	3123×2543=7941789
Q.16	12128316÷124=97809
Q.17	176315×6487=1143755405
Q.18	5252489÷5753=913
Q.19	1165096×981882=1144114951232
Q.20	10000016÷1664=6009.625
Q.21	7375428413÷125473=58781
Q.22	200843564355223707772772×725341148945192 76187=14568010172766 5727289447994773370415306580364

👆 더 알아보기

충식산 만들기

이로써 충식산 프로그램을 적용해보았습니다. 충식산을 만드는 알고리즘도 생각해봅시다. 여기서 설명할 방법은 손으로 직접 충식산을 만들 때도 유효합니다.

● 간단한 방법

충식산을 만들 방법을 생각하자니 다음이 가장 먼저 떠올랐을 것입니다.

- 올바른 계산으로 성립하는 필산을 하나 생각한다.
- 그중 수 몇 개를 □로 변환한다.
- 이때 해가 여럿이 되지 않게 조정한다.

하지만 이 방법으로는 수 배치까지 고려한 충식산을 만들기가 어려울 것입니다. 예를 들어 그림 1-44처럼 1부터 9까지 수를 규칙적으로 배치한 충식산을 만들고자 할 때, 애초에 바른 계산이 성립하는 필산을 생각해내는 것만으로도 이미 대단한 노력을 기울인 셈이죠.

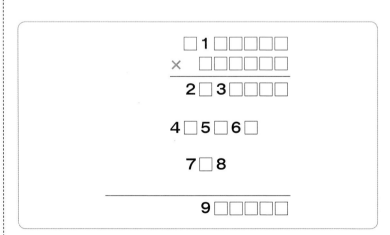

그림 1-44 충식산 만들기에서 수 배치를 고려한 예

○ 제안 방법

사전에 문제를 큰 규모로 만들어 푼 후 얻은 해를 분류하는 방법을 생각해봅시다.[16] 구체적으로는 그림 1-45의 필산을 예로 들어 □에 수가 들어가든 그렇지 않든 상관없다고 간주하겠습니다.

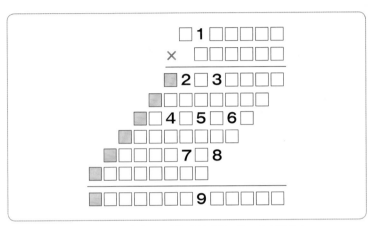

그림 1-45 수 배치를 고려할 때 문제 규모를 크게 설정하기

그러면 그림 1-46처럼 다양한 해를 얻습니다. 예시의 경우 해가 12,244개입니다.

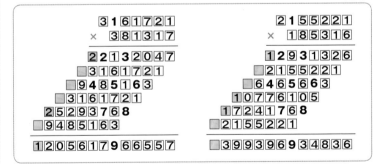

그림 1-46 그림 1-45를 설정해 푼 해의 예시

12,244개 해를 '□를 채우는 법'에 따라 분류합니다. □를 채울 수 있는 패턴은 128개입니다. 즉, 7개의 □ 각각에 수가 들어갈 경우와 그렇지 않을 경우가 있으므로 27=128개

---

16 이 방법은 필자가 다양한 충식산을 만들어본 경험에서 고안한 것입니다. 또 문제의 규모를 더 넓히고 풀어서 얻은 해를 분류하는 방법은 고마치잔(1-2절 참조)과 복면산(2-2절 참조)을 만들 때도 유효합니다.

입니다. 각 □에 숫자가 들어가는지 여부와 상관없이 풀어서 얻은 12,244개 해를 128개 패턴으로 분류합니다. 만약 단 1개의 해만 속하는 패턴이 있다면, 이에 따라 완전해를 가지는 충식산을 만들 수 있습니다.

이렇게 그림 1-47처럼 Q.19(레벨 8) 같은 충식산을 만들었습니다. 사실 그림 1-45처럼 설정했을 때 완전해를 가지는 충식산을 하나 더 만들 수 있습니다. 꼭 만들어보세요.

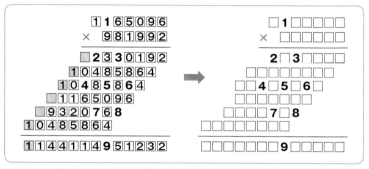

그림 1-47 해가 하나만 있는 패턴에서 완전해를 가지는 충식산 만들기

제 2 장

그래프 알고리즘

1장에서 텐퍼즐, 고마치잔, 충식산을 푸는 탐색 알고리즘을 알아보았습니다. 탐색에 익숙해졌을테니 그래프(graph)를 도입해봅시다. 그래프는 가령 '반에서 누구랑 누가 친한지'와 같이 대상물의 관계성을 나타냅니다. 다양한 퍼즐을 그래프상의 탐색 문제로 만들면 더 쉽게 풀게 됩니다.

스도쿠: 깊이 우선 탐색 1

스도쿠

스도쿠란 3×3 블록으로 나뉜 9×9 정사각형의 각 칸에 1부터 9까지 수를 넣어 완성하는 퍼즐입니다. 가로 행(9행), 세로 열(9열), 굵은 선으로 구분된 3×3 블록(9개)의 어느 칸이든 1부터 9까지 수가 하나씩 들어갑니다. 보통 스도쿠 문제는 완전해가 되게 만듭니다. 그림 2-1은 스도쿠 예시입니다.

Q.1

5	3			7				
	6			1	9	5			
		9	8					6	
8				6				3
4			8		3			1
7				2				6
	6					2	8	
			4	1	9			5
				8			7	9

그림 2-1 스도쿠 문제 예시

출처: https://en.wikipedia.org/wiki/Sudoku

스도쿠는 영어권에서도 그대로 'SUDOKU'로 불리며 큰 인기를 얻었습니다. 2006년 이후 세계 대회(World Sudoku Championship)가 개최됐으며 2017~2019년에는 일본인 선수가 연달아 우승했습니다. 스도쿠는 단순한 규칙과 달리, 빈칸에 넣을 수를 여러 가지로 생각할 수 있어서 논리적으로 해결해 나가는 재미가 있습니다. 뒤에서 그러한 수(手)를 몇 가지 소개하겠습니다.

스도쿠를 풀어낼 스도쿠 프로그램을 만들 때 사용하는 것이 바로 그래프(graph)상의 깊이 우선 탐색(depth-first search)입니다.

스도쿠의 수 소개

스도쿠 알고리즘을 생각하기 전에 스도쿠 문제를 직접 풀기 위해 두 가지 수(手)를 소개합니다. 이러한 수는 컴퓨터상에서 스도쿠를 푸는 탐색 알고리즘을 고속화할 때도 참고할 수 있습니다.

◯ 수 1: 특정 칸에 들어갈 수의 개수를 줄인다

그림 2-2의 □에 들어갈 수를 생각해봅시다. □를 포함한 3×3 블록에는 2, 3, 4가 이미 채워져 있으므로 이 수들을 다시 넣을 수는 없습니다. 마찬가지로 □가 포함된 행(가로)에는 5, 6, 7이, □가 포함된 열(세로)에는 8, 9가 이미 들어 있으므로 이 수들을 넣지도 못합니다. 따라서 □에 들어갈 수는 1이 틀림없습니다.

			5	6	7
	2	3			
	4				
8					
9					

그림 2-2 스도쿠 첫 번째 수 적용 예시

이 수는 스도쿠 문제를 직접 풀 때는 눈치채기가 힘들어 상급수로 알려졌습니다. 하지만 프로그램에서 스도쿠를 풀 경우 탐색 알고리즘에 자연스럽게 도입되는 방식입니다. 예를 들어 빈칸에 들어갈 수를 단 하나로 줄이지 않고 몇 개 정도로만 추려도 탐색의 효율이 높아집니다. 가령 4, 6, 8만 빈칸에 들어갈 수 있음을 알게 되면, 이 세 수만 순서대로 넣어보는 식입니다.

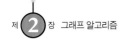

뒤에서 살펴보겠지만, 스도쿠를 푸는 탐색 알고리즘을 효율화하기 위해선 들어갈 수 있는 수의 선택지가 적은 빈칸부터 먼저 탐색합니다.

● 수 2: 특정 수가 들어갈 빈칸의 개수를 줄인다

첫 번째 수는 '특정한 빈칸에 들어갈 수의 개수를 줄이는' 방식이었습니다. 이번에는 반대로 '특정 수에 주목하고, 해당 수가 들어갈 빈칸의 개수를 줄이는' 방식을 생각해 봅시다.

그림 2-3에서 □가 포함된 3×3 블록을 봅시다. 블록에서 위쪽 두 개 행의 여섯 개 칸에는 1을 넣지 못합니다. 마찬가지로 맨 아래 행 세 개 칸 중 맨 오른쪽 칸에도 1을 넣지 못합니다. 따라서 □가 포함된 3×3 블록에서 1을 넣을 수 있는 빈칸은 □밖에 없음을 알게 됩니다. 이로써 □에 들어갈 수는 '1'이라고 확정합니다.

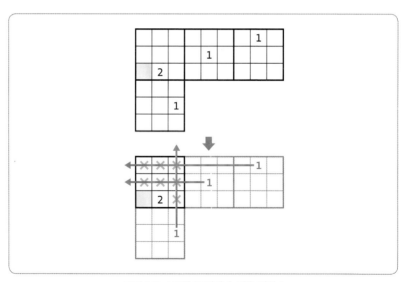

그림 2-3 스도쿠 두 번째 수 적용 예시 1

마찬가지로 그림 2-4에서 □가 포함된 행을 주목해봅시다. 이 행의 빈칸에 1을 넣을 수 있는 칸은 □뿐입니다. 따라서 □에 들어갈 수는 '1'이라고 확정합니다.

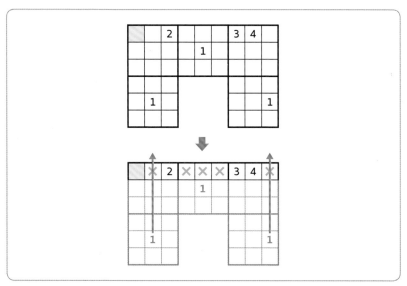

그림 2-4 스도쿠 두 번째 수 적용 예시 2

첫 번째 수만 활용하면, 그림 2-3의 ☐에 3~9가 들어갈 가능성이나 그림 2-4의 ☐에 5~9가 들어갈 가능성을 배제하지 못합니다. 두 번째 수도 활용해 ☐에 들어갈 수를 먼저 확정합니다.

그래프

스도쿠를 푸는 알고리즘을 생각하기 전에 그래프(graph)라는 개념을 도입합니다. 그래프로 그려 생각하면 풀기가 더 쉬워지는 문제는 스도쿠 외에도 많습니다.

그래프란 예를 들어 '반 친구 중 누구랑 누가 친한가'처럼 대상물 간의 관계를 나타냅니다. 그림 2-5처럼 그래프는 보통 '원'과 '선'을 사용해 그립니다. 대상물을 원으로 표현하고 대상물 간의 관계를 선으로 나타냅니다. 원으로 나타낸 것을 정점(vertex)이라 하며, 선으로 나타낸 것을 간선(edge)이라 합니다.

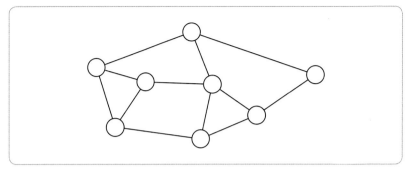

그림 2-5 그래프 개념도

그래프의 각 변이 방향을 나타내기도 합니다. 간선에 방향을 표시한 그래프를 유향 그 래프(directed graph)라 합니다. 변에 방향이 없는 그래프에서 방향이 없음을 강조하 는 그래프를 무향 그래프(undirected graph)라 합니다. 그림 2-6처럼 유향 그래프에서 간선은 주로 화살표로 나타내며, 유향 간선은 일방통행 도로 등을 표현하기에 적합합 니다.

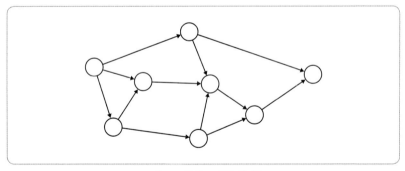

그림 2-6 유향 그래프 개념도

그래프를 활용해 교우관계, 철도노선, 작업 간 의존 관계 등 다양한 관계성을 표현합 니다. 예를 들어 교우관계는 사람을 정점에 대응시키고 반 친구들을 간선으로 묶어 그 래프로 표현합니다. 철도노선은 역을 정점에, 선을 간선에 대응시켜 그래프가 됩니다. 작업 간 의존 관계는 작업을 정점으로, '이 작업을 마치지 않으면 다음 작업을 시작할 수 없다'는 제약조건을 간선으로 대응시켜 그래프(유향 그래프)가 됩니다.

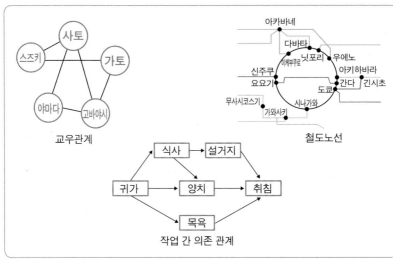

그림 2-7 그래프 예시

Column

쾨니히스베르크 다리와 4색 정리

그래프와 관련된 유명한 퍼즐을 두 개 소개하겠습니다. 하나는 그래프라는 개념이 등장하는 계기가 된 문제입니다. 18세기 초 독일 쾨니히스베르크 마을을 따라 흐르는 플뤼겔 강에는 그림 A처럼 다리가 7개 있었습니다. 당시 마을에서는 다리의 어느 지점에서 출발해 같은 다리를 두 번 이상 건너지 않고 7개 다리를 모두 건너서 출발 지점으로 돌아올 수 있는지 여부가 화젯거리였습니다.

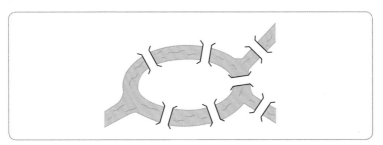

그림 A 쾨니히스베르크 다리

레온하르트 오일러(Leonhard Euler)는 고심하던 중 이 문제를 풀 수 없다는 사실을 알게 됐습니다. 그래서 그림 B처럼, 강에서 분단된 영역을 정점으로, 다리를 간선으로 한 그래프를 고안했는데 이것이 그래프의 시초가 됐습니다. 바꿔 말하면, 쾨니히스베르크 다리 문제는 그림 B의 오른쪽 그래프가 한붓그리기로 가능한지 여부를 판정하는 문제와 같습니다. 오일러는 이 문제에서 한붓그리기가 불가함을 증명했습니다. 일반적으로 한붓그리기가 가능한 그래프에는 어떤 그래프가 있는지 알고 싶다면 북가이드 [12], [13], [14] 등을 참고하세요.

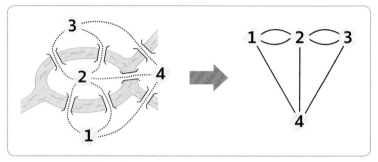

그림 B 쾨니히스베르크 다리 문제가 그래프의 한붓그리기 문제로 귀착

그래프와 관련된 또 다른 퍼즐은 지도의 각 영역을 4색 이내로 칠하는 문제입니다. 서로 맞닿은 지역은 다른 색으로 칠해야 합니다. 1976년 미국 일리노이 대학의 볼프강 하켄(Wolfgang Haken)과 케네스 아펠(Kenneth Appel)이 컴퓨터를 이용해 모든 지도를 4색 이내로 칠할 수 있음을 증명했습니다. 아래 그림은 마틴 가드너(Martin Gardner)가 '칠하는 데 5색이 필요한 지도를 찾았다'며 만우절에 농담 삼아 소개한 퍼즐입니다. 4색으로 칠하기에 도전해보세요. 정답 예시는 뒤에 수록됐습니다.

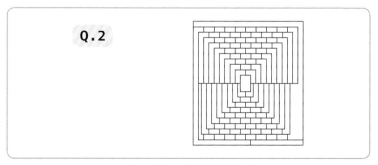

그림 C 4색으로 칠하기 어려운 지도

스도쿠를 푸는 알고리즘

그래프를 활용해 스도쿠 문제를 푸는 탐색 알고리즘을 생각해봅시다.

○ 스도쿠를 그래프로 생각한다

스도쿠를 푸는 탐색 과정도 그래프(유향 그래프)로 나타낼 수 있습니다. '수를 넣는 도중의 판'을 정점으로, '판에 수를 넣는 조작'을 간선으로 한 그래프를 생각해봅시다. 그림 2-8에 3×3 판을 간단히 나타냈습니다.

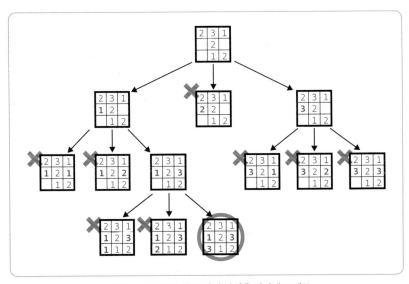

그림 2-8 스도쿠를 푸는 탐색 과정을 나타낸 그래프

스도쿠 풀기는 그래프에서 '모든 수가 모순되지 않고 들어간 판'을 탐색하는 문제로 재해석할 수 있습니다. 언뜻 보면 스도쿠 본래의 장점이 사라지는 사고방식이라고 여길 수도 있습니다. 뒤에서 살펴보겠지만, 스도쿠의 고유한 수나 방식을 활용해 그래프 탐색 알고리즘을 개선할 수도 있습니다.[1]

---

1 탐색을 기반으로 하는 해법을 좋게 여기지 않는 스도쿠 프로그램 개발자가 있습니다. 예를 들어 난이도를 적절히 조절하면서 문제의 질적 수준이 높은 스도쿠 문제를 자동 생성하는 프로그램을 개발하고 싶다면, 스도쿠 작품의 난이도나 질적 수준을 기계적으로 평가하는 것이 중요합니다. 이때 평가를 위해서는 스도쿠 작품에서, 스도쿠의 다양한 수를 어떻게 활용할지 확인해주는 프로그램을 개발해야 합니다.

● 깊이 우선 탐색(DFS)

대표적인 그래프 탐색법으로는 깊이 우선 탐색(depth-first search)과 너비 우선 탐색(breadth-first search)이 있습니다. 여기선 깊이 우선 탐색을 설명하고, 너비 우선 탐색은 2-3절 '미로'에서 설명하겠습니다.

깊이 우선 탐색은 그래프에서 가능한 한 '깊은' 곳으로 내려가서 더 이상 깊은 곳으로 나아갈 수 없는 상태가 되면, 한 번 돌아와 다음 분기를 살펴보는 동작을 반복하는 탐색법입니다. 깊이 우선 탐색의 움직임을 표현한 그림 2-9는 그림 2-8을 추상화한 그래프입니다. 파란 숫자는 각 정점을 방문한 순서를 나타냅니다.[2]

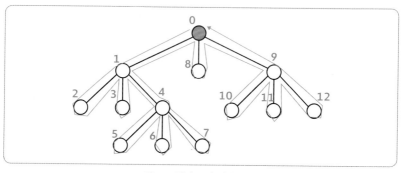

그림 2-9 깊이 우선 탐색의 동작

방문하는 정점의 번호를 모두 순시대로 나타내면 다음과 같습니다.

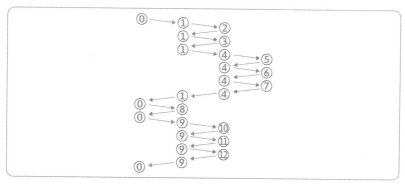

그림 2-10 깊이 우선 탐색에서 방문하는 정점의 순서

---

2 여기서의 탐색 순서는 '맨 처음에 해당 정점을 방문할 순서'를 나타내는 전위 순회(pre-order)입니다. 이외에도 '마지막에 해당 정점을 방문하는 순서'를 나타내는 후위 순회(post-order)도 있습니다.

이러한 정점 이동은 크게 두 종류로 나뉩니다.

깊이 우선 탐색의 2가지 이동

- 더 깊은 정점으로 내려가는 이동(그림 2-10에서 오른쪽 방향의 빨간 화살표)
- 더 얕은 정점으로 돌아가는 이동(그림 2-10에서 왼쪽 방향의 빨간 화살표)

이를 근거로 깊이 우선 탐색은 리스트 2-1과 같은 재귀 함수로 적용합니다. 더 깊은 정점으로 내려가는 처리 forward(v)와, 더 얕은 정점으로 돌아가는 이동 backward(v)는 문제에 따라 개별로 적용합니다.

리스트 2-1 깊이 우선 탐색을 구현하는 재귀 함수

```
1   // 깊이 우선 탐색을 구현하는 재귀 함수
2   void dfs(정점 v) {
3       // 종료 조건
4       if (정점 v에서 내려갈 수 있는 정점이 없다) {
5           return;
6       }
7
8       // 정점 v에서 내려갈 수 있는 정점을 순서대로 살펴본다
9       for (이동 forward : 정점 v 에서 내려갈 수 있는 이동) {
10          forward(v);   // 정점 v에서 더 깊은 정점으로 내려간다(오른쪽 방향 화살표)
11          dfs(v);       // 재귀 호출
12          backward(v);  // 더 얕은 정점으로 되돌아간다(왼쪽 방향 화살표)
13      }
14  }
```

그런데 리스트 2-1의 재귀 함수는 충식산 프로그램에 적용한 재귀 함수와 비슷합니다. 사실 충식산 프로그램에서 '가지치기를 활용한 재귀 함수에 의한 완전 탐색'은 충식산을 푸는 과정을 나타낸 그래프에서 깊이 우선 탐색과 같다고도 볼 수 있습니다.

이를 통해 알 수 있듯, 더 깊은 정점으로 내려갈 수 없는 상태가 되면 한 단계 돌아와 다음 분기를 탐색하는 재귀 함수의 동작에는 '완전 탐색을 개선하기 위한 가지치기'가 포함돼 있습니다. 이러한 특징을 강조해 이 탐색법을 퇴각검색(backtracking)이라 부

르기도 합니다.

● 스도쿠에 대한 깊이 우선 탐색

스도쿠를 푸는 방법으로 깊이 우선 탐색을 구체적으로 생각해봅시다. 더 깊은 정점으로 내려가는 이동은 '스도쿠 판에서 하나의 칸에 수를 넣는' 조작에 대응하고, 더 얕은 정점으로 돌아가는 이동은 '스도쿠 판에 넣은 수를 삭제하는' 조작에 대응합니다.

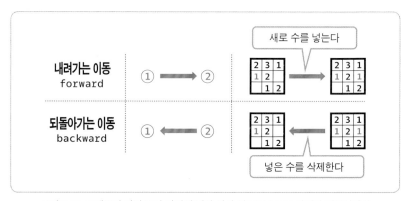

그림 2-11 그래프의 깊이 우선 탐색에 대한 정점 이동을 스도쿠 판에서 재해석하기

따라서 스도쿠를 푸는 깊이 우선 탐색은 재귀 함수를 활용해 리스트 2-2처럼 적용합니다. 리스트 2-2에선 다음을 적용했다고 가정합니다.

- 스도쿠 판의 조작을 관리하는 클래스 Sudoku
- 칸에 수를 삽입하는 멤버 함수 Sudoku.put()
- 칸의 수를 삭제하는 멤버 함수 Sudoku.reset()

또 앞으로는 스도쿠의 9×9칸 중 위에서 x행, 왼쪽에서 y행 칸을 (x, y)로 나타냅니다. 단, 첫 번째 행을 0행, 첫 번째 열을 0열로 합니다. 즉, 왼쪽의 맨 위칸은 (0, 0), 오른쪽의 맨 아래칸은 (8, 8)이 됩니다.

리스트 2-2 스도쿠를 풀기 위한 깊이 우선 탐색법 개요

```
1   // 스도쿠를 풀기 위한 재귀 함수
2   void dfs(Sudoku& board) {
3       // 종료 조건
4       if (칸이 모두 채워졌다) {
5           // 답을 저장한다
6           res.push_back(board);
7           return;
8       }
9
10      // 특정한 로직으로, 다음에 수를 넣을 칸 (x, y)를 정한다
11      int x, y;
12
13      // 빈칸 (x, y)에 수를 순서대로 넣는다
14      for (int val : 칸(x, y)에 넣을 수 있는 수의 집합) {
15          board.put(x, y, val);   // 칸 (x, y)에 수 val을 넣는다
16          dfs(board);   // 재귀 호출
17          board.reset(x, y);   // 칸 (x, y)의 수를 삭제한다
18      }
19  }
```

제 **2** 장

그 래 프 알 고 리 즘

스도쿠 프로그램의 요소 준비

이제 스도쿠 프로그램에 필요한 요소를 준비하겠습니다.

○ 스도쿠 입력 데이터

먼저 스도쿠 프로그램에 넣을 입력 데이터 형식을 정합니다. 리스트 2-3처럼 길이가 9인 문자열을 9행으로 표시합니다. 스도쿠 판의 공백 칸에 해당하는 부분은 문자 "*"로 표시합니다. 리스트 2-3은 그림 2-1의 문제를 나타냅니다.

리스트 2-3 스도쿠 입력 데이터 예시

```
1   53**7****
2   6**195***
3   *98****6*
4   8***6***3
```

```
5   4**8*3**1
6   7***2***6
7   *6****28*
8   ***419**5
9   ****8**79
```

● 스도쿠 판의 조작을 관리하는 클래스 Sudoku

스도쿠 판의 조작을 관리하는 클래스 Sudoku를 리스트 2-4처럼 적용합니다. 각 칸에
수를 넣는 도중의 판을 vector〈vector〈int〉〉형의 멤버 변수 field_로 관리합니다. 칸
(x, y)의 값은 field_[x][y]로 나타냅니다. 또 클래스 Sudoku이 아래의 멤버 변수를 갖도
록 합니다.

- 멤버 변수 field_의 값을 반환하는 멤버 함수 Sudoku::get()
- 칸 (x, y)에 수 val을 넣는 멤버 함수 Sudoku::put()
- 칸 (x, y)에서 수를 제거하는 멤버 함수 Sudoku::reset()
- 입력 데이터를 받는 멤버 함수 Sudoku::input()
- 아직 수를 넣지 않은 빈칸을 탐색하는 멤버 함수 Sudoku::find_empty()
- 칸 (x, y)에 넣을 수 있는 수의 집합을 반환하는 멤버 함수 Sudoku::find_choices()

또한 멤버 변수 field에서 수를 넣지 않은 빈칸의 값은 -1로 합니다. 구체적으로 리스트
2-3의 입력 데이터에 함수 input()을 적용하면 다음과 같습니다.

```
field_ = {
    {5, 3, -1, -1, 7, -1, -1, -1, -1},
    {6, -1, -1, 1, 9, 5, -1, -1, -1},
    {-1, 9, 8, -1, -1, -1, -1, 6, -1},
    {8, -1, -1, -1, 6, -1, -1, -1, 3},
    {4, -1, -1, 8, -1, 3, -1, -1, 1},
    {7, -1, -1, -1, 2, -1, -1, -1, 6},
    {-1, 6, -1, -1, -1, -1, 2, 8, -1},
    {-1, -1, -1, 4, 1, 9, -1, -1, 5},
    {-1, -1, -1, -1, 8, -1, -1, 7, 9}
}
```

그림 2-12 입력 데이터를 받은 직후 변수 field의 형태

리스트 2-4 스도쿠 판의 조작을 관리하는 클래스

```
1    // 판을 2차원 벡터로 나타낸다
2    using Field = vector<vector<int>>;
3
4    // 스도쿠를 풀기 위한 클래스
5    class Sudoku {
6     private:
7        Field field_;
8
9     public:
10       // 생성자(미확정 칸의 값을 -1로 나타낸다)
11       Sudoku() : field_(9, vector<int>(9, -1)) {
12       }
13
14       // field 데이터를 반환한다
15       const Field& get() {
16           return field_;
17       }
18
19       // 칸 (x, y)에 수 val을 넣는다
20       void put(int x, int y, int val) {
21           field_[x][y] = val;
22       }
23
24       // 칸 (x, y)의 수를 삭제한다
25       void reset(int x, int y) {
26           field_[x][y] = -1;
27       }
28
29        // 입력 데이터를 받는다
30       void input() {
31           for (int x = 0; x < 9; ++x) {
32               string line;
33               cin >> line;
34
35               // 칸 (x, y)를 처리한다
36               for (int y = 0; y < 9; ++y) {
37                   // 빈칸일 경우 -1인 상태로 해둔다
38                   if (line[y] == '*') continue;
39
40                   // 수로 변환해 칸 (x, y)에 넣는다
```

```
41              int val = line[y] - '0';
42              put(x, y, val);
43          }
44        }
45    }
46
47    // 빈칸을 찾는다(존재하지 않는 경우 false를 반환한다)
48    bool find_empty(int& x, int& y);
49
50    // 칸 (x, y)에 넣을 수 있는 수의 집합을 반환한다
51    set<int> find_choices(int x, int y);
52 };
```

● 클래스 Sudoku의 멤버 함수 적용

스도쿠 판에서 빈칸을 탐색하는 함수 find_empty()는 리스트 2-5처럼 적용합니다. field_[x][y] == -1인 칸 (x, y)를 탐색합니다. 단, 빈칸이 존재하지 않으면 false를 반환합니다. 여기선 그림 2-13처럼 맨 위 왼쪽 칸에서 칸을 순서대로 보며, 처음 공백 칸을 검출한 시점에 탐색을 중단하는 처리를 적용합니다.

사실 이 처리는 개선의 여지가 큽니다. 뒤에서 살펴보겠지만, 넣을 수 있는 수의 선택 지가 적은 칸을 우선적으로 탐색함으로써 탐색을 대폭 고속화할 수 있습니다.

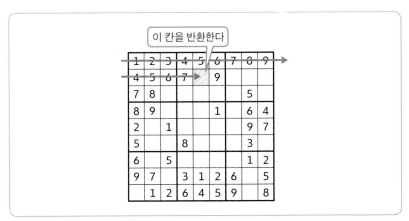

그림 2-13 빈칸을 검색하는 처리

리스트 2-5 스도쿠 판에서 빈칸을 검색하는 함수

```
1  // 빈칸을 찾는다(존재하지 않는 경우 false를 반환한다)
2  bool Sudoku::find_empty(int& x, int& y) {
3     for (x = 0; x < 9; ++x)
4        for (y = 0; y < 9; ++y)
5           if (field_[x][y] == -1)
6              return true;
7     return false;
8  }
```

또 칸 (x, y)에 넣을 수 있는 수의 집합을 반환하는 함수 find_choices()는 리스트 2-6처럼 적용합니다. 1부터 9까지 수 중 칸 (x, y)와 같은 행, 같은 열, 같은 블록에 포함된 수를 제외하고 나머지 수를 반환합니다. 이중에서 칸 (x, y)와 같은 블록에 포함된 수를 제외하는 처리가 어려울지 모르겠습니다. 칸 (x, y)가 속하는 블록의 맨 위 왼쪽 칸 (x2, y2)를 리스트 2-6에서 구할 것인데, 다음 식을 이용합니다.

$$x2 = x / 3 * 3$$
$$y2 = y / 3 * 3$$

예를 들어 (x, y) = (5, 7)일 때 5/3=1, 7/3=2이므로, (x2, y2) = (3, 6)이 됩니다.

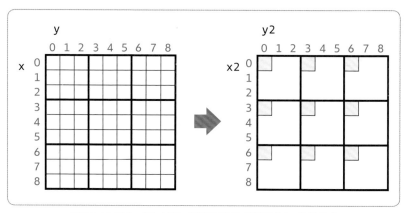

그림 2-14 칸 (x, y)가 속하는 블록의 맨 위 왼쪽 칸 (x2, y2) 구하기

제 **2** 장

그 래 프 알 고 리 즘

89

리스트 2-6 스도쿠의 칸 (x, y)에 넣을 수 있는 수 집합을 반환하는 함수

```
 1   // 칸 (x, y)에 넣을 수 있는 수 집합을 반환한다
 2   vector<int> Sudoku::find_choices(int x, int y) {
 3       // 칸 (x, y)와 같은 행, 열, 블록에 있는 수를 구한다
 4       set<int> cannot_use;
 5
 6       // 같은 행에 포함된 수를 제외한다
 7       for (int i = 0; i < 9; ++i)
 8           if (field_[x][i] != -1)
 9               cannot_use.insert(field_[x][i]);
10
11       // 같은 열에 포함된 수를 제외한다
12       for (int i = 0; i < 9; ++i)
13           if (field_[i][y] != -1)
14               cannot_use.insert(field_[i][y]);
15
16       // 같은 블록에 포함된 수를 제외한다
17       int x2 = x / 3 * 3, y2 = y / 3 * 3;   // 같은 블록의 맨 위 왼쪽 칸
18       for (int i = x2; i < x2 + 3; ++i)
19           for (int j = y2; j < y2 + 3; ++j)
20               if (field_[i][j] != -1)
21                   cannot_use.insert(field_[i][j]);
22
23       // 칸 (x, y)에 넣을 수 있는 수로 이루어진 배열을 구한다
24       vector<int> res;
25       for (int val = 1; val <= 9; ++val)
26           if (!cannot_use.count(val))
27               res.push_back(val);
28       return res;
29   }
```

스도쿠 프로그램 적용

이로써 준비를 마쳤으니 스도쿠 프로그램을 리스트 2-7처럼 적용합니다. 스도쿠를 푸는 함수 solve()와, 깊이 우선 탐색을 실시하는 재귀 함수 dfs()는 '해를 모두 구할지 여부'를 나타내는 인수 all을 가집니다. all == true일 경우 모든 해를 구하고 변수 res에 저장합니다. all == false일 경우 해를 하나 구한 시점에서 검색을 중단합니다.

리스트 2-7 스도쿠 프로그램(2_1_sudoku_solver.cpp)

```
1  #include <iostream>
2  #include <vector>
3  #include <string>
4  #include <set>
5  using namespace std;
6
7  // 스도쿠 클래스는 생략한다
8
9  // 스도쿠를 풀기 위한 재귀 함수
10 void dfs(Sudoku& board, vector<Field>& res, bool all = true) {
11     // 조건 all이 false일 때는 해를 1개 구하면 중단한다
12     if (!all && !res.empty()) return;
13
14     // 빈칸을 찾는다(존재하지 않을 경우 종료 조건)
15     int x, y;
16     if (!board.find_empty(x, y)) {
17         // 해에 추가한다
18         res.push_back(board.get());
19         return;
20     }
21
22     // 칸 (x, y)에 넣을 수 있는 수 집합을 구한다
23     const vector<int>& can_use = board.find_choices(x, y);
24
25     // 빈칸 (x, y)에 수를 순서대로 넣어 나간다
26     for (int val : can_use) {
27         board.put(x, y, val);  // 칸 (x, y)에 수 val을 넣는다
28         dfs(board, res, all);  // 재귀 호출
29         board.reset(x, y);  // 칸 (x, y)의 수를 삭제한다
30     }
31 }
32
33 // 스도쿠를 푼다
34 vector<Field> solve(Sudoku& board, bool all = true) {
35     // 답을 저장한 배열
36     vector<Field> res;
37
38     // 재귀 함수를 호출한다
39     dfs(board, res, all);
40     return res;
```

```
41  }
42
43  int main() {
44      // 스도쿠를 입력한다
45      cout << "Sudoku Input: " << endl;
46      Sudoku board;
47      board.input();
48
49      // 스도쿠를 푼다
50      vector<Field> res = solve(board);
51
52      // 해를 출력한다
53      if (res.size() == 0) {
54          cout << "No solutions." << endl;
55      } else if (res.size() > 1) {
56          cout << "More than one solution." << endl;
57      } else {
58          const Field& answer = res[0];
59          for (int x = 0; x < 9; ++x) {
60              for (int y = 0; y < 9; ++y)
61                  cout << answer[x][y] << " ";
62              cout << endl;
63          }
64      }
65  }
```

리스트 2-3에 입력 데이터가 주어졌을 때 실행 결과는 다음과 같습니다. 푸는 데 필요한 시간은 제 컴퓨터 환경에서 0.073초였습니다.

실행 결과

```
Sudoku Input:
53**7****
6**195***
*98****6*
8***6***3
4**8*3**1
7***2***6
*6****28*
***419**5
```

```
****8**79
5 3 4 6 7 8 9 1 2
6 7 2 1 9 5 3 4 8
1 9 8 3 4 2 5 6 7
8 5 9 7 6 1 4 2 3
4 2 6 8 5 3 7 9 1
7 1 3 9 2 4 8 5 6
9 6 1 5 3 7 2 8 4
2 8 7 4 1 9 6 3 5
3 4 5 2 8 6 1 7 9
```

제 **2** 장

그래프 알고리즘

🧩 고속화를 위한 궁리

그럼 리스트 2-7의 스도쿠 프로그램은 성능이 어느 정도일까요? 여기선 벤치마크로 북가이드 [17] 『ニコリ「数独」名品100選』(ニコリ 편저, 文藝春秋, 2006년)에 실린 스도쿠 문제 100개를 사용했습니다. 그 결과, 100문제를 모두 푸는 데 필요한 시간은 340초였습니다. 문제당 평균 3.4초가 걸립니다. 빠른 편이지만, 더 고속화해봅시다. 이를 위해 '스도쿠 수(手)' 방식을 도입합니다.

⭕ 아이디어 1: 탐색 순서를 궁리한다

우선 함수 Sudoku::find_empty()를 개선합니다. 스도쿠를 푸는 데 익숙하다면, 위 왼쪽 칸에서 순서대로 채워 나가지 않고 넣을 수 있는 수의 선택지가 적은 칸부터 우선적으로 생각하겠죠. 스도쿠 프로그램에도 이 방식을 도입합니다. 왼쪽 위칸에서 순서대로 보다가 처음 나오는 빈칸을 반환하는 처리(리스트 2-4)를 변경해, 들어갈 수 있는 수의 개수가 최소 개인 빈칸을 반환하도록 합니다.

선택지가 한정된 칸부터 우선적으로 탐색함으로써 총 탐색량을 크게 줄입니다. 이처럼 탐색 순서를 궁리하면 스도쿠 프로그램뿐만 아니라 각종 탐색 알고리즘을 고속화할 수 있어 효율적입니다.

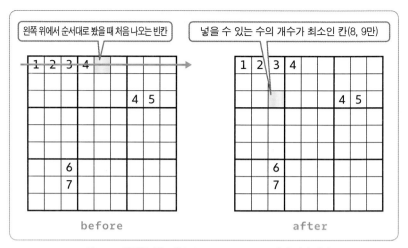

그림 2-15 빈칸을 찾는 함수 Sudoku::find_empty()의 전략 개선

아이디어 2: 특정 숫자가 들어갈 칸이 유일하게 정해지는 상황을 처리한다

아이디어 1을 적용한 시점에서 탐색 알고리즘이 이미 고속화됐겠지만 더 궁리해봅시다.
앞서 서술한 '수 2: 특정 수가 들어갈 빈칸을 줄인다'에서 소개한 사고방식을 따르겠습니
다. 즉, 수 val이 '이 칸에만 들어갈 수 있다'는 제약조건을 특정할 수 있다면, 해당 칸에 수
val을 넣도록 합니다. 깊이 우선 탐색 알고리즘 도중 이러한 처리를 틈틈이 실행합니다.

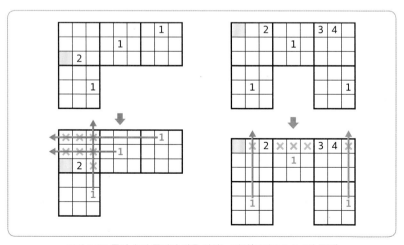

그림 2-16 특정 수가 들어갈 칸을 정하는 방법(그림 2-3, 2-4와 동일)

◯ 결과

궁리 두 가지가 가져올 효과를 증명해봅시다. 벤치마크로 다시 『ニコリ「数独」名品100選』에 실린 100문제를 사용합니다. 다양한 탐색 알고리즘으로 100문제를 푸는 데 필요한 시간을 예측한 결과는 표 2-1과 같습니다.[3]

우선 아이디어 1과 아이디어 2 중 하나만 적용해도 효과가 큽니다. 적용하기 전에는 340초이던 계산 시간이 각각 3.7초, 7.1초로 단축됩니다. 아이디어 1과 아이디어 2를 둘 다 적용하면 2.7초까지 줄어 더욱 고속화합니다. 한 문제당 평균 0.027초로 풀게 됐습니다.

표 2-1 각 탐색 알고리즘의 성능 비교

아이디어 1(탐색 순서 궁리)	아이디어 2(유일 칸 채우기)	계산 시간
미적용	미적용	340초
적용	미적용	3.7초
미적용	적용	7.1초
적용	적용	2.7초

🧩 정리

이 절에서 적용한 스도쿠 프로그램의 요점을 복습해봅시다. 우선 스도쿠를 푸는 과정을 그래프로 나타냈습니다. 그다음 스도쿠를 푸는 문제를 그래프상에서 특정 조건을 만족하는 정점을 탐색하는 '그래프 탐색 문제'로 치환했습니다. 스도쿠뿐 아니라 그래프로 표현해 생각할 수 있다면 훨씬 풀기 쉬워지는 문제가 많습니다.

그리고 선택지가 적은 칸부터 우선적으로 탐색하거나 수가 들어갈 칸을 하나로 특정할 수 있는 칸에 해당 수를 넣는 등, 스도쿠만의 독자적인 수나 방식을 활용해 탐색 알고리즘을 고속화했습니다. 이러한 궁리를 추상화해 얻게 되는 사고방식도 스도쿠뿐

---

3 이러한 궁리를 적용한 스도쿠 프로그램은 필자의 Github(p4 참조)에 게시했습니다.

제 2 장

그래프 알고리즘

아니라 다양한 탐색 알고리즘을 효율화하는 데 활용할 수 있습니다.

퍼즐 정답

그림 2-1의 스도쿠 예제와, 그림 C의 지도를 4색으로 칠하는 문제의 정답을 그림 2-7에
나타냈습니다.

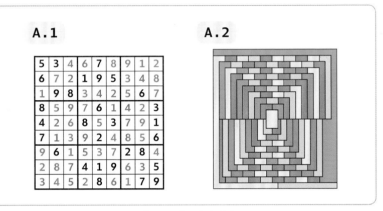

그림 2-17 퍼즐 정답 예시

Column

스도쿠의 최소 힌트 개수는 17

스도쿠 문제에 제시된 수의 개수를 힌트 개수라 부르겠습니다. 예를 들어 그림 2-1에서
문제의 힌트 개수는 30개입니다. 시판되는 스도쿠 문제집의 힌트 개수는 보통 초급 문제
에서 25~35개, 상급 문제에서 20~25개 정도입니다.

그러면 유일해 문제로 성립할 수 있는 최소 힌트 개수는 몇 개일까요? 일반적으로, 힌트
가 19개 이하인 문제는 만들기 어렵다고 알려졌습니다. 다음은 힌트가 17개인 문제의 예
시로, 아래 논문에 게재된 문제입니다.

		8		1				
						4	3	
5								
				7	8			
					1			
	2			3				
6							7	5
		3	4					
			2		6			

그림 D 힌트가 17개인 스도쿠 문제 예시

이처럼 힌트가 17개인 스도쿠 문제를 만들 수는 있습니다. 오스트리아의 고든 로일이 힌트가 17개인 문제를 50,000여 개 만들었다고 합니다. 그렇다면 힌트가 16개인 스도쿠 문제는 만들 수 있을까요? 아일랜드의 게리 맥과이어는 2012년에 발표한 다음 논문에서 이런 문제의 생성이 불가능하다며 이를 증명하는 데 700만 CPU 시간이 들었음을 보고했습니다.

- Gary McGuire, Bastian Tugemann, Gilles Civario: "There is no 16-Clue Sudoku: Solving the Sudoku Minimum Number of Clues Problem" (2012) ttps://arxiv.org/abs/1201.0749

이로써 스도쿠의 최소 힌트 개수가 17개임을 알 수 있습니다. 힌트가 19개 이하이면 오히려 난도가 높아지는 문제가 많은 듯합니다. 힌트가 19개 이하인 상태에선 유일해가 되는 문제를 만드는 것 자체가 어려워지고 난이도를 조절할 여유가 없어지기 때문입니다.

👆 더 알아보기

스도쿠 제작: 언덕 오르기 방법

스도쿠를 제작할 때 다양한 방법을 생각할 수 있습니다. 어떤 스도쿠 작품을 만들고 싶은 지에 따라 그 방법도 달라질 것입니다. 여기선 '수 배치에 중점을 두는 스도쿠' 제작법을 소개합니다. 완성한 작품의 난이도나 문제의 질적 수준은 신경 쓰지 않겠습니다. 이 방법은 언덕 오르기 방법(hill climbing method)을 기반으로 합니다. 이 방법은 다양한 퍼즐 문제를 만들거나 다양한 최적화 문제를 푸는 데 효율적인, 범용성이 매우 넓은 탐색법입니다.

● 스도쿠 제작 설정

예를 들어 그림 2-18의 분홍색 칸에 수를 배치해 스도쿠 문제를 만들고 싶다고 해봅시다.

그림 2-18 원하는 힌트 배치하기

이중 칸 몇 개에 수를 배치합니다(배치하지 않아도 괜찮습니다).

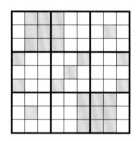

그림 2-19 원하는 힌트 배치를 고려해 칸에 수 넣기

그리고 남은 분홍색 칸에 수를 적절하게 넣으면 유일해가 있는 문제를 만들 수 있습니다. 이를 위해 다음 단계를 따릅니다.

> **Step 1** (초기 판 생성): 분홍색 칸에 어떤 수를 넣는다. 단, 스도쿠 판이 해를 가지도록 해야 한다. 이 단계에선 해가 여러 개여도 된다.
>
> **Step 2** (언덕 오르기 방법): 스도쿠 판에 자잘한 수정을 반복하면서 스도쿠 판을 개선해 나간다.

Step 1 (초기 판 생성)

분홍색 칸에 아무렇게나 수를 배치하면 안 됩니다. 스도쿠 판에 해가 없을 가능성이 있기 때문입니다. 먼저 이미 배치한 수만 활용해 스도쿠를 풀어봅시다. 물론 해가 여러 개 있겠지만, 해를 1개라도 찾으면 탐색을 중단합니다. 즉, 리스트 2-7의 스도쿠 프로그램 함수 solve()에서 '모든 해를 구할지 여부'를 나타내는 인수 all을 false로 설정하고 스도쿠를 풉니다. 그다음 분홍색 칸의 수만 남기고 다른 칸의 수를 삭제해 해가 있는 초기 판을 만듭니다. 이 경우, 그림 2-20처럼 초기 판을 얻게 됩니다.

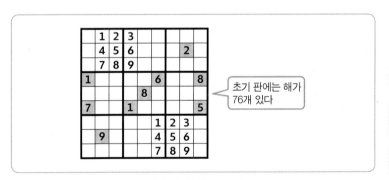

초기 판에는 해가 76개 있다

그림 2-20 생성한 초기 판

Step 2 (언덕 오르기 방법)

Step 1에서 얻은 초기 판을 언덕 오르기 방법으로 개선하기 전에 최적화 문제(optimization problem)의 개념을 설명하겠습니다. 최적화 문제란 여러 선택지 중에서 목적값을 최대화 혹은 최소화하는 값을 고르는 문제입니다. 최적화 문제에서 얻게 되는 선택지를 변수(variable)라 하고, 변수가 만족한 모든 조건을 제약조건(constraint)이라 하며,

최적화 또는 최소화하고자 하는 값을 목적 함수(objective function)라 합니다. 또 제약조건을 만족하며 변수로 나눈 값을 실행가능 해(feasible solution)라 합니다. 그리고 실행가능 해 중에서 목적 함숫값이 최적이 되는 해를 최적해(optimal solution)라 합니다.4 '스도쿠 제작' 문제는 표 2-2처럼 최적화 문제로 재해석할 수 있습니다.

표 2-2 스도쿠 제작을 최적화 문제로 해석

최적화 문제 요소	스도쿠 제작에 대응하는 것
변수	스도쿠 판
제약조건	스도쿠 판에 해가 1개 이상일 것
목적 함수	스도쿠 판의 해 개수(최소화)
최적해	유일해가 되는 스도쿠 판

언덕 오르기 방법은 적절한 실행가능 해(초기화라 합니다)에서 출발해 목적 함숫값이 조금씩 작아지도록 실행가능 해를 변경해 나가는 방법입니다. 다양한 최적해 문제에 적용할 수 있는 범용의 방법이어서 자주 사용됩니다. 이번에 해볼 스도쿠 제작에선, 예를 들어 그림 2-21처럼 판에서 분홍색 칸의 수를 조금씩 바꿔 목적 함숫값(판의 해 개수)을 줄여 나갑니다.

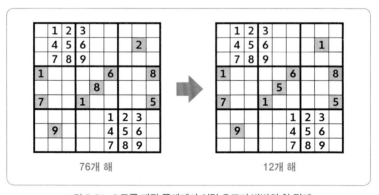

그림 2-21 스도쿠 제작 문제에서 언덕 오르기 방법의 한 단계

구체적으로 말해, '판의 해 개수가 1개'가 될 때까지 아래 단계를 반복합니다.

---

4 일반적으로 최적화 문제에서 최적해가 하나라고 단정할 수는 없습니다. 목적 함숫값을 최적으로 하는 실행 가능 해가 여러 개인 경우도 있습니다.

스도쿠 제작 시 언덕 오르기 방법 단계

1. 현재의 스도쿠 판 board에서 약간의 수정을 한 판을 board2라 한다.
2. board2의 해 개수가 board보다 더 적으면 board를 board2로 바꾼다.
3. 그렇지 않을 경우 그대로 둔다.

일반적으로, 실행가능 해를 약간 수정해 얻는 새로운 실행가능 해의 집합을 **근방** (neighborhood)이라 합니다. 언덕 오르기 방법은 등산객이 밤중에 회중전등을 밝혀 걷는 모습에도 비유할 수 있는데, 이때 회중전등으로 비추는 범위가 근방입니다.

● 스도쿠 제작 프로그램

리스트 2-8처럼 분홍색 칸을 문자 o로 나타낸 것을 입력 데이터라 하면, 언덕 오르기 방법은 리스트 2-9처럼 적용합니다.

리스트 2-8

```
1   *123*****
2   *456***o*
3   *789*****
4   o***o**o
5   ****o****
6   o**o***o
7   ****123*
8   *o***456*
9   *****789*
```

리스트 2-9의 적용에선 스도쿠 판 board의 근방을 '분홍색 칸을 아무거나 1개 골라 무작위로 수를 치환하는 조작을 2번 해서 얻는 판의 집합'으로 했습니다. 일반적으로 근방의 범위가 커질수록 탐색 능력이 향상되지만, 그만큼 근방에서 판을 새로 고르는 처리에 많은 시간이 소비됩니다.

리스트 2-9 스도쿠 제작 프로그램(2_1_sudoku_maker.cpp)

```cpp
1   #include <iostream>
2   #include <vector>
3   #include <string>
4   #include <set>
5   #include <utility>
```

```
 6  #include <random>
 7  using namespace std;
 8
 9  // 스도쿠 프로그램은 생략한다
10
11  // 스도쿠 판을 출력하는 함수
12  void print(const Sudoku& board) {
13      const Field& field = board.get();
14      for (int x = 0; x < 9; ++x) {
15          for (int y = 0; y < 9; ++y) {
16              if (field[x][y] == -1)
17                  cout << "*";
18              else
19                  cout << field[x][y];
20          }
21          cout << endl;
22      }
23  }
24
25  int main() {
26      // 난수 시드를 고정한다
27      mt19937 rand_src(1);
28
29      // 스도쿠를 입력한다
30      Sudoku board;
31      vector<pair<int, int>> cells;   // 분홍색 칸의 경우
32      for (int x = 0; x < 9; ++x) {
33          string line;
34          cin >> line;
35          for (int y = 0; y < 9; ++y) {
36              if (line[y] >= '0' && line[y] <= '9') {
37                  int val = line[y] - '0';
38                  board.put(x, y, val);
39              } else if (line[y] == 'o') {
40                  cells.emplace_back(x, y);
41              }
42          }
43      }
44
45      // 스도쿠를 처음 풀어 하나의 해를 board에 입력해 초기 해로 한다
46      vector<Field> res = solve(board, false);   // 해를 하나만 구한다
47      for (pair<int, int> p : cells)
48          board.put(p.first, p.second, res[0][p.first][p.second]);
```

```
49
50      // 초기 판을 다시 푼다
51      res = solve(board);
52      int score = res.size();    // 해의 개수를 초기 스코어로 한다
53      cout << "initial problem: " << score << " sols" << endl;
54      print(board);
55
56      // 언덕 오르기 방법을 실시한다 (10000번 실행해도 안 될 경우 중단한다)
57      for (int iter = 0; iter < 10000; ++iter) {
58          // 유일해 문제를 찾으면 탐색을 중단한다
59          if (score == 1) break;
60
61          // 판을 새로 만든다
62          Sudoku board2 = board;
63
64          // '분홍색 칸의 수를 무작위로 변경'하는 작업을 2번 실시한다
65          for (int con = 0; con < 2; ++con) {
66              // 분홍색 칸을 아무거나 골라 수를 일단 삭제한다
67              int id = rand_src() % cells.size();
68              int x = cells[id].first, y = cells[id].second;
69              board2.reset(x, y);
70
71              // 고른 칸에 넣을 수를 무작위로 골라 넣는다
72              vector<int> can = board2.find_choices(x, y);
73              int val = can[rand_src() % can.size()];
74              board2.put(x, y, val);
75          }
76
77          // 새 판에서 스도쿠를 푼다
78          res = solve(board2);
79          int new_score = res.size();    // 새 판의 해 개수
80
81          // 개선한다면 치환한다
82          if (new_score < score && new_score != 0) {
83              cout << iter << ": " << score << " sols -> "
84                  << new_score << " sols" << endl;
85              board = board2;    // 판을 변경한다
86              score = new_score;    // 스코어를 변경한다
87              print(board);    // 개선 후 판을 출력한다
88          }
89      }
90
91      // 마지막 문제를 출력한다
```

103

```
92      cout << "final problem: " << endl;
93      print(board);
94  }
```

이 스도쿠 제작 프로그램에서 실제로 생성된 스도쿠는 그림 2-22와 같습니다.

	1	2	3					
	4	5	6				1	
	7	8	9					
1						3		2
				5				
7			1					3
					1	2	3	
	9				4	5	6	
					7	8	9	

그림 2-22 스도쿠 제작 프로그램으로 만든 스도쿠

◉ 언덕 오르기 방법이 잘되지 않을 때 해결책

언덕 오르기 방법은 다양한 최적화 문제에 손쉽게 적용할 수 있지만, 큰 결점이 있습니다. 스도쿠 제작에 빗대 말하면, 판에 유일해가 없는 경우 '어느 판을 변형하더라도 판에서 해의 개수가 줄지 않는' 상태에 빠질 가능성이 있습니다. 이처럼 근방의 목적 함숫값을 감소시키는 실행가능 해가 없도록 하는 실행가능 해를 국소 최적해(local optimal solution)라 합니다.

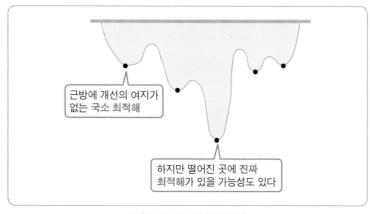

그림 2-23 국소 최적해의 모습

하지만 국소 최적해가 반드시 진짜 최적해라고는 할 수 없습니다. 국소 최적해에 빠질 경우 거기서 빠져나오거나 조금이라도 더 나은 국소 최적해에 이르도록, 언덕 오르기 방법을 이용해 고안된 방법이 다수 있습니다. 이처럼 최적성을 보증하지는 못하지만, 다양한 최적화 문제에서 일반적으로 좋은 해를 도출하는 알고리즘을 메타휴리스틱스 (metaheuristics)라 합니다. 대표적인 **메타휴리스틱스**는 다음과 같습니다.

- 유전적 알고리즘(genetic algorithm)
- 담금질 기법(simulated annealing)
- 타부 서치(tabu search)

모두 언덕 오르기 방법에 기반해 개선한 방법입니다. 이러한 방법을 활용해 스도쿠를 필두로 퍼즐 문제의 제작 확률을 높일 수 있습니다. 메타휴리스틱스에 관심이 있다면 북가이드 [21], [23] 등을 참조하고, 특히 유전적 알고리즘을 스도쿠 제작에 활용하는 법에 관심이 있다면 북가이드 [18] 등을 참조하세요.

○ 스도쿠 제작 프로그램의 향후 전망

앞서 소개한 스도쿠 제작법은 단순한 프로그램을 만들어 구현할 수 있었습니다. 하지만 힌트 개수가 적은 문제를 만들기가 어렵다는 문제가 있습니다. 힌트 개수가 적은 문제를 만들고자 할 경우, 초기해 시점에서 해의 개수가 매우 많아지는 경향이 있기 때문입니다. 한편 언덕 오르기 방법을 이용하면 스도쿠를 여러 번 풀게 되어 계산 시간이 걸립니다.

이 경우에는 **스도쿠 문제를 깊이 우선 탐색으로 풀지 않고 스도쿠 수(手)로 푸는 프로그램을 개발하는 것이 바람직합니다.** 이 프로그램을 사용해 이론적으로 수를 확정할 수 있는 칸에는 수를 채워 넣습니다. 유일해가 아닌 경우, 모든 칸의 수를 확정하지 않으므로 빈칸이 몇 개 정도 남습니다. '빈칸 개수'를 목적 함수로 하고 목적 함숫값이 0이 되도록 언덕 오르기 방법을 적용합니다. '해의 개수'를 목적 함수로 하는 것보다 더 효율적입니다.

또 스도쿠 난이도나 문제의 질적 수준을 조절하면서 문제를 만드는 것도 도전해볼 과제입니다. 꼭 오리지널 스도쿠 제작 프로그램을 만들어보세요.

복면산: 깊이 우선 탐색 2

복면산

복면산[5]은 0부터 9까지 수를 이에 대응하는 각각의 문자(히라가나, 알파벳 등)로 치환해 원래 필산을 복원하는 퍼즐입니다. 아이들 교육이나 어른의 두뇌 훈련에도 도움이 되며 충식산과 함께 널리 애용되고 각종 입학 시험에도 자주 출제됩니다.

그림 2-24는 복면산의 대표적인 예로, 헨리 어니스트 듀드니(Henry Ernest Dudene)가 1924년에 발표한 작품 'SEND MORE MONEY'입니다. 복면산을 소개하는 문헌에서는 반드시 언급될 정도로 유명한 작품입니다. 이 작품을 계기로 복면산이 전 세계에 보급됐습니다.

```
  S E N D           9 5 6 7
+ M O R E    ➡    + 1 0 8 5
─────────         ─────────
M O N E Y         1 0 6 5 2
```

그림 2-24 대표적인 복면산 'SEND MORE MONEY'

복면산에서 필산을 복원하는 규칙은 다음과 같습니다.

> **복면산 규칙**
> - 같은 문자에는 같은 수가 들어간다.
> - 다른 문자에는 다른 문자가 들어간다.
> - 맨 왼쪽 문자에는 0이 올 수 없다.

---

5 역주) 숫자 대부분을 문자로 숨겨서 나타내므로 숫자가 '복면'을 쓴 연산이라는 뜻에서 복면산이라는 이름이 붙었습니다(출처: https://ko.wikipedia.org/wiki/%EB%B3%B5%EB%A9%B4%EC%82%B0). 1.3절에서 다룬 충식산과 비슷한 퍼즐입니다.

그림 2-24의 복면산은 'S', 'E', 'N', 'D', 'M', 'O', 'R', 'Y'에 각각 '9', '5', '6', '7', '1', '0', '8', '2'를 대입해 필산이 성립합니다. 복면산에는 다양한 메시지를 담기 쉬워 개성이 풍부한 작품이 다수 만들어졌습니다. 다양한 작품은 북가이드 [15]『虫食算パズル700選』(大駒誠一, 武 純也, 丸尾学 저, 共立出版, 1985년)에서 볼 수 있습니다.

이 절에서는 복면산을 단순히 푸는 것만이 아니라 복면산을 만드는 알고리즘도 생각합니다. 먼저 스도쿠 프로그램에서도 활용한 깊이 우선 탐색(퇴각검색, backtracking)으로 복면산을 풉니다. 그다음 프로그램을 응용해 복면산 프로그램을 만듭니다. 복면산을 만드는 프로그램을 복면산 메이커라 부르겠습니다. 이 책에선 방식이 다른 두 종류의 복면산 메이커(리스트업 방식과 와일드카드 방식)를 소개합니다.

제 2 장
그래프 알고리즘

Column

퍼즐 거장 소개 1: 듀드니

복면산 'SEND MORE MONEY'를 만든 헨리 어니스트 듀드니(1857~1930)는 영국 최고의 퍼즐 작가입니다. 오늘날에도 사랑받는 수학 퍼즐, 도형 퍼즐, 회로 퍼즐, 단어 퍼즐 등이 모두 듀드니의 퍼즐에서 유래했다고 알려져 있습니다.

듀드니는 겨우 아홉 살에 퍼즐 문제를 만들고 이를 잡지에 투고해 상금을 받았습니다. 성인이 되어서는 공무원으로 일하면서 '스핑크스'라는 필명으로 다양한 잡지에 퍼즐을 발표하면서 실력을 인정받았습니다. 이후에는 자기 이름으로 「스트랜드 매거진」에 퍼즐 칼럼을 연재하면서 명성을 널리 알렸습니다. 이 잡지는 코난 도일의 『설록 홈즈』를 연재한 영국의 인기 있는 월간지입니다.

듀드니의 퍼즐은 수학 이론에 기반한 것이 많습니다. 그중에서도 'The Haberdasher's Puzzle'은 유명합니다. '정삼각형을 4개로 자르고 그것을 조합해 정사각형 만들기' 문제입니다. 이 문제는 '면적이 동일한 두 개의 다각형 A, B가 주어졌을 때 A를 일정 개수로 분

그림 E 헨리 어니스트 듀드니

할한 후 다시 조합해 B와 합동인 도형을 만들 수 있다'는 등적 다각형의 분할 합동 정리에 기반합니다. 한 변의 길이가 4인 정삼각형은 그림 F와 같습니다. 여기서 x, y의 값은 다소 복잡하지만 이렇게 됩니다.

- $x = 3 - \sqrt{4\sqrt{3} - 3}$ (약 1.02)
- $y = \sqrt{4\sqrt{3} - 3} - 1$ (약 0.98)

x, y를 각각 1로 하면 직사각형이 되지만, 정사각형은 아닙니다.

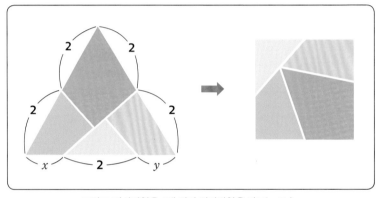

그림 F 정삼각형을 4개 잘라 정사각형을 만드는 모습

듀드니의 그 외 작품이나 그 작품들이 현대 퍼즐로 이어진 모양에 관심이 있다면 북가이드 [7], [8] 등을 참고하세요.

퍼즐에 도전

복면산을 푸는 알고리즘을 생각하기 전에, 복면산 문제를 직접 풀어봅시다. 테마별로 40문제를 제시했으며 각 문제에는 난이도(5단계)가 있습니다. 꼭 즐겨보세요. 제가 만들지 않은 문제에는 출처를 표기합니다.

표 2-3 복면산 문제 난이도

난이도 표기	난이도 설정
★☆☆☆☆	매우 쉬움
★★☆☆☆	잘하면 한 번에 풀 수도 있음
★★★☆☆	종이와 펜, 시행착오가 필요함
★★★★☆	풀기 어려움
★★★★★	매우 풀기 어려움

쉬운 복면산

먼저 쉬운 복면산부터 풀어봅시다. Q.1~3은 모두 합이 두 자릿수입니다. 사실 합이 두 자릿수인 복면산은 본질적으로 다음 세 문제밖에 없습니다(한 자릿수+두 자릿수 형태 제외).

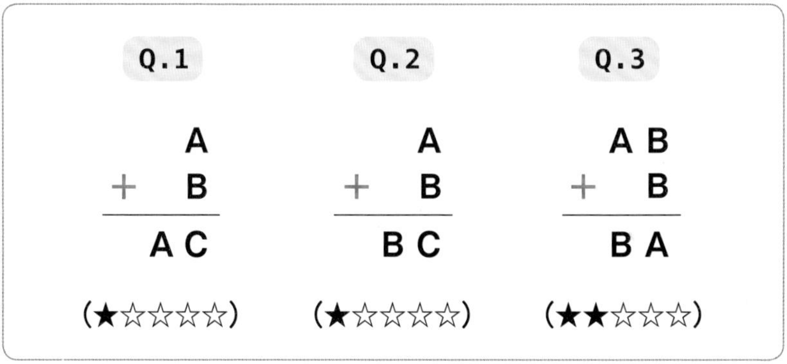

그림 2-25 합이 두 자릿수인 복면산

다음은 (두 자릿수) + (한 자릿수) = (세 자릿수) 형태의 복면산입니다. 본질적으로 이 형태의 복면산은 6종이 있으며, 그중 세 문제를 소개합니다.

Q.4	Q.5	Q.6
A A	A B	A B
+ A	+ A	+ B
B C D	C D C	C D D
(★☆☆☆☆)	(★☆☆☆☆)	(★★☆☆☆)

그림 2-26 (두 자릿수) + (한 자릿수) = (세 자릿수) 복면산 예시

그다음 (두 자릿수) + (두 자릿수) = (세 자릿수) 형태의 복면산을 예로 들겠습니다. 이 형태의 복면산은 전부 76종이 있으며, 그중 세 문제를 소개합니다. 76개 문제를 모두 파악하고 싶다면 꼭 다음에 소개할 복면산 메이커(와일드카드 방식)를 활용해 실제로 76개 문제를 도출해보세요.

Q.7	Q.8	Q.9
A A	A A	A A
+ B C	+ B C	+ B C
A D B	B D B	C C B
(★☆☆☆☆)	(★★☆☆☆)	(★★☆☆☆)

그림 2-27 (두 자릿수) + (두 자릿수) = (세 자릿수) 복면산 예시

단어 복면산

각 행이 의미 있는 단어로 이루어지거나 전체적으로 의미 있는 문장이 되는 복면산을 **단어 복면산**이라 합니다. 앞서 본 'SEND MORE MONEY'도 대표적인 단어 복면산입니다. 우선 쉬운 단어 복면산을 세 문제 소개합니다.

우리말로 번역했을 때 글자 수가 달라지는 문제가 있어, 원서의 문제를 그대로 사용했고 아래에 번역을 적었습니다.

그림 2-28 쉬운 단어 복면산 예시

이어서 난도가 조금 높은 단어 복면산입니다.

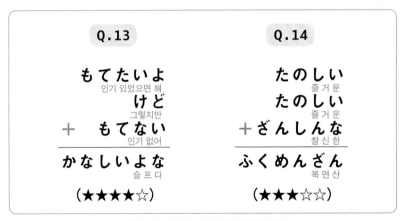

그림 2-29 난도가 조금 높은 복면산 예시

영단어 복면산도 소개합니다. Q.15는 'SEND + MORE = MONEY'에서 맨 아래 행인 MONEY에 다른 단어를 배치해 유일해가 되게 했습니다.

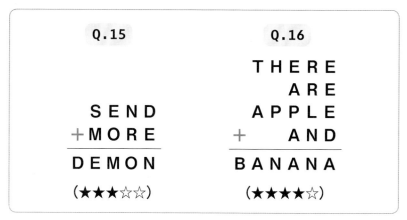

그림 2-30 영단어 복면산 예시

⬤ 테마별 복면산

특정한 테마와 관련된 단어를 늘어놓는 복면산도 재미있습니다. 일례로, '지명+지명=
지명' 형태의 복면산을 생각해봅시다.[6] 이 형태의 복면산은 그림 2-31처럼 3종 있습니
다. Q.18과 Q.19는 사실 본질적으로 동일한 복면산입니다.

그림 2-31 세 지명으로 만드는 복면산

'지명+지명+지명=지명' 형태로는 12종의 복면산이 있으며, 그중 세 문제를 소개합니다.

---

6 지명(도도부현명)으로 복면산을 처음 선보인 사람은 니시카와 쇼세이입니다. Q.17과 Q.18에 해당하는 작품을
1967년에 발표했습니다.

Q.20	Q.21	Q.22
おおさか (오사카)	こうち (고치)	おおいた (오이타)
さが (사가)	とやま (도야마)	しずおか (시즈오카)
+ しが (시가)	+ やまぐち (야마구치)	+ にいがた (니가타)
くまもと (구마모토)	とうきょう (도쿄)	いしかわ (이시카와)
(★★★☆☆)	(★★★☆☆)	(★★★★☆)

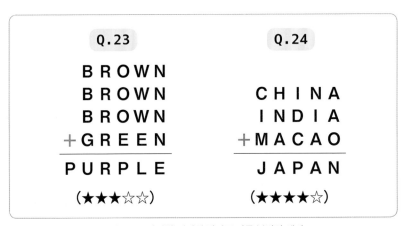

그림 2-32 네 지명으로 만드는 복면산 예시

지명 외에, 색깔 이름(Q.23), 나라 이름(Q.25) 등 다양한 테마의 복면산을 만들 수 있습니다. Q.23처럼 같은 단어를 여러 개 겹쳐 유일해가 되기 쉽게 하는 방법을 **아사히 신문 방식**이라 부르기도 합니다.[7] Q.24에서 MACAO를 제외한 'CHINA + INDIA = JAPAN'도 유일해임이 알려져 있습니다.[8]

Q.23	Q.24
BROWN	
BROWN	CHINA
BROWN	INDIA
+ GREEN	+ MACAO
PURPLE	JAPAN
(★★★☆☆)	(★★★★☆)

그림 2-33 다양한 테마의 단어로 만든 복면산 예시

7 전체에서 한 번만 사용한 문자가 같은 자리에 있으면 그 두 문자의 교환이 가능해져 복수해가 생기는데, 이 현상을 부유라 합니다. 예를 들어 Q.23을 가령 'BROWN+GREEN=PURPLE'에서는 'B'와 'G'가 부유 상태가 됩니다. 마이니치 신문 방식은 부유 상태를 해소하는 효율적인 방법입니다. '마이니치 신문 방식'이란 다카기 시게오가 저서『数学遊園地―数のもつ不思議さを楽しもう』(講談社ブルーバックス, 1976년)에 명명해 소개한 개념입니다.

8 니시카와 쇼세이는 1967년 지명을 활용한 복면산을 먼저 발표했지만, 곧이어 국가명을 활용한 복면산도 몇 개 발표했습니다. 'CHINA + INDIA = JAPAN'도 그중 하나입니다.

⬤ 수사 복면산

각 단어를 값으로 나타내고 값의 계산도 정확하게 성립하는 단어 복면산을 수사 복면산이라 합니다. Q.25는 1947년에 아란 웨인이 만든 유명한 수사 복면산입니다. 6+7+7=20이라는 덧셈식이 바르며 복면산으로서도 유일해입니다.

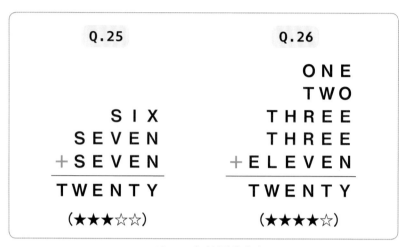

그림 2-34 수사 복면산 예시

영문이 아닌 수사 복면산도 있습니다. Q.28은 다케 준야의 작품으로, 『虫食算パズル 700選』(북가이드 [15])에 423번 문제로 실렸습니다. 덧셈이 아닌 곱셈입니다.

그림 2-35 영문 이외의 수사 복면산 예시

1970년대까지 희소 가치가 있었던 수사 복면산은 오늘날 컴퓨터로 수없이 많이 만들 어지고 있습니다.

● 기하 모양 복면산

문자 배치에 중점을 두고 기하학적으로 아름다운 모양을 이루는 복면산을 기하 모양 복면산이라 하기도 합니다.

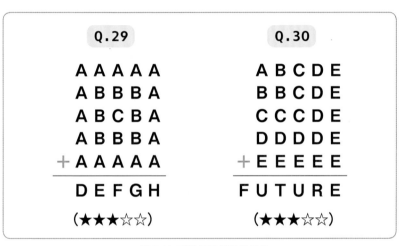

그림 2-36 기하 모양 복면산 예시

● 복합 복면산과 순회 복면산

Q.31과 Q.32는 다케 준야의 작품으로 『虫食算パズル700選』의 439번 문제입니다. 덧 셈과 뺄셈 여부가 다를 뿐, 복면산에 사용된 단어가 완전히 동일하며 둘 다 유일해 문 제입니다. 이러한 복면산 조합을 복합 복면산이라 합니다. [9]

---

9 여기선 '덧셈'과 '뺄셈'의 복합 복면산을 소개했지만, 덧셈과 곱셈의 복합 복면산이나 덧셈과 나눗셈의 복합 복면산 도 있습니다.

그림 2-37 복합 복면산 예시

또 'X+Y=Z'라는 유일해 복면산이 있을 때, 'Y+Z=X'와 'Z+X=Y'도 유일해가 될 경우 세 가지 조합 복면산을 순회 복면산이라 합니다. Q.33, Q.34, Q.35도 다케 준야의 작품으로 『虫食算パズル700選』의 460번 문제입니다.

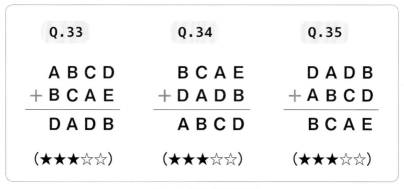

그림 2-38 복합 복면산 예시

● 곱셈 복면산

곱셈 복면산도 다양합니다.

그림 2-39 곱셈 복면산 예시

⬤ 단어 아리스메틱

복면산에 메시지를 담는 방법이 단어 복면산 하나인 것은 아닙니다. Q.39의 복면산을
푼 다음에 0, 1, 2, 3, 4, 5, 6, 7, 8, 9 순서대로 문자를 늘어놓으면 의미 있는 문장이 떠오
릅니다. 이러한 복면산을 단어 아리스메틱(word arithmetic)이라 합니다. 단어 아리스
메틱은 대부분의 경우 나눗셈 복면산으로 만들어지며, 피제수, 제수, 몫에도 의미 있는
단어를 배치합니다.

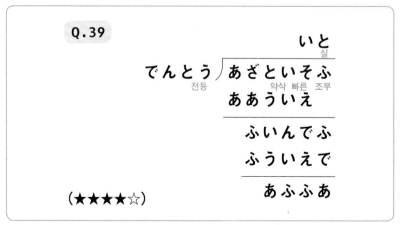

그림 2-40 단어 아리스메틱 예시

⬤ 어려운 문제

마지막으로 터무니없는 → 굉장한 역작을 소개합니다. 참가형 퀴즈 사이트 '퀴즈대륙'(http://quiz.tairiku.com/)에서 Yellow Roof가 출시한 작품 '피라미드'입니다.

```
Q.40                               I N T O
(★★★★★)                         O N T O
                               C A N O N
                             I N T A C T
                           A M M O N I A
                         O M I S S I O N
                       D I A C R I T I C
                     S T A T I S T I C S
                   A S S O C I A T I O N
                 A N T I M A C A S S A R
               C O N T O R T I O N I S T
             N O N D I S C R I M I N A T I O N
           + C O N T R A D I S T I N C T I O N
           ─────────────────────────────────
           M I S A D M I N I S T R A T I O N
```

그림 2-41 피라미드

Column

단어 퍼즐로 복면산 만들기

복면산을 만들려면 일반적으로 시행착오를 거듭할 필요가 있습니다. 특히 'SEND+ MORE=MONEY' 같은 메시지성이 높은 복면산은 유일해가 될 때까지 조금씩 단어를 바꿔가며 검증을 반복한 끝에 만들어지곤 합니다.

한편 메시지성이 높은 복면산을 비교적 쉽게 만드는 방법도 있습니다. 이미 유일해임을 알고 있는 복면산에서 문자를 치환해 만드는 방법입니다. 예를 들어 Q.8의 복면산에서 A

를 'い', B를 'か', C를 'さ', D를 'う'로 치환하면 'いい傘買うか(좋은 우산 살까)'라는 멋진 단어 복면산이 만들어집니다.

$$
\begin{array}{r}
A\,A \\
+\,B\,C \\
\hline
B\,D\,B
\end{array}
\quad\Longrightarrow\quad
\begin{array}{r}
いい \\
\text{좋 은} \\
+\,かさ \\
\text{우 산} \\
\hline
かうか \\
\text{살 까}
\end{array}
$$

그림 G Q.8의 복면산에서 새로 만든 복면산 'いい傘買うか'

이렇게 치환하기 쉬운 복면산이 몇 개 있습니다. 그림 H의 복면산은 문자 A, B가 두 번씩 사용된 것 외에는 모두 다른 문자로 구성됐습니다.

$$
\begin{array}{r}
A\,B\,A\,B \\
+\ \ C\,D\,E \\
\hline
F\,G\,H\,I\,J
\end{array}
$$

그림 H 문자 변환이 쉬운 유일해 복면산 예시

이 복면산의 문자를 치환해 다음과 같은 복면산을 만듭니다. 위 두 행의 문자를 위아래로 바꿔도 상관없습니다.

그림 I 그림 H의 복면산 문자를 치환해 만든 복면산

이 치환법을 더욱 발전시킨 것이 다음에 설명할 복면산 메이커(와일드카드 방식)입니다. 복면산 문자를 위아래로 치환해 새로 만든 단어 복면산은 그 자체로 단어 퍼즐이 됩니다.

복면산 프로그램 적용

이번에는 복면산을 푸는 알고리즘을 생각해봅시다. 이 책에선 덧셈 필산만 다루지만 곱셈이나 나눗셈 필산도 마찬가지로 생각할 수 있습니다.

⬤ 깊이 우선 탐색

복면산을 푸는 알고리즘으로 앞 절의 스도쿠 프로그램에서 설명한 깊이 우선 탐색을 활용합니다.[10] 복면산을 푸는 과정도 그래프(유향 그래프)로 나타내겠습니다. '문자에 수를 넣는 상태 경과'를 정점으로, '문자에 수를 넣는 조작'을 간선으로 하는 그래프를 그려봅시다. 그림 2-42는 복면산 'かわ(귀여)+いい(운)=いるか(돌고래)'를 나타냅니다.

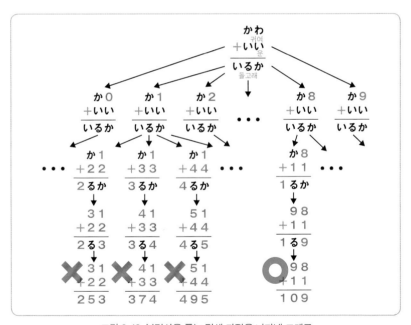

그림 2-42 복면산을 푸는 탐색 과정을 나타낸 그래프

---

10 복면산을 푸는 알고리즘으로 가장 간단한 건 각 문자에 수를 넣는 방법을 모두 살펴보는 완전 탐색일 겁니다. 복면산에 등장하는 문자는 많아봤자 10종류이므로 각 문자에 수를 적용하는 방법은 10!=3,628,800가지로 충분히 빠르게 탐색할 수 있습니다. 하지만 깊이 우선 탐색을 활용하면 속도가 더 빠르고, 뒤에서 살펴볼 복면산 메이커 (와일드카드)와도 잘 호환됩니다.

우선 복면산 오른쪽부터 0의 자리(1의 단위)인 문자에 수를 채워 넣습니다. 그림 2-42로 예를 들면, 위에서 0행째 단어 'かわ'의 오른쪽에서 0의 자리(1의 단위)인 문자 'わ'에, 0부터 9까지 수를 넣어 단순히 시험해 나갑니다. 다음으로 각 경우에 대해, 위에서 1행인 'いい'의 오른쪽에서 0의 자리인 문자 'い'에 0부터 9까지 수 중 'わ'에 넣은 수와 겹치지 않는 수를 순서대로 넣어 시험합니다. 이러한 탐색을 반복해 나가면 마지막에는 바른 필산식을 구하게 됩니다.

● 복면산의 입력 데이터

복면산 프로그램을 적용할 때 필요한 요소를 준비합시다. 우선 복면산 프로그램에 주어진 입력 데이터의 형식을 정합니다. 리스트 2-10의 입력 데이터는 Q.40의 복면산을 나타냅니다. 먼저 복면산 전체 행 수를 적은 후, 각 행의 문자열을 1행씩 적습니다.

리스트 2-10 복면산 입력 데이터 예시

```
 1  14
 2  INTO
 3  ONTO
 4  CANON
 5  INTACT
 6  AMMONIA
 7  OMISSION
 8  DIACRITIC
 9  STATISTICS
10  ASSOCIATION
11  ANTIMACASSAR
12  CONTORTIONIST
13  NONDISCRIMINATION
14  CONTRADISTINCTION
15  MISADMINISTRATION
```

● 복면산을 푸는 과정을 관리하는 클래스 Fukumenzan

복면산을 푸는 과정을 관리하는 클래스 Fukumenzan을 리스트 2-11처럼 적용합니다. 우선 복면산 각 행의 문자열을 저장한 배열을 vector〈string〉형의 멤버 변수 Fukumenzan::problem_에 저장합니다. 복면산의 각 문자에 수를 넣는 상태 경과를

vector〈vector〈int〉〉형 멤버 변수 Fukumenzan::board_로 관리합니다. 다시 클래스 Fukumenzan이 다음 멤버 함수를 갖도록 합니다.

- 위에서 row 행, 오른쪽에서 digit 행의 문자에 수 val을 넣는 멤버 함수 Fukumenzan::set_val()
- 위에서 row 행, 오른쪽에서 digit 행의 문자에 들어갈 수를 삭제하는 멤버 변수 Fukumenzan::reset_val()
- 복면 문자에 넣은 수 계산이 맞는지 확인하는 멤버 변수 Fukumenzan::is_valid()

이러한 멤버 변수를 순서대로 적용합니다.

리스트 2-11 복면산을 풀기 위한 클래스

```
1   // 복면산을 풀기 위한 클래스
2   class Fukumenzan {
3    private:
4       // 복면산 문자열을 저장한 배열
5       vector<string> problem_;
6
7       // 계산을 위한 변수
8       vector<vector<int>> board_;   // 문자에 수를 넣는 과정
9       set<int> used_;   // 이미 사용한 수의 집합
10
11      // 확정되지 않았음을 나타내는 수
12      const int NOTIN = -1;
13
14   public:
15      // 생성자
16      Fukumenzan(const vector<string>& input) : problem_(input) { }
17
18      // 복면산을 푸는 과정을 초기화한다
19      void init() {
20          // 문자에 수를 넣는 판 board 전체를 NOTIN으로 초기화한다
21          board_.resize(problem_.size());
22          for (int i = 0; i < problem_.size(); ++i) {
23              board_[i].assign(problem_[i].size(), NOTIN);
24          }
```

122

```
25          used_.clear();
26      }
27
28      // 복면산 전체의 행 수를 반환한다
29      int get_size() const { return problem_.size(); }
30
31      // 복면산 전체의 자릿수(맨 아래 행의 자릿수)를 반환한다
32      int get_digit() const { return problem_.back().size(); }
33
34      // 위에서 row 행의 자릿수를 반환한다
35      int get_digit(int row) const { return problem_[row].size(); }
36
37      // 수 val이 이미 사용됐는지 여부를 반환한다
38      bool is_used(int val) const { return used_.count(val); }
39
40      // 복면산의 위에서 row 행, 오른쪽에서 digit 자리에 넣은 수를 반환한다
41      int get_val(int row, int digit) const {
42          // digit 자리가 row 행인 문자열을 초과한 경우 0으로 한다
43          if (digit >= get_digit(row)) return 0;
44          return board_[row][get_digit(row) - 1 - digit];
45      }
46
47      // 복면산의 위에서 row 행, 오른쪽에서 digit 자리의 문자를 반환한다
48      char get_char(int row, int digit) const {
49          return problem_[row][get_digit(row) - 1 - digit];
50      }
51
52      // 복면산의 계산 결과를 출력한다
53      void print() const {
54          for (const vector<int>& vec : board_) {
55              for (int v : vec) cout << v;
56              cout << endl;
57          }
58      }
59
60      // row 행, 오른쪽에서 digit 자리의 문자에 값 val을 넣는다
61      void set_val(int row, int digit, int val);
62
63      // row 행, 오른쪽에서 digit 자리의 문자에 넣은 수를 삭제한다
64      void reset_val(int row, int digit, int val);
65
```

```
66      // 복면 문자에 넣은 수의 계산이 맞는지 확인한다
67      bool is_valid();
68  };
```

○ 멤버 함수 적용

먼저 위에서 row 행, 오른쪽에서 digit 자리의 문자에 수 val을 넣는 멤버 변수 Fukumenzan::
set_val()과, 삭제할 멤버 변수 Fukumenzan::reset_val()을 리스트 2-12와 같이 적용합
니다. 위에서 row 행, 오른쪽에서 digit 자리에 배치된 문자가 복면 부분일 경우, 모든
복면에 수자 val을 삽입하거나 아니면 삭제합니다.

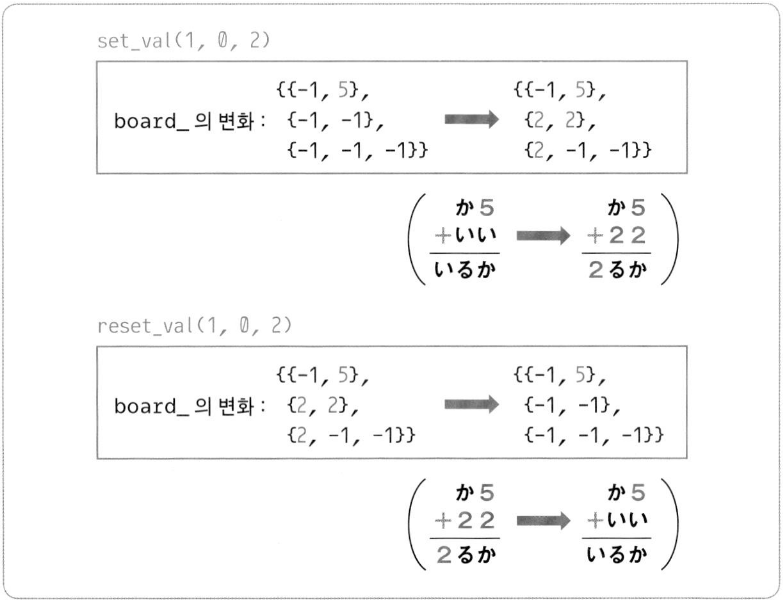

그림 2-43 함수 set_val()과 reset_val()의 동작 예시

리스트 2-12 복면산 문자에 수를 넣는 함수와 삭제하는 함수

```
1  // row 행, 오른쪽에서 digit 자리의 문자에 수 val을 넣는다
2  void Fukumenzan::set_val(int row, int digit, int val) {
3      // 해당하는 문자를 구한다
4      char c = get_char(row, digit);
5
```

```
 6          // 문자가 c인 모든 칸에 수 val을 넣는다
 7          for (int r = 0; r < get_size(); ++r) {
 8              for (int d = 0; d < get_digit(r); ++d) {
 9                  if (problem_[r][d] == c) board_[r][d] = val;
10              }
11          }
12          used_.insert(val);   // 수 val의 사용을 마친 것으로 한다
13  }
14
15  // row 행, 오른쪽에서 digit 자리의 문자에 넣은 수를 삭제한다
16  void Fukumenzan::reset_val(int row, int digit, int val) {
17          // 해당하는 문자를 구한다
18          char c = get_char(row, digit);
19
20          // 문자가 c인 모든 칸의 수를 삭제한다
21          for (int r = 0; r < get_size(); ++r) {
22              for (int d = 0; d < get_digit(r); ++d) {
23                  if (problem_[r][d] == c) board_[r][d] = -1;
24              }
25          }
26          used_.erase(val);   // 이제 수 val을 사용 가능하게 한다
27  }
```

제 2 장

그래프 알고리즘

이어서 복면산의 각 문자에 넣은 수로 계산이 맞는지 확인하는 멤버 함수 Fukumenzan::is_valid()를 리스트 2-13처럼 적용합니다. 이때 다음 사항을 확인합니다.

- 맨 왼쪽 문자에 0이 들어가지 않을 것
- 계산이 맞을 것

복면산 프로그램의 기본 방침은 모든 문자에 수를 다 넣지 않은 상태이더라도 모순이 발견되면 바로 탐색을 중단하도록 합니다(가지치기). 즉, 함수 is_valid()는 모든 문자에 수를 다 넣지 않은 상태에서 호출되는 상황도 고려해 적용합니다. 오른쪽 0의 자리부터 순서대로 계산하며, '수가 들어가지 않은 부분'이 발견된 바로 그 시점에서 처리를 중단하도록 하면 되겠습니다. 마지막으로 모든 문자에 수를 다 넣은 단계에서는 복면산의 바른 해만 true로 반환합니다.

```
  9 5 6 7
+ 1 0 8 5
─────────
1 0 6 5 2
```
➡ **true**

```
  S 5 1 9
+ M O 3 5
─────────
M O 1 5 4
```
➡ **true**

```
  S 5 1 9
+ M O 8 5
─────────
M O 1 5 4
```
➡ **false**

그림 2-44 함수 is_valid()의 적용 예시

리스트 2-13 복면산 문자에 넣은 수의 계산이 맞는지 확인하는 함수

```cpp
1   // 복면 문자에 넣은 수로 계산이 맞는지 확인한다
2   bool Fukumenzan::is_valid() {
3       // 맨 위쪽 자리에 0이 있으면 안 된다
4       for (const vector<int>& val : board_) {
5           if (val[0] == 0) return false;
6       }
7
8       // 오른쪽 0의 자리부터 순서대로 계산한다
9       int kuriagari = 0;   // 받아올림 값
10      for (int digit = 0; digit < get_digit(); ++digit) {
11          // 오른쪽에서 digit 자리의, 맨 아래 행을 제외한 행의 합을 계산한다
12          int sum = 0;
13          for (int row = 0; row < get_size(); ++row) {
14              // 아직 수가 들어가지 않은 부분을 찾으면 그 시점에서 종료한다
15              if (get_val(row, digit) == NOTIN) return true;
16
17              // 맨 마지막 행을 제외하고 모든 행의 값을 더한다
18              if (row != get_size() - 1) sum += get_val(row, digit);
19          }
```

```
20
21              // 앞 자릿수에서 덧셈 값을 받아올리고 받아올림 값을 새로 계산한다
22              sum += kuriagari;
23              kuriagari = sum / 10;
24
25              // 맨 마지막 행에 와야 할 수(sum % 10)가 맞는지 확인한다
26              if (sum % 10 != get_val(get_size() - 1, digit)) return false;
27          }
28
29          // 마지막에 받아올림 값이 남으면 안 된다
30          return (kuriagari == 0);
31      }
```

○ 복면산 프로그램 적용

여기까지 정리한 후, 복면산 프로그램을 리스트 2-14처럼 적용합니다.

리스트 2-14 복면산 프로그램(2_2_fukumen_solver.cpp)

```cpp
1   #include <iostream>
2   #include <vector>
3   #include <string>
4   #include <set>
5   using namespace std;
6
7   // 복면산을 풀기 위한 클래스는 생략한다.
8
9   // 깊이 우선 탐색을 위한 재귀 함수
10  // 위에서 row 행, 오른쪽에서 digit 자리에 수를 넣도록 한다
11  void dfs(Fukumenzan& fu, int row, int digit, vector<Fukumenzan>& res) {
12      // 종료 조건: 모든 문자에 수가 들어갔을 때
13      if (row == 0 && digit == fu.get_digit()) {
14          res.push_back(fu);  // 답을 저장한다
15          return;
16      }
17
18      // 재귀 호출을 위한 다음 칸을 구한다
19      int next_row = row + 1, next_digit = digit;
20      if (next_row == fu.get_size()) {
21          next_row = 0, next_digit = digit + 1;
22      }
```

```
23
24        // 이미 수가 들어갔는지 여부로 조건을 나눈다
25        if (fu.get_val(row, digit) != -1) {
26            dfs(fu, next_row, next_digit, res);
27        } else {
28            for (int val = 0; val <= 9; ++val) {
29                // 이미 사용한 수는 사용할 수 없다
30                if (fu.is_used(val)) continue;
31
32                fu.set_val(row, digit, val);   // 문자에 수를 넣는다
33                if (fu.is_valid()) {
34                    dfs(fu, next_row, next_digit, res);
35                }
36                fu.reset_val(row, digit, val);   // 문자에서 수를 삭제한다
37            }
38        }
39 }
40
41 // 복면산을 푸는 함수
42 vector<Fukumenzan> solve(Fukumenzan& fu) {
43        // 합의 자릿수가 최대가 아닌 경우 해가 존재하지 않으므로 빈 배열을 반환한다
44        for (int i = 0; i < fu.get_size() - 1; ++i) {
45            if (fu.get_digit(i) > fu.get_digit()) {
46                return vector<Fukumenzan>();
47            }
48        }
49
50        // 초기화한다
51        fu.init();
52
53        // 깊이 우선 탐색을 시작한다
54        vector<Fukumenzan> res;
55        dfs(fu, 0, 0, res);
56        return res;
57 }
58
59 int main() {
60        // 입력
61        cout << "Fukumenzan Input: " << endl;
62        int N;   // 행 수
63        cin >> N;
```

```
64      vector<string> input(N);
65      for (int i = 0; i < N; ++i) cin >> input[i];
66
67      // 재귀적으로 푼다
68      Fukumenzan fu(input);
69      const vector<Fukumenzan>& res = solve(fu);
70
71      // 해를 출력한다
72      cout << "The num of solutions: " << res.size() << endl;
73      for (int i = 0; i < res.size(); ++i) {
74          cout << i << " th solution:" << endl;
75          res[i].print();
76      }
77  }
```

이 복면산 프로그램에 리스트 2-10의 입력 데이터를 넣으면 실행 결과는 다음과 같습니다. 푸는 데 필요한 시간은 제 컴퓨터 환경에서 4.4초였습니다.[11]

실행 결과

```
Fukumenzan Input:
14
INTO
ONTO
CANON
INTACT
AMMONIA
OMISSION
DIACRITIC
STATISTICS
ASSOCIATION
ANTIMACASSAR
CONTORTIONIST
NONDISCRIMINATION
CONTRADISTINCTION
MISADMINISTRATION
The num of solutions: 1
```

---

11 고속화하는 방법은 다양합니다. 예를 들어 함수 set_val()에서 복면산의 모든 문자에 수를 넣는 대신 '문자를 수로 대응'하는 방법을 기억해두는 방식으로 고속화할 수도 있습니다.

제 2 장

그 래 프 알 고 리 즘

```
0 th solution:
4372
2372
59323
437957
9882349
28466423
149504745
6797467456
96625497423
937489596690
5237207423467
32314650484397423
52370914674357423
84691843467097423
```

복면산을 만드는 알고리즘

복면산 프로그램을 활용해 복면산을 만드는 알고리즘을 생각해봅시다. 이 책에선 두 가지 알고리즘을 소개합니다. 리스트업 방식과 와일드카드 방식입니다.

◯ 리스트업 방식

리스트업 방식은 많은 복면산 애호가들이 활용하는 제작법입니다.

> **리스트업에 따른 복면산 제작법**
> 1. 특정한 테마의 단어를 리스트업한다(지명, 가령 도도부현이라면 47개).
> 2. 이러한 단어의 조합으로 이루어진 복면산을 모두 풀고, 유일해인 것을 추출한다.

Q. 17~Q. 22 같은 '지명' 복면산이나 Q. 23 같은 '색상 이름' 복면산, Q. 24 같은 '국가 이름' 복면산, Q. 25~Q. 28 같은 '수사 복면산'은 이 방법으로 만들 수 있습니다.

○ 와일드카드 방식

제가 자주 사용하는 방법은 와일드카드를 활용하는 것입니다. '어떤 문자를 넣어도 상관없음'을 나타내는 와일드카드를 활용해 필산을 생각합니다. 예를 들어 복면산 'SEND+MORE=MONEY' 대신 'SEND+MORE=?????'입니다. 여기서 '?'를 어떤 문자가 들어가든 상관없는 와일드카드라 합니다. 와일드카드 방식은 특정 복면산이 유일해가 되도록 '?'를 문자로 치환하는 방법을 모두 구하는 방식입니다.

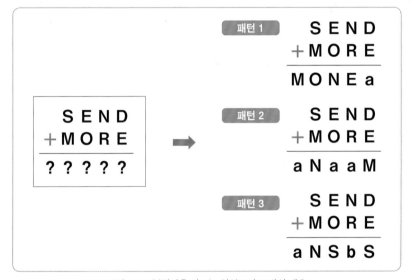

그림 2-45 복면산을 만드는 와일드카드 방식 개요

이를테면 복면산 'SEND+MORE=?????'가 유일해를 갖도록 '?'를 채우는 방법으로, 그림 2-45처럼 나타낼 수 있습니다(사실 총 368개입니다). 여기서 소문자 'a'나 'b'는 이미 사용된 문자를 제외하고 임의의 문자를 넣을 수 있음을 나타냅니다. 패턴 1에서 'a'에 'Y'를 대입하면 'SEND+MORE=MONEY'가 됩니다.

🧩 리스트업 방식에 따른 복면산 메이커 적용

먼저 리스트업 방식을 적용해봅시다. 리스트업한 단어 조합으로 이루어진 필산 중 유일해를 갖는 식을 추출하는 복면산 메이커는 리스트 2-15처럼 적용합니다. 여기선 수사 복면산을 만들어봅니다. 변수 dict는 'two' 등의 영어 수사가 2와 같이 대응하는 값을 나타내도록 합니다(기능을 별도로 준비해 둡니다).

리스트 2-15 리스트업 방식에 따른 복면산 메이커(2_2_fukumen_maker_by_listup.cpp)

```
1  #include <iostream>
2  #include <vector>
3  #include <string>
4  #include <set>
5  #include <map>
6  using namespace std;
7
8  // 복면산 프로그램은 생략한다
9
10 // 수사 복면산용 변수: 단어를 수의 값으로 대응
11 map<string, int> dict;
12
13 // 단어 집합 words에서 num개의 단어를 골라서, 가능한 복면산을 만들기 위한 재귀 함수
14 void rec_makeup(const vector<string>& words,
15                 int num,
16                 vector<string>& problem,
17                 vector<vector<string>>& res) {
18     // 종료 조건: 필요 단어 수를 갖췄다
19     if (problem.size() == num) {
20         // 수가 맞지 않는 경우 건너뛴다(수사 복면산에 국한)
21         int sum = 0;
22         for (int i = 0; i < problem.size() - 1; ++i) {
23             sum += dict[problem[i]];
24         }
25         if (sum != dict[problem.back()]) return;
26
27         // 복면산을 푼다
28         Fukumenzan fu(problem);
29         const vector<Fukumenzan>& sols = solve(fu);
30
```

```
31          // 유일해라면 답을 저장한다
32          if (sols.size() == 1) res.push_back(problem);
33          return;
34      }
35
36      // 새 단어를 추가한다
37      for (const string& wd : words) {
38          problem.push_back(wd);
39          rec_makeup(words, num, problem, res);
40          problem.pop_back();
41      }
42 }
43
44 // 단어 집합 words에서 num개의 단어를 골라 가능한 복면산을 만든다
45 vector<vector<string>> makeup(const vector<string>& words, int num) {
46      // 답을 저장할 배열
47      vector<vector<string>> res;
48
49      // 재귀적으로 푼다
50      vector<string> problem;
51      rec_makeup(words, num, problem, res);
52      return res;
53 }
54
55 int main() {
56      // 입력
57      int num_words, num_rows;   // 단어 수, 행 수
58      cin >> num_words >> num_rows;
59      vector<string> words;   // 사용 가능한 단어
60      for (int i = 0; i < num_words; ++i) {
61          string wd;
62          int val;
63          cin >> wd >> val;
64
65          // 단어 리스트와, 단어를 대응한 수를 갱신한다
66          words.push_back(wd);
67          dict[wd] = val;
68      }
69
70      // 유일해가 되는 복면산을 구한다
71      const vector<vector<string>>& res = makeup(words, num_rows);
72 }
```

예를 들어 다음을 지정합니다.

- words ={"one", "two", "three", "four", "five", "six", "seven", "eight", "nine", "ten", "eleven", "twelve", "twenty", "thirty"}
- num = 5

그다음 실행하면 다음과 같이 수사 복면산 문제를 4개를 얻게 됩니다.

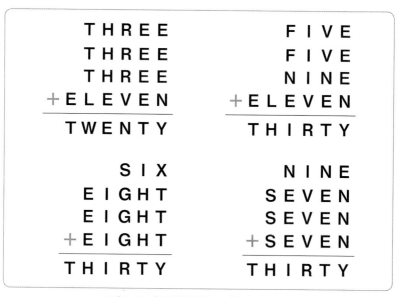

그림 2-46 리스트업 방식으로 얻는 수사 복면산

와일드카드 방식에 따른 복면산 메이커 적용

다음으로 와일드카드 방식을 설명하겠습니다. 필산식 'SEND+MORE=?????'를 예로 듭니다. 우선 와일드카드 '?'에 어느 문자가 들어가든 신경 쓰지 않고 복면산을 풉니다. 복면산 프로그램 클래스 Fukumenzan의 멤버 함수 set_val(), reset_val()과 함수 dfs()를 리스트 2-16처럼 바꿔 풀어봅시다.

리스트 2-16 와일드카드를 고려한 복면산 프로그램의 각 함수 수정

```
1   // row 행, 오른쪽에서 digit 자의 문자에 수 val을 넣는다
2   void Fukumenzan::set_val(int row, int digit, int val) {
3       // 해당하는 문자를 구한다
4       char c = get_char(row, digit);
5
6       // c가 와일드카드일 경우 해당 칸만 변경한다
7       if (c == '?') {
8           board_[row][get_digit(row) - 1 - digit] = val;
9           return;
10      }
11
12      // 문자가 c인 모든 칸에 수 val을 넣는다
13      for (int r = 0; r < get_size(); ++r) {
14          for (int d = 0; d < get_digit(r); ++d) {
15              if (problem_[r][d] == c) board_[r][d] = val;
16          }
17      }
18      used_.insert(val);   // 수 val의 사용을 마친 것으로 한다
19  }
20
21  // row 행, 오른쪽에서 digit 자리의 문자에 넣은 수를 삭제한다
22  void Fukumenzan::reset_val(int row, int digit, int val) {
23      // 해당하는 문자를 구한다
24      char c = get_char(row, digit);
25
26      // c가 와일드카드일 경우 해당 칸만 변경한다
27      if (c == '?') {
28          board_[row][get_digit(row) - 1 - digit] = NOTIN;
29          return;
30      }
31
32      // 문자가 c인 모든 칸의 수를 삭제한다
33      for (int r = 0; r < get_size(); ++r) {
34          for (int d = 0; d < get_digit(r); ++d) {
35              if (problem_[r][d] == c) board_[r][d] = -1;
36          }
37      }
38      used_.erase(val);   // 이제 수 val을 사용할 수 있게 한다
39  }
40
```

```
41  // 깊이 우선 탐색을 위한 재귀 함수
42  // 위에서 row행, 오른쪽에서 digit 자리에 수를 넣도록 한다
43  void dfs(Fukumenzan& fu, int row, int digit, vector<Fukumenzan>& res) {
44      // 종료 조건: 모든 문자에 수가 들어갔을 때
45      if (row == 0 && digit == fu.get_digit()) {
46          res.push_back(fu);  // 답을 저장한다
47          return;
48      }
49
50      // 재귀 호출을 위한 다음 칸을 구한다
51      int next_row = row + 1, next_digit = digit;
52      if (next_row == fu.get_size()) {
53          next_row = 0, next_digit = digit + 1;
54      }
55
56      // 이미 수가 들어 있는지 여부로 경우를 나눈다
57      if (fu.get_val(row, digit) != -1) {
58          dfs(fu, next_row, next_digit, res);
59      } else {
60          for (int val = 0; val <= 9; ++val) {
61              // 이미 사용한 수는 사용할 수 없다(와일드카드일 경우 사용할 수 있다)
62              if (fu.get_char(row, digit) != '?' && fu.is_used(val)) {
63                  continue;
64              }
65
66              fu.set_val(row, digit, val);  // 문자에 수를 넣는다
67              if (fu.is_valid()) {
68                  dfs(fu, next_row, next_digit, res);
69              }
70              fu.reset_val(row, digit, val);  // 문자에서 수를 삭제한다
71          }
72      }
73  }
```

위와 같이 바꿔 작성한 새로운 복면산 프로그램에 리스트 2-17의 입력 데이터를 넣으면 295,680개 해를 얻습니다.

리스트 2-17 와일드카드를 활용한 입력 데이터 예시

```
1  3
2  SEND
3  MORE
4  ?????
```

이제 필산식 'SEND+MORE=?????'의 '?'에 다음 규칙을 적용합니다. '?'를 295,680개 각각의 해에 대응하는 각각의 문자로 치환해 295,680개 필산식을 생성합니다.

> **필산식의 '?'를 순서대로 찾으면서 다음 처리를 실행한다**
>
> - '?'에 들어간 수가 다른 문자에 들어간 수와 동일하면, 필산식에서 '?'를 해당 문자로 치환한다.
> - '?'에 들어간 수가 다른 어떤 문자에 들어간 수와 동일하지 않으면, 필산식에서 '?'를 새 문자로 치환한다.

여기선 '새 문자'로 영어 소문자 'a', 'b', 'c', …를 순서대로 할당합니다.

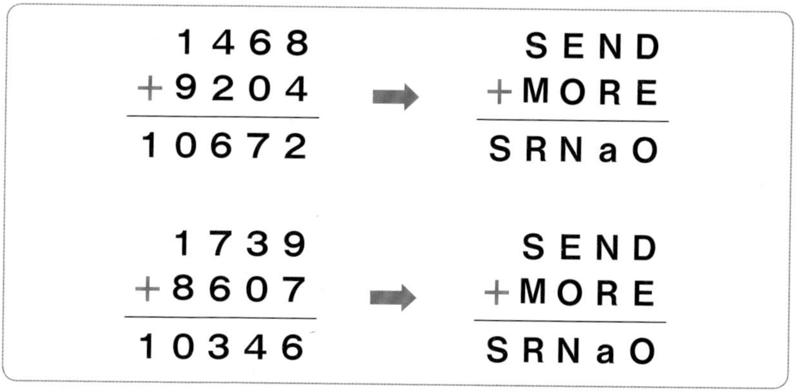

```
   1 4 6 8          S E N D
 + 9 2 0 4   ➡   + M O R E
 ─────────         ─────────
 1 0 6 7 2         S R N a O


   1 7 3 9          S E N D
 + 8 6 0 7   ➡   + M O R E
 ─────────         ─────────
 1 0 3 4 6         S R N a O
```

그림 2-47 와일드카드 '?'를 해에 따라 채운 필산식 만들기

그림 2-47처럼 다른 해가 동일한 필산식을 이끄는 경우도 있습니다. 이는 복면산 'SEND+MORE=SRNaO'의 해가 2개(1468+9204=10672, 1739+8607=10346)임을 의미합니다. 즉, 'SEND+MORE=?????'를 풀어 얻게 되는 295,680개 해 중에서 그 해에 대응하

는 필산식이 다른 것과 동일하지 않은 것을 추출하면 유일해를 가지는 복면산이 됩니다. 이 방법은 리스트 2-18처럼 적용합니다.

리스트 2-18 와일드카드 방식에 따른 복면산 메이커(2_2_fukumen_maker_by_wildcard.cpp)

```cpp
#include <iostream>
#include <vector>
#include <string>
#include <set>
#include <map>
using namespace std;

// 복면산 프로그램은 생략한다

// 유일해가 되는 복면산을 모두 구한다
vector<vector<string>> makeup(const vector<string>& input,
                              const vector<Fukumenzan>& sols) {
    // 복면산을 분류한다
    map<vector<string>, int> groups;

    for (const Fukumenzan& sol : sols) {
        // 수에 대응하는 문자를 구한다
        map<int, char> dict;
        for (int row = 0; row < input.size(); ++row) {
            for (int i = 0; i < input[row].size(); ++i) {
                // 왼쪽에서 i번째 수와 문자
                int v = sol.get_val(row, input[row].size() - 1 - i);
                char c = sol.get_char(row, input[row].size() - 1 - i);
                if (c != '?') dict[v] = c;
            }
        }

        // // 다시 '?'를 문자로 치환한다
        vector<string> problem(input.size(), "");
        char new_moji = 'a';
        for (int row = 0; row < input.size(); ++row) {
            for (int i = 0; i < input[row].size(); ++i) {
                int v = sol.get_val(row, input[row].size() - 1 - i);
                char c = sol.get_char(row, input[row].size() - 1 - i);
```

```
36              if (c != '?') {
37                  problem[row] += c;
38              } else if (dict.count(v)) {
39                  problem[row] += dict[v];
40              } else {
41                  // 처음 등장한 수에는 새 문자를 할당한다
42                  dict[v] = new_moji++;
43                  problem[row] += dict[v];
44              }
45          }
46      }
47      groups[problem]++;   // 복면산을 완성한다
48  }
49
50  // 그룹 멤버가 1개인 복면산만 추출한다
51  vector<vector<string>> res;
52  for (const auto& group : groups) {
53      if (group.second == 1) res.push_back(group.first);
54  }
55  return res;
56 }
57
58 int main() {
59    // 입력
60    cout << "Fukumenzan Input: " << endl;
61    int N;   // 행 수
62    cin >> N;
63    vector<string> input(N);
64    for (int i = 0; i < N; ++i) cin >> input[i];
65
66    // 재귀적으로 푼다
67    Fukumenzan fu(input);
68    const vector<Fukumenzan>& sols = solve(fu);
69
70    // 유일해가 되는 복면산을 구한다
71    const vector<vector<string>>& res = makeup(input, sols);
72 }
```

가령 'SEND+MORE=?????'를 입력하면, 유일해 복면산을 368개 얻습니다. 그중 2개 예시를 그림 2-48에 보였습니다. 왼쪽 복면산은 앞에서 Q.15로 소개한 문제입니다.

```
    S E N D          S E N D
  + M O R E        + M O R E
  ─────────        ─────────
  D E M O N        S O R E L
```

(패턴 'DEMON')   (패턴 'SOREa')

그림 2-48 'SEND+MORE=?????'로 얻는 복면산 예시

와일드카드 방식은 기하 모양 복면산과도 호환성이 좋습니다. 가령 그림 2-49의 왼쪽을 입력 데이터로 했을 때 유일해를 갖게끔 '??????'에 문자를 넣는 방법은 6,587개인데, 그중 하나가 'abcbdE'입니다. a, b, c, d에 각각 F, U, T, R을 대입하면 'FUTURE'가 되어 그림 2-49의 오른쪽(Q.30) 복면산이 됩니다.

```
  A B C D E          A B C D E
  B B C D E          B B C D E
  C C C D E    ➡    C C C D E
  D D D D E          D D D D E
+ E E E E E        + E E E E E
─────────────      ─────────────
? ? ? ? ? ?        F U T U R E
```

(패턴 'abcbdE')

그림 2-49 기하 모양 복면산을 만드는 예시

필산식 'たのしい(즐거운)+たのしい+?????=ふくめんざん(복면산)'이 유일해를 갖도록 '?????'에 문자를 넣는 방법은 17,639개인데, 그중 하나가 'ぎんしんa'입니다. 'a'에 'な'를 대입하면 그림 2-50의 오른쪽(Q.14) 복면산이 됩니다.[12]

---

12 이 책에서 설명한 복면산 프로그램과 복면산 메이커가 일본어 입력에는 대응하지 않습니다. 하지만 일본어 문자를 각각 알파벳 문자로 치환하는 방법(이 방법도 프로그램화하면 좋습니다)으로 일본어 복면산도 다룰 수 있습니다.

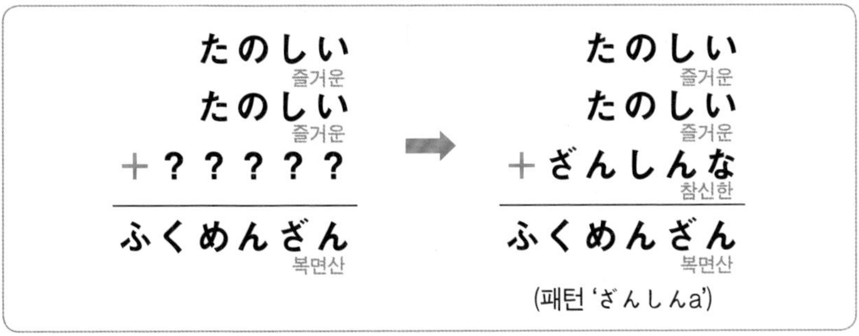

그림 2-50 복면산에서 단어 복면산을 만드는 예시

정리

이 절에서 적용한 복면산 프로그램과 복면산 메이커의 요점을 복습해봅시다. 우선 복면산을 푸는 과정을 그래프로 표현하고, 그래프상의 깊이 우선 탐색법으로 복면산을 풀었습니다.

그다음 복면산 프로그램을 활용해 두 가지 복면산 메이커를 적용했습니다. 특히 와일드카드 방식은 '보다 넓은 문제를 풀고 해를 그룹화한 후, 그룹 내 멤버가 하나뿐인 그룹을 추출한다'는 범용의 아이디어를 기반으로 합니다.

퍼즐 정답

문제(Q.1~Q.40)의 정답입니다.

표 2-4 복면산 문제 정답

문제	답
Q.1	1+9=10
Q.2	9+1=10
Q.3	89+9=98
Q.4	99+9=108

Q.5	92+9=101
Q.6	95+5=100
Q.7	11+98=109
Q.8	88+13=101
Q.9	55+61=116
Q.10	884+884=1768
Q.11	792+8492=9284
Q.12	9675+553=10228
Q.13	94275+68+9407=103750
Q.14	2657+2657+98584=103898
Q.15	7341+6283=13624
Q.16	96838+438+47728+450=145454
Q.17	3374+3368=6742
Q.18	9524+956=10480
Q.19	9524+956=10480
Q.20	8875+74+64=9013
Q.21	708+194+9458=10360
Q.22	4496+1748+2936=9180
Q.23	53179+53179+53179+83669=243206
Q.24	16543+54053+23138=93734
Q.25	650+68782+68782=138214
Q.26	651+236+29811+29811+171015=231524
Q.27	9087+790864+790864=1590815
Q.28	54967×7=384769
Q.29	11111+16661+16861+16661+11111=72405
Q.30	87265+77265+22265+66665+55555=309015
Q.31	5730+773=6503
Q.32	9736-773=8963
Q.33	3215+2137=5352
Q.34	4867+1614=6481
Q.35	4145+1574=5719
Q.36	42×7=294
Q.37	13×89=1157
Q.38	54×59=3186
Q.39	572801÷6923=82
Q.40	(생략)

더 알아보기

충식산과 복면산의 융합

1-3절 '충식산'과 2-2절 '복면산'을 융합한 퍼즐도 널리 사용됩니다. 충식산이나 복면산처럼, □ 혹은 문자에 수를 넣어 필산을 복원하는 퍼즐입니다.

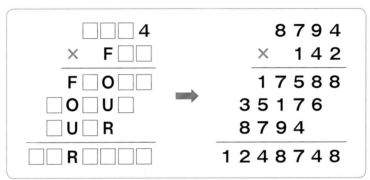

그림 2-51 충식산과 복면산을 융합한 퍼즐 예시

필산을 복원하는 규칙은 다음과 같습니다.

복면산 규칙

- 각 □에는 0, 1, 2, 3, 4, 5, 6, 7, 8, 9 중 하나의 수가 들어간다.
- 같은 문자(□ 이외)에는 같은 수가 들어간다.
- 다른 문자(□ 이외)에는 다른 수가 들어간다.
- 맨 왼쪽에 있는 □나 문자에는 0이 들어갈 수 없다.

□에 들어갈 수와, 이외의 문자에 들어갈 수가 같아도 상관없다는 점에 유의하세요. 이러한 충식산과 복면산을 융합한 퍼즐도 넓은 의미에서 '충식산'으로 부르는 경우가 많습니다. 여기서도 충식산이라 하겠습니다.

충식산에 복면 문자도 활용하면 만들 수 있는 작품의 폭이 넓어집니다. 그러한 작품을 테마별로 18문제를 제시합니다. 각 문제의 난이도는 레벨 1부터 10까지 10단계입니다. 1-3절 '충식산' 문제의 난이도와 기준이 같습니다. 꼭 즐겨보세요.

○ 알파벳 문자형

알파벳을 문자 모양으로 늘어놓은 충식산 문제입니다. 여기서는 'ALGO'(algorithm의 약자)의 각 문자를 사용해 4문제를 만들었습니다. 보기에도 아름다운 충식산입니다. 우선 알파벳 문자에 들어갈 수를 확인해봅시다.[13]

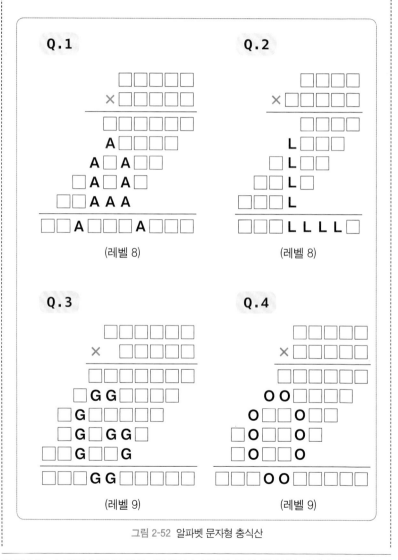

그림 2-52 알파벳 문자형 충식산

13 『虫食算パズル700選』(북가이드 15)에는 A부터 Z까지 사용한 알파벳 문자형 충식산 26문제가 실렸는데, 모두 다케 준야가 1981년에 발표한 작품입니다. 이에 영감을 받아 Q.1~Q.4 문제를 만들었습니다.

○ 가타카나[14] 문자형

가타카나를 문자 모양으로 늘어놓은 충식산입니다. Q.7은 어려운 문제지만 유일해임을
생각해보면 규칙에 기반해 해를 찾아낼 수 있습니다.

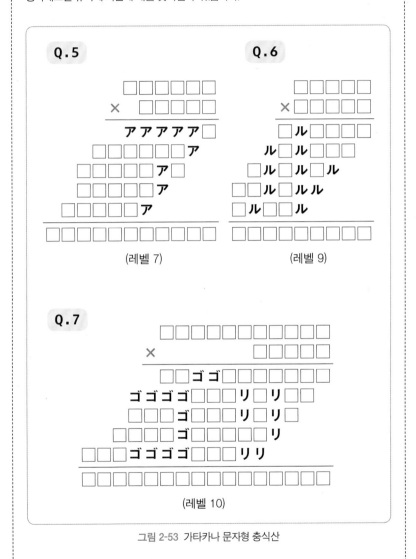

그림 2-53 가타카나 문자형 충식산

---

14 역주) 일본어 문자의 한 종류로, 외래어를 표기하거나 강조할 때 사용합니다.

○ 화학식

화학식을 소재로 한 충식산입니다. Q.8은 알코올, Q.9는 벤젠의 화학식입니다. 수소 원자를 나타내는 'H', 탄소 원자를 나타내는 'C', 산소 원자를 나타내는 'O'를 복면 문자로 사용했습니다.

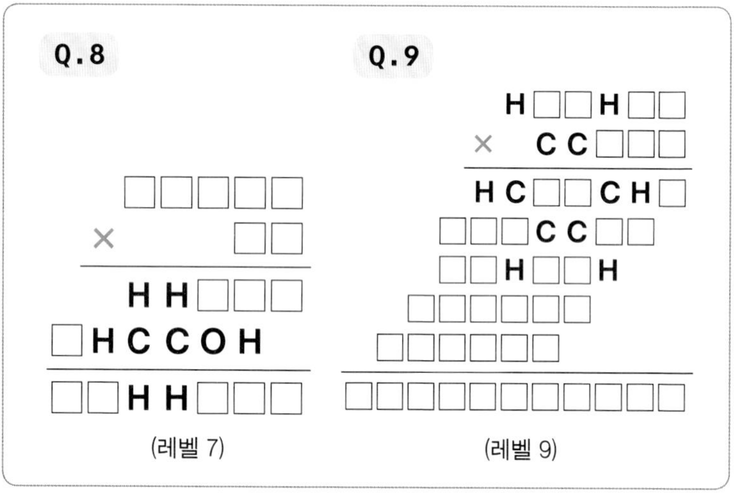

Q.8

```
      □ □ □ □
   ×      □ □
  ─────────────
      H H □ □ □
   □ H C C O H
   □ □ H H □ □
```
(레벨 7)

Q.9

```
        H □ H □
     ×    C C □ □ □
    ──────────────
      H C □ □ C H □
      □ □ □ C C □ □
        □ □ H □ □ H
      □ □ □ □ □ □ □
   ─────────────────
   □ □ □ □ □ □ □ □ □ □
```
(레벨 9)

그림 2-54 화학식 충식산

○ 별자리

별자리를 소재로 한 충식산입니다. Q.10은 카시오페이아자리, Q.11은 오리온자리, Q.12는 북두칠성입니다. 별을 나타내는 문자 '☆'를 복면 문자로 사용했습니다.

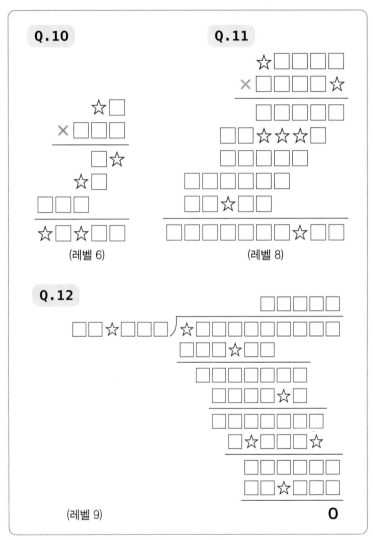

그림 2-55 별자리 충식산

○ 쇼기

쇼기를 소재로 한 충식산입니다. Q.13은 망루 울타리, Q.14는 동굴곰 울타리입니다. Q.13은 1의 자리가 '步'인 행이 두 개 있는데 행 수가 다른 점이 포인트입니다. Q.14는 무척 어려운 문제입니다.

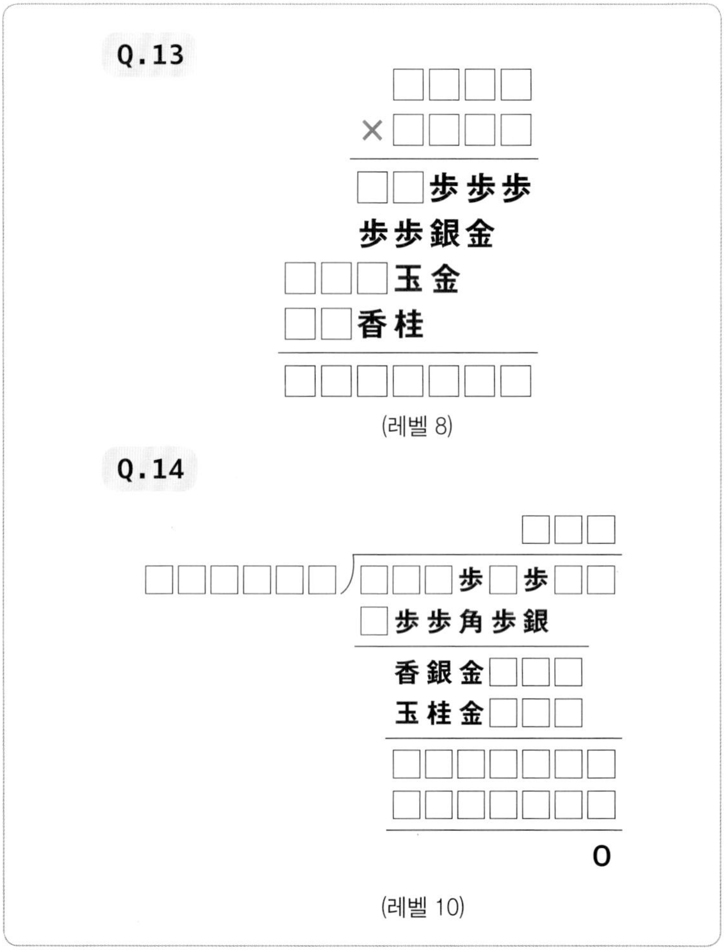

그림 2-56 쇼기 충식산

● 오델로

오델로를 소재로 한 충식산입니다. Q.15는 토끼 정석, Q.16은 호랑이 정석입니다. 둘 다 비교적 쉽습니다.

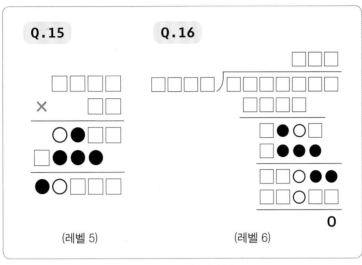

그림 2-57 오델로 충식산

◯ 뉴스 혹은 날짜

뉴스나 특정 날짜를 소재로 한 충식산입니다. Q.17은 후지이 용왕이 최연소 5관을 달성한 것을 기념해 만들었습니다. '5관'의 5도 힌트로 활용하세요. Q.18은 크리스마스를 소재로 만들었습니다.

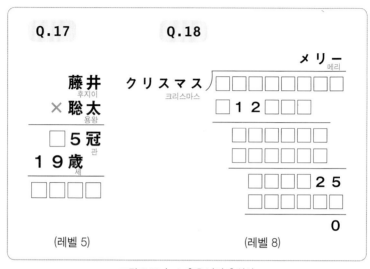

그림 2-58 뉴스 혹은 날짜 충식산

◯ 복면 문자가 있는 충식산 만드는 법

위와 같이 복면 문자를 사용하면 메시지성이 높은 충식산 문제를 만들 수 있습니다. 이러한 충식산은 만들기 어렵다고 생각할지도 모르겠습니다. 하지만 사실 1-3절의 더 알아보기 '충식산 만들기'에서 설명한 방법을 이용하면, 힌트를 원하는 대로 배치하면서 효율적으로 충식산을 만들 수 있습니다. 다양한 작품을 만들어보세요.

◯ 복면 문자가 있는 충식산 프로그램

복면 문자가 있는 충식산 프로그램은 충식산 프로그램과 복면산 프로그램을 조합해 적용합니다.[15]

---

15 복면산 프로그램을 완전 탐색이 아닌 깊이 우선 탐색으로 적용한 것은 충식산 프로그램과 비슷하도록 고려한 것입니다.

● 정답

문제(Q.1~Q.18)의 정답입니다.

표 2-5 복면이 존재하는 충식산 문제 정답

문제	답
Q.1	13492×77338=1043444296
Q.2	1683×22143=37266669
Q.3	200250×34557=6920039250
Q.4	74074×16665=1234443210
Q.5	333332×33582=11193955224
Q.6	65085×13797=897977745
Q.7	41666675000×52282=2178417102350000
Q.8	38581×72=2777832
Q.9	472472×22299=10535653128
Q.10	17×713=12121
Q.11	20318×49372=1003140296
Q.12	2745465296÷131246=20776
Q.13	1492×1837=2740804
Q.14	28083818÷188482=149
Q.15	8999×11=98989
Q.16	1030800÷1200=859
Q.17	38×54=2052
Q.18	66500225÷76525=869

제 2 장

그래프 알고리즘

미로: 너비 우선 탐색

미로

미로(maze)란 주어진 지도에서 복잡하게 얽힌 길을 빠져나와 목적지에 도착하는 것을 목표로 하는 도형 퍼즐의 일종입니다. 많은 분들이 그림 2-59 같은 미로를 즐겨본 적이 있을 겁니다.

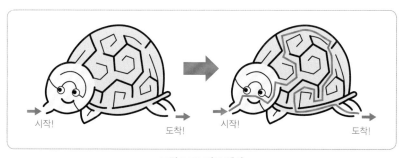

그림 2-59 미로 예시

미로는 가장 오래된 퍼즐의 일종으로 알려져 있습니다. 그림 2-60은 기원전 1200년경에 그리스의 필로스에서 출토된 점토판에 그려진 미로입니다. 당시 미로는 마귀를 쫓는 등의 주술에 사용됐던 모양입니다. 미로에 들어가는 것은 죽음을, 미로에서 탈출하는 것은 전생을 의미한다고 여겼습니다.

그림 2-60 그리스의 필로스에서 출토된 점토판에 그려진 미로

미로는 17세기경 정원에 생울타리 미로를 조성하면서 오락으로 즐기게 됐습니다.
1690년대에 영국의 윌리엄 3세를 위해 재배된 햄프턴 코트 궁전의 미로 정원은 오늘
날에도 미로를 가볍게 즐길 수 있는 세계적인 관광 명소입니다. 입구가 시작점이고 중
앙 광장이 도착점입니다.

제
2
장

그
래
프
알
고
리
즘

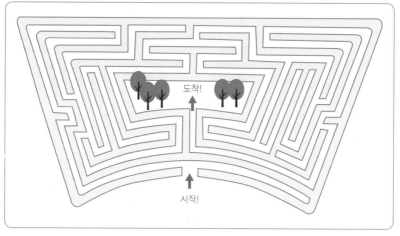

그림 2-61 햄프턴 코트 궁전의 미로 정원

일본에서도 1980년대쯤 거대한 미로가 유행하면서 각지의 오락시설에 미로가 설치됐
습니다. 이 미로는 입체 교차점이나 점검 지점, 긴급 대피용 출구 등을 갖춰 폭넓은 연
령층이 즐길 수 있었습니다. 그중 오늘날까지 남아 있는 미로는 닛코 에도마을 닌자
카라쿠리 격언 미로(도치기현 닛코시)나, 란즈보로메이즈 히키미(시마네현 마스다시)
등입니다.

여기서는 주어진 미로의 시작 지점에서 도착 지점에 이르는 최단경로(shortest path)를
구하는 프로그램을 적용합니다. 이번에는 너비 우선 탐색(breadth-first search, BFS)을
활용합니다.

퍼즐이란 무엇인가?

앞에서 미로를 가장 오래된 퍼즐이라 소개했습니다. 그런데 퍼즐이란 무엇일까요? 엄밀한 정의는 없지만, 혼자서 오락으로 즐기는 문제 중 두뇌 회전이 필요하고 시행착오를 거치며 정답 판정까지 가능한 문제를 퍼즐이라 생각하는 분이 많을 것입니다. 퍼즐은 지식보다 사고를 더 요한다는 점에서 퀴즈와 다릅니다. 찬찬히 생각에 몰입할 때 가려졌던 문제 구조가 조금씩 보이기 시작하여 마침내 답이 훤히 보이는 재미, 아무리 머리를 굴려도 종잡을 수 없던 답이 궁리를 거듭한 끝에 섬광처럼 번뜩일 때의 기쁨. 퍼즐은 끝까지 포기하지 않은 사람에게 값진 성취감을 선사합니다.

앞에서도 이미 살펴봤듯, 퍼즐은 오래전부터 세계 각지에서 사랑받았습니다. '생각'하는 행위는 시대를 초월해 즐길 수 있는 최고의 유희이기 때문입니다. 미로, 강 건너기, 기름 나누기, 텐 퍼즐(1-1절), 고마치잔(1-2절), 충식산(1-3절) 등은 역사의 거센 파도를 빠져나온 퍼즐이라 할 수 있습니다. 퍼즐 문화는 19세기에 이르러 신문이나 잡지 등의 미디어가 보급되면서 읽을거리가 대중화되자 급속도로 발전했습니다. 퍼즐 작가 샘 로이드(1841~1911)와 헨리 어니스트 듀드니(1857~1930)의 손을 거쳐, 학자들의 전유물로 여겨지던 수학 문제도 일반인의 지적 호기심을 불러일으키는 퍼즐로 재탄생했습니다. 일상 생활을 소재로 하는 문제들이 실린 잡지의 퍼즐 칼럼이 큰 인기를 끌었습니다.

"세계는 퍼즐이다"라는 듀드니의 명언이 있습니다(북가이드 [7] 참조). 우리는 생일 케이크를 똑같은 크기로 자르거나, 물건을 정돈해 수납할 곳을 정하는 등 '고민하며 생각하는' 일상을 매일 경험하는데, 이러한 총체적인 경험 자체가 퍼즐이라는 의미입니다. 기나긴 역사에서 머리를 쓰는 즐거움에 눈뜬 인류가 나날이 '고민하며 생각하는' 유희를 발견하고, 마침내 퍼즐이란 오락을 만들어낸 건 필연이라 할 수 있겠죠. 퍼즐 역사에 관심이 있다면 북가이드 [7], [8] 등을 읽어보세요.

🧩 미로와 관련된 퍼즐

미로의 최단경로를 구하는 알고리즘을 생각하기 전에 이와 관련된 퍼즐을 몇 개 소개하겠습니다. 이번에 설명할 알고리즘은 이러한 퍼즐에도 적용할 수 있습니다.

⬤ 강 건너기 문제

강가에 있는 한 무리가 특정 조건을 달성하면서 반대편 물가로 건너가는 문제를 총칭해 강 건너기 문제(river crossing puzzle)라 합니다. 이 문제의 역사는 8세기에 캔터베리의 대주교가 제시한 문제 '늑대와 양과 양배추'까지 거슬러 올라갑니다. 퍼즐 관련 문헌에선 빠지지 않을 정도로 유명한 문제입니다.

늑대와 양과 양배추

양배추를 든 여행자가 늑대와 양을 데리고 방주로 강을 건너려 합니다. 방주를 움직이려면 반드시 여행자가 타야 합니다. 하지만 방주에는 여행자 외에 늑대, 양, 양배추 중 하나만 태울 수 있습니다. 이때 아래 사항을 고려합니다.

- 늑대와 양이 여행자 없이 강가에 남으면 늑대가 양을 먹는다.
- 양과 양배추가 여행자 없이 강가에 남으면 양이 양배추를 먹는다.

여행자, 늑대, 양, 양배추 모두가 무사히 강을 건너려면 어떻게 해야 될까요?

그림 2-62 강 건너기 문제의 유명 예제 '늑대와 양과 양배추'

이 문제의 해는 그림 2-63 같은 7단계 방법으로 알려져 있습니다. 늑대와 양배추가 강가에 남으면 별문제가 없다는 점이 포인트입니다. 7단계로 이루어진 해가 하나 더 있습니다. 그 이유도 생각해보세요.

이쪽 강가	반대편 물가	
사람, 늑대, 양, 양배추		시작!
늑대, 양배추	사람, 양	양을 데려간다
사람, 늑대, 양배추	양	돌아온다
양배추	사람, 늑대, 양	늑대를 데려간다
사람, 양, 양배추	늑대	양을 데리고 돌아온다
양	사람, 늑대, 양배추	양배추를 가져간다
사람, 양	늑대, 양배추	돌아온다
	사람, 늑대, 양, 양배추	양을 데려간다

그림 2-63 강 건너기 문제의 유명 예제 '늑대와 양과 양배추' 7단계 해

강 건너기 문제가 조금 바뀐 것도 있는데, 다음에 소개할 '선교사와 식인종'은 잘 알려진 변형 문제입니다.

Q.1: 선교사와 식인종

3명의 선교사와 3명의 식인종이 나룻배로 강을 건너려 합니다. 나룻배에는 2명만 탈 수 있습니다. 하지만 물가에 있는 선교사의 인원이 식인종보다 더 적으면 선교사는 살해됩니다(식인종만 있다면 아무 일도 일어나지 않습니다).

전원이 무사히 강을 건너려면 어떻게 해야 될까요?

강 건너기 문제는 일반적으로 미로 같은 도형 퍼즐이 아닌 논리 퍼즐로 분류됩니다. 하지만 시작 상태와 도착(끝) 상태가 명확하게 정의되어 시작부터 도착까지 경로를 생각해내는 문제라는 점에서 미로와 구조가 비슷한 퍼즐이라고 할 수 있습니다.

◯ 기름 나누기

기름 나누기는 용량이 정해진 용기를 몇 개만 사용해 기름을 조금씩 분배하는 퍼즐입니다. 일본의 요시다 미쓰요시가 1627년에 집필한 수학책『塵劫記』에는 다음과 같은 문제가 있습니다.

기름 나누기 예제

10L 항아리와 7L 항아리와 3L 항아리가 있습니다. 10L 항아리에는 기름이 가득 들어 있고 7L 항아리와 3L 항아리는 비어 있습니다. '항아리에 들어 있는 기름을 다른 항아리에 붓는' 행위를 반복하여 '10L 항아리와 7L 항아리의 기름이 각각 5L씩 되게' 만들어보세요.

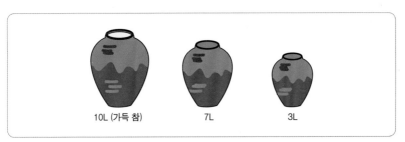

10L (가득 참)   7L   3L

그림 2-64 기름 나누기

항아리에 눈금이 없기 때문에 눈대중으로 어설프게 부어서는 안 됩니다. 또 문제에 주어지지 않은 용기로 기름을 옮겨서도 안 됩니다. 다음 조건을 각각 한 단계로 칩니다.

기름 나누기의 한 단계

항아리 A의 기름을 항아리 B로 옮길 때

- 만약 항아리 A에 든 기름을 항아리 B에 모두 쏟아도 넘치지 않는다면 전부 붓는다.
- 넘친다면 항아리 B가 가득 찰 때까지 붓는다. 이때 항아리 A에는 기름이 어느 정도 남는다.

이 문제의 해로는 표 2-6 같은 10단계 방식이 잘 알려져 있습니다. 3L 항아리를 세 번 사용해 7L 항아리가 가득 찰 때까지 부으면 3L 항아리에 기름이 2L 남습니다. 그 기름

2L와 3L짜리를 합치면 5L의 기름을 만들 수 있다는 발상입니다.

표 2-6 기름 나누기 예제 10단계 해

	0단계	1단계	2단계	3단계	4단계	5단계	6단계	7단계	8단계	9단계	10단계
10L 항아리	10	7	7	4	4	1	1	8	8	5	5
7L 항아리	0	0	3	3	6	6	7	0	2	2	5
3L 항아리	0	3	0	3	0	3	2	2	0	3	0

하지만 실은 9단계로 푸는 방법도 있습니다. 그 이유도 생각해보세요(Q.2). 기름 나누기도 미로 같은 도형 퍼즐은 아니지만 미로와 구조가 매우 비슷한 퍼즐입니다. 이 절의 마지막에서는 일반화한 기름 나누기 문제를 푸는 프로그램도 적용해봅니다.

🧩 풀어볼 문제 설정

지금까지 살펴봤듯, 다양한 퍼즐을 '미로의 최단경로를 구하는 문제'로 해석할 수 있습니다. 이번에는 그러한 문제를 대표하는 그림 2-65의 미로를 생각해봅시다. 칸으로 구분된 지도에서 'S'라는 시작 지점에서 'G'라는 목적 지점까지 도달하는 최단경로를 구하는 문제입니다. 흰색 칸은 플레이어가 진입할 수 있는 '통로'이고, 갈색 칸은 플레이어가 진입할 수 없는 '벽'입니다. 플레이어는 현재 칸에서 상하좌우 중 한 칸으로만 이동해야 하고, 미로의 판 밖으로는 나갈 수 없습니다.

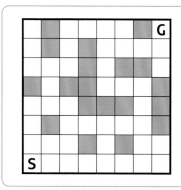
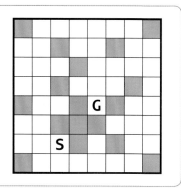

그림 2-65 풀어볼 미로 예시

미로 프로그램의 입력 데이터를 리스트 2-19처럼 입력합니다. 입력 데이터는 그림 2-65의 왼쪽 미로를 나타냅니다. 첫 행에는 '가로 칸 수'와 '세로 칸 수'를 공백으로 구분해 기입합니다. 이어지는 각 행은 미로의 각 칸 정보를 나타냅니다. 문자 '.'는 통로 칸을, 문자 '#'은 벽 칸을, 문자 'S'와 'G'는 각각 시작 지점과 목적 지점을 나타냅니다.

리스트 2-19 미로 프로그램의 입력 데이터 예시

```
1  8 8
2  .#....#G
3  .#.#....
4  ...#.##.
5  #.##...#
6  ...###.#
7  .#.....#
8  ...#.#..
9  S.......
```

지금부터 적용하는 미로 프로그램은 이 설정을 따릅니다. 여기서 미로 프로그램을 적용한 뒤 이를 추상화한 알고리즘(그래프상의 너비 우선 탐색)을 적용하겠습니다.

너비 우선 탐색은 미로뿐만 아니라 강 건너기, 기름 나누기, 슬라이드 퍼즐(3-1절 참조), 바둑돌 줍기(이 절의 '더 알아보기' 참조), 루빅스 큐브 등 다양한 퍼즐에도 적용할 수 있습니다. 또 도로망에서 목적지에 도착하는 최단경로를 구하거나,[16] 화성 같은 행성의 지표면에서 탐사 로버가 효율적으로 탐사할 길을 찾는 AI 개발에도 활용하는 등 범용 프로그램이라 할 수 있습니다.

---

[16] 현실의 도로망은 교차점과 교차점 간의 도로 길이가 동일하지 않으므로 최단경로를 구하려면 고급 알고리즘(다익스트라 알고리즘 등)이 필요합니다.

🧩 미로 프로그램 적용

그러면 미로의 최단경로를 구하는 알고리즘을 생각해봅시다.

⬤ 너비 우선 탐색

미로의 최단경로는 너비 우선 탐색(breadth-first search, BFS)으로 구할 수 있습니다.
너비 우선 탐색은 '출발점과 가까운 곳부터 순서대로 탐색'하는 알고리즘입니다. 그림
2-65의 왼쪽 미로를 예로 들어 너비 우선 탐색의 동작을 설명하겠습니다. 먼저 시작 칸
에서 한 단계 이동 가능한 칸에 '1'이라 적습니다. 이어서 '1' 칸에서 한 단계 이동 가능
한 칸에 '2'라 적습니다. '2' 칸은 시작 지점에서 두 단계 이동 가능한 칸이기도 합니다.

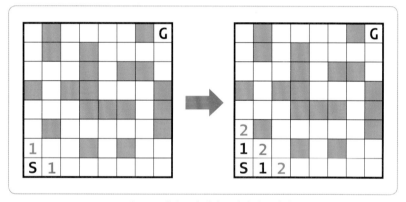

그림 2-66 너비 우선 탐색 동작의 최초 단계

이어서 그림 2-67의 왼쪽처럼 '2' 칸에서 한 단계 앞으로 이동 가능한 칸에 '3'이라 적습
니다. 이를 반복해 나가면 최종적으로는 그림 2-67의 오른쪽처럼 도착 지점 칸에 '16'을
적을 수 있습니다. 이는 시작 지점에서 도착 지점까지 도달하는 최단경로의 길이가 16
임을 의미합니다. 너비 우선 탐색 과정에선 한번 수를 적은 칸의 값을 변경하지 못한
다는 점에 유의합시다. 또 너비 우선 탐색으로 시작 지점에서 임의의 칸에 이르는 최
단경로 길이도 구할 수 있음을 알 수 있습니다.

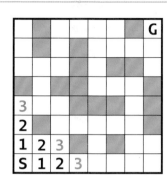

그림 2-67 너비 우선 탐색의 전체 동작

마지막으로 시작 지점에서 도착 지점까지 구체적인 최단경로를 구하는 방법을 설명하겠습니다. 그림 2-68의 오른쪽처럼 너비 우선 탐색으로 '칸 수를 적는 법'을 나타내는데, 어떤 칸의 값을 적은 후 바로 앞의 칸으로 화살표를 잇습니다. 예를 들어 도착 지점의 16이란 값은 바로 아래 칸(15라 적힌)에서 한 단계 이동할 수 있다는 의미가 됩니다. 따라서 도착 지점에서 바로 아래 칸으로 화살표를 긋습니다.

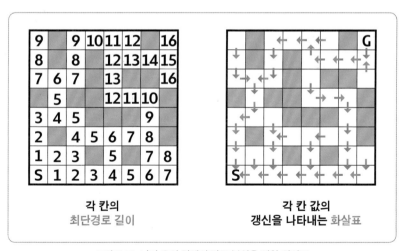

각 칸의 최단경로 길이

각 칸 값의 갱신을 나타내는 화살표

그림 2-68 너비 우선 탐색의 경로 복원을 위한 화살표

제 **2** 장

그래프 알고리즘

시작 지점에서 도착 지점까지 이르는 최단경로는 그림 2-69처럼 화살표를 따라가 얻습니다. 뿐만 아니라 시작 지점에서 임의의 칸에 도달하는 최단경로도 해당 칸에서 화살표를 따라가 얻게 됩니다. 이러한 방법으로 구체적인 최단경로를 구성하는 방법을 경로 복원이라 합니다.[17]

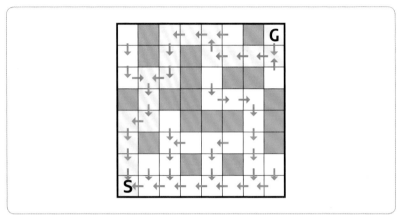

그림 2-69 너비 우선 탐색의 경로 복원

○ 미로 프로그램 적용

이러한 너비 우선 탐색법은 리스트 2-20처럼 적용합니다. 또 미로판에서 각 칸의 좌표를 그림 2-70과 같이 정하겠습니다. 왼쪽 맨 위의 칸을 (0, 0)이라 합니다. 리스트 2-19의 입력 데이터에서 시작 지점의 좌표는 (7, 0), 도착 지점의 좌표는 (0, 7)입니다.

---

17 그림 2-68의 오른쪽 그림이 시작 지점을 뿌리로 하는 루트 있는 트리(rooted tree)임을 눈치채신 분도 있겠죠. 이렇게 너비 우선 탐색을 실행해 얻게 되는 루트 있는 트리를 너비 우선 탐색 트리라 합니다.

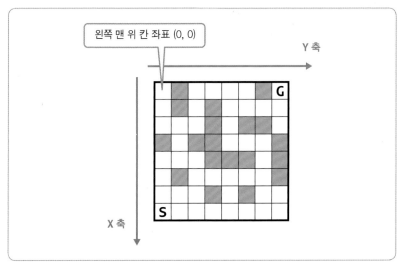

그림 2-70 좌표 정하기

리스트 2-20 미로 프로그램 적용(2_3_meiro_solver.cpp)

```
1  #include <iostream>
2  #include <vector>
3  #include <string>
4  #include <utility>
5  using namespace std;
6
7  // '좌표'를 나타내는 모양을 정숫값 쌍으로 정의한다
8  using Cor = pair<int, int>;
9
10 // 상하좌우로의 이동을 정의한다 (0: 아래, 1: 오른쪽, 2: 위, 3: 왼쪽)
11 const vector<Cor> DIR = {Cor(1, 0), Cor(0, 1), Cor(-1, 0), Cor(0, -1)};
12
13 // 확정되지 않음을 나타내는 값
14 const int NOTIN = -1;
15
16 // 미로 프로그램
17 // board: 미로 판. 칸 (x, y)의 정보는 board[x][y]로 얻는다
18 // start: 시작 지점 좌표, goal: 도착 지점 좌표
19 void solve(const vector<string>& board,
20            const Cor& start, const Cor& goal) {
21     // 판의 가로와 세로 사이즈
```

제
2
장

그
래
프
알
고
리
즘

163

```
22      int H = board.size(), W = board[0].size();
23
24      // nodes[k] := k와 적을 수 있는 칸의 집합
25      vector<vector<Cor>> nodes;
26
27       // dist[x][y] := 칸 (x, y)에 적을 수 있는 수의 값
28      vector<vector<int>> dist(H, vector<int>(W, NOTIN));
29
30      // arrow[x][y] := 칸 (x, y)를 시점으로 하는 화살표 종점 좌표
31      vector<vector<Cor>> arrow(H, vector<Cor>(W, Cor(NOTIN, NOTIN)));
32
33      // 시작 지점에 관한 정보로, 탐색 정보를 초기화한다
34      nodes.push_back(vector<Cor>(1, start));
35      dist[start.first][start.second] = 0;
36
37      // 너비 우선 탐색한다(새 nodes가 빈 상태가 될 때까지 실시한다)
38      while (!nodes.back().empty()) {
39          // 새 수의 값을 적을 수 있는 칸의 집합
40          const vector<Cor>& cur = nodes.back();
41
42          // 새 수의 값을 적은 칸에서 1단계 이동 가능한 칸을 구한다
43          vector<Cor> nex;
44          for (const Cor& cell : cur) {
45              // cell의 좌푯값
46              int x = cell.first, y = cell.second;
47
48              // cell의 상하좌우 칸을 순서대로 살펴본다
49              for (int direction = 0; direction < 4; ++direction) {
50                  int nex_x = x + DIR[direction].first;
51                  int nex_y = y + DIR[direction].second;
52
53                  // 새 칸이 판 밖에 있을 경우 건너�뛴다
54                  if (nex_x < 0 || nex_x >= H) continue;
55                  if (nex_y < 0 || nex_y >= W) continue;
56
57                  // 새 칸이 벽일 경우에도 건너뛴다
58                  if (board[nex_x][nex_y] == '#') continue;
59
60                  // 새 칸에 수의 값을 이미 적은 경우에도 건너뛴다
61                  if (dist[nex_x][nex_y] != NOTIN) continue;
62
```

```
63              // 새 칸에 수의 값을 적는다(칸 (x, y)보다 한 단계가 더 길다)
64              dist[nex_x][nex_y] = dist[x][y] + 1;
65              arrow[nex_x][nex_y] = Cor(x, y);
66              nex.push_back(Cor(nex_x, nex_y));
67          }
68      }
69
70          // 새 수의 값을 적은 칸을 nodes 말미에 추가한다
71          nodes.push_back(nex);
72      }
73
74      // 시작 지점에서 도착 지점으로 이동할 수 없는 경우 예외 처리한다
75      if (dist[goal.first][goal.second] == NOTIN) {
76          cout << "No Path" << endl;
77          return;
78      }
79
80      // 화살표를 따라감으로써 경로 복원을 시작한다
81      vector<string> res = board;   // 답을 출력하기 위한 판
82      int cur_x = goal.first, cur_y = goal.second;
83
84      // 시작 지점에서는 유일하게, 화살표를 그을 수 없음에 주의한다
85      while (arrow[cur_x][cur_y] != Cor(NOTIN, NOTIN)) {
86          // 최단경로의 통로를 'o'로 채운다
87          res[cur_x][cur_y] = 'o';
88
89          // 화살표를 따라간다
90          int nex_x = arrow[cur_x][cur_y].first;
91          int nex_y = arrow[cur_x][cur_y].second;
92          cur_x = nex_x, cur_y = nex_y;
93      }
94
95      // 최단경로를 출력한다
96      cout << "----- solution -----" << endl;
97      for (const string& str : res) cout << str << endl;
98      cout << "length = " << dist[goal.first][goal.second] << endl;
99  }
100
101 int main() {
102     // 입력
103     cout << "Maze Input: " << endl;
```

```
104     int H, W;   // 세로 길이, 가로 길이
105     cin >> H >> W;
106     vector<string> board(H);   // 판
107     for (int x = 0; x < H; ++x) cin >> board[x];
108
109     // 시작 지점과 도착 지점을 구한다
110     Cor start, goal;
111     for (int x = 0; x < H; ++x) {
112         for (int y = 0; y < W; ++y) {
113             if (board[x][y] == 'S')
114                 start = Cor(x, y);
115             else if (board[x][y] == 'G')
116                 goal = Cor(x, y);
117         }
118     }
119
120     // 미로를 푼다
121     solve(board, start, goal);
122 }
```

미로 프로그램에 리스트 2-19의 입력 데이터가 주어졌을 때 실행 결과는 다음과 같습
니다. 푸는 데 필요한 시간은 제 컴퓨터 환경에서 0.00042초였습니다. 미로의 너비 우
선 탐색에 필요한 계산 시간은 미로의 칸 수에 비례합니다. 또 미로의 입력 데이터에
따라 시작 칸에서 도착 칸으로 도달할 수 없는 경우도 있습니다. 그 경우 리스트 2-20
은 'No Path'를 출력합니다.

실행 결과

```
Maze Input:
8 8
.#....#G
.#.#....
...#.##.
#.##...#
...###.#
.#.....#
...#.#..
S.......
```

```
----- solution -----
.#ooo.#o
.#o#oooo
.oo#.##.
#o##...#
oo.###.#
o#.....#
o..#.#..
S.......
length = 16
```

제

2

장

그래프 알고리즘

Column

샘 로이드의 '해먹 퍼즐'

너비 우선 탐색과 관련된 퍼즐로 미국의 퍼즐 작가 샘 로이드(3-4절 칼럼 '퍼즐 거장 소개 2: 로이드' 참조)의 작품 '해먹 퍼즐'을 소개합니다. 그림 J와 같이 해먹의 X와 Y 사이를 절단하려 합니다. 단, 끈의 매듭은 자를 수 없고 매듭과 매듭 사이만 자를 수 있습니다. 끈을 자르는 횟수의 최솟값을 구하세요.

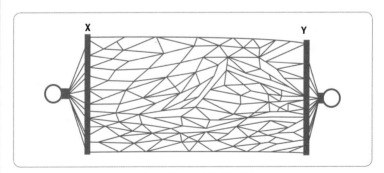

그림 J 샘 로이드의 '해먹 퍼즐'

우선 해먹에서 한 번 잘라 도달할 수 있는 영역에 '1'을 적습니다. 그리고 '1'이라 쓰인 영역에서 한 번 잘라 도달할 수 있는 영역에 '2'를 적습니다. 이러한 조작을 반복해 나가면 열두 번 잘라 아래까지 도달할 수 있습니다.

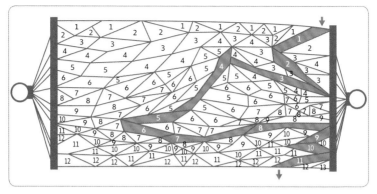

그림 K 샘 로이드의 '해먹 퍼즐' 해법

이 그림의 방법은 미로의 최단경로를 구하는 너비 우선 탐색 방식과 꽤 비슷합니다. 해먹 문제를 도로망이라 생각하면, 구한 값은 '지점 X와 지점 Y 사이의 수송망이 화재와 같은 재해에 어느 정도 견디는지'를 나타내는 지표로도 활용할 수 있습니다. 일반적으로 그래프에서 두 지점 사이를 절단하는 데 필요한 비용을 구하는 문제를 최소컷 문제(min-cut problem)라 합니다. 최소컷 문제는 그래프 알고리즘의 최첨단 분야에서도 활발히 연구 중입니다. 최소컷 문제에 관심 있다면 북가이드 [1], [4], [14] 등을 참조하세요.

그래프상의 너비 우선 탐색

여기까지 적용한 미로 프로그램을 더 범용적으로 사용할 수 있게 해봅시다. 이를 위해 '그래프상의 너비 우선 탐색'을 설명하겠습니다. 애초에 미로는 각 칸을 정점으로 하며 칸과 칸의 인접 관계를 간선으로 하는 그래프로 간주할 수 있습니다. 즉, 미로 프로그램은 뒤에서 설명할 '그래프상의 너비 우선 탐색'의 특수 케이스로 간주할 수 있습니다. 강 건너기나 기름 나누기 문제도 마찬가지로 '그래프상의 너비 우선 탐색'의 특수 케이스인 셈입니다.

그래프 탐색의 일반론
우선 너비 우선 탐색에 국한하지 않고 그래프 탐색의 일반론을 설명하겠습니다. 일반론을 이해하면 깊이 우선 탐색과 너비 우선 탐색의 차이를 알고 너비 우선 탐색을 더 깊게 적용하게 됩니다.

그래프 탐색은 인터넷 서핑 중인 상황을 떠올리면 쉽게 이해됩니다. 일례로 그림 2-71 의 그래프가 웹페이지의 링크 관계를 나타낸다고 해봅시다. 정점 0을 처음에 연 페이지(홈페이지)라 하죠.

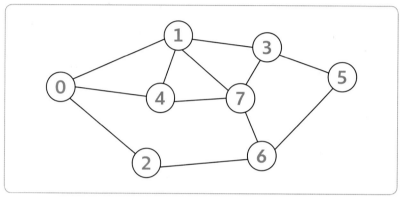

그림 2-71 인터넷 서핑을 모델로 하는 그래프

먼저 정점 0에 대응하는 웹페이지를 대강 읽습니다. 정점 0에서 이동 가능한 링크는 정점 1, 4, 2로 세 개입니다. 이 세 후보를 '나중에 읽는다'는 의미를 담아 todo 리스트에 넣습니다. 그림 2-72가 그러한 상태를 나타냅니다. 이미 읽은 정점 0을 주황색으로, todo 리스트에 들어간 정점 1, 4, 2를 노란색으로 나타냅니다. 그리고 todo 리스트를 오픈 리스트(open list)라 합니다.[18]

---

[18] 한편 탐색을 끝낸 정점으로 이루어진 집합을 클로즈 리스트(closed list)라 합니다. 그림 2-72~75에선 오픈 리스트의 정점은 노란색, 클로즈 리스트의 정점은 주황색, 기타 정점은 흰색으로 나타냅니다.

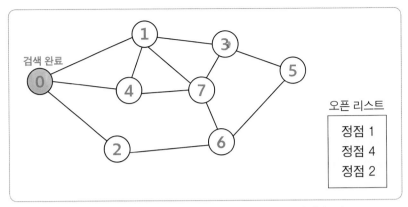

그림 2-72 정점 0을 읽은 후 정점 1, 4, 2를 오픈 리스트에 추가한 모습

다음 단계에선 오픈 리스트의 정점 중 정점 1을 먼저 꺼내고, 정점 1에 대응하는 웹페이지를 읽습니다. 정점 2, 4는 보류합니다. 정점 1을 모두 읽으면 정점 1에서 이동 가능한 링크인 정점 3, 7을 새로 오픈 리스트에 넣습니다.

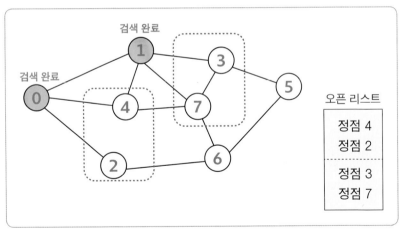

그림 2-73 정점 1을 읽은 후 새로 정점 3, 7을 오픈 리스트에 추가한 모습

오픈 리스트에서 어떤 정점을 꺼낸 후 해당 정점에 대응하는 웹페이지를 읽고, 그 정점에서 이동 가능한 정점을 새로 오픈 리스트에 넣습니다. 이 동작을 반복해 나가면 최종적으로 모든 정점의 검색을 마치게 됩니다. 위와 같은 그래프 탐색을 리스트 2-21

처럼 적용합니다. 이때 다음을 지정합니다.

- 그래프의 정점을 나타내는 클래스 Node
- 그래프를 나타내는 클래스 Graph

Graph형 변수 G, Node형 변수 v에 대한 G[v]는 정점 v에서 한 단계 이동 가능한 정점의 집합을 나타냅니다. 또 오픈 리스트 todo가 적절하게 지정됐다고 합시다.

리스트 2-21 그래프 탐색 적용

```cpp
#include <set>
using namespace std;

// 그래프 G에서 정점 start를 시작점으로 검색한다
void graph_search(const Graph& G, const Node& start) {
    // 각 정점을 발견했는지 여부를 나타내는 변수
    set<Node> seen;
    seen.insert(start);   // 발견을 마친 시작점을 찾는다

    // 오픈 리스트 todo에 정점 start를 삽입한다
    todo.push(start);

    // 오픈 리스트가 빈 상태가 될 때까지 검색한다
    while (!todo.empty()) {
        // 오픈 리스트에서 정점을 꺼낸다
        Node v = todo.pop();

        // 정점 v에서 이동 가능한 정점을 모두 조사한다
        for (Node next_v : G[v]) {
            // 이미 발견한 정점은 건너뛴다
            if (seen.count(next_v)) continue;

            // 새 정점을 탐색 완료하고, 오픈 리스트에 삽입한다
            seen.insert(next_v);
            todo.push(next_v);
        }
    }
}
```

제2장 그래프 알고리즘

171

○ 오픈 리스트 구조 정하기

리스트 2-21의 그래프 탐색에서 동작이 아직 정해지지 않은 곳이 있는데, 오픈 리스트에서 어떤 정점부터 꺼낼지 정하지 못한 것입니다. 오픈 리스트 구현 방법을 바꿈으로써 다양한 그래프 탐색 알고리즘을 구현할 수 있습니다. 앞의 그래프에서 정점 1의 읽기를 마친 상태(그림 2-73)를 다시 생각해봅시다.

정점 1의 읽기를 마친 단계에서 오픈 리스트에는 정점 4, 2, 3, 7이 들어 있습니다. 정점 4, 2는 맨 처음 정점 0의 읽기를 마친 후 삽입했고, 정점 3, 7은 정점 1의 읽기를 마친 후 삽입했습니다. 그래프 탐색 방침에 따라 네 개의 정점 중 어떤 정점을 먼저 꺼낼지가 정해집니다.

너비 우선 탐색에선 오픈 리스트에 최초로 삽입한 정점을 먼저 꺼내 나갑니다. 그림 2-73을 예로 들면 뒤에 넣은 정점(3이나 7)보다 앞에 넣은 정점(4나 2)을 먼저 꺼냅니다. '오픈 리스트에 먼저 삽입한 것을 먼저 꺼낸다'는 사고방식은 FIFO(first-in first-out)라 합니다. 그리고 FIFO 사고방식에 기초해 구현한 자료 구조를 큐(queue)라 합니다. 즉, 너비 우선 탐색은 리스트 2-21의 그래프 탐색에서 오픈 리스트를 큐로 만들어 구현할 수 있습니다.

Column

스택과 큐 Part 2

오픈 리스트의 구현 방법에 따라 리스트 2-21의 그래프 탐색 방법이 어떻게 변하는지 더 알아봅시다.

오픈 리스트를 **스택**으로 만들면 리스트 2-21은 깊이 우선 탐색이 됩니다. 스택은 '마지막에 삽입한 것을 먼저 꺼낸다'는 LIFO(last-in first-out) 동작을 구현하는 자료 구조입니다. 그림 2-73을 예로 들면 처음에 꺼낸 정점(4나 2)보다 마지막에 꺼낸 정점(3이나 7)을 더 먼저 꺼냅니다. 마지막에 읽은 웹페이지에서 이동 가능한 링크를 그 상태로 마저 읽어 나간다는, 저돌적인 깊이 우선 탐색의 동작은 그 자체로 스택의 개념을 나타냅니다.

오픈 리스트를 큐로 만들면 앞서 설명했듯 리스트 2-21은 너비 우선 탐색이 됩니다. 맨 처음 읽은 웹페이지에서 이동 가능한 링크를 일단 모두 읽은 후, 더 깊은 링크를 읽어 나 간다는 너비 우선 탐색의 동작은 그 자체로 큐의 개념을 나타냅니다.

깊이 우선 탐색과 너비 우선 탐색 방법에서 탐색하는 순서 차이는 그림 L과 같습니다. 정 점의 탐색 순서를 파란색으로 표시했습니다. 단, 동일 정점에 인접한 정점의 탐색 결과가 다소 임의적임을 유의하세요.

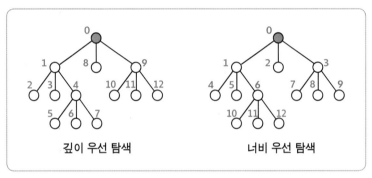

그림 L 깊이 우선 탐색과 너비 우선 탐색 방법의 탐색 순서 비교

위와 같이 깊이 우선 탐색과 너비 우선 탐색이 모두 공통 그래프 탐색(리스트 2-21)을 베 이스로 구현함을 알게 됐습니다. 단, 깊이 우선 탐색은 스도쿠 프로그램이나 복면산 프 로그램에서도 살펴봤듯, 재귀 함수를 활용하면 간단하게 적용할 수 있습니다. 또 리스트 2-21의 그래프 탐색에서 오픈 리스트를 우선순위 큐(priority queue)로 적절히 만들면 다익스트라 알고리즘이나 A*법 같은 고급 알고리즘도 도출할 수 있습니다. 관심이 있다 면 북가이드 [22] 등을 참조하세요.

● 그래프상의 너비 우선 탐색 더 알아보기

마지막으로, 너비 우선 탐색을 더 알아봅시다. 너비 우선 탐색은 검색 시점에서 각 정 점까지 최단경로를 구하는 알고리즘이라고도 할 수 있습니다.

우선 '그래프상의 너비 우선 탐색'을 다시 리스트 2-22처럼 적용합니다. 큐는 C++에는 표준 라이브러리 std::queue형이 존재하므로 이를 활용합니다. 그리고 변수 dist는 리

제 2 장

그 래 프 알 고 리 즘

스트 2-21에서 변수 seen의 역할(정점 탐색을 마쳤는지 여부를 판정)을 하면서, 검색 시점에서 각 정점까지 최단경로 길이도 나타냅니다. 이는 미로 프로그램에서 '각 칸에 써넣을 수 있는 수의 값'에 대응합니다. 또 미로 프로그램에서 경로 복원에 활용한 변수 arrow(각 칸에서 뻗어져 나가는 '화살표')도 추가합니다. 리스트 2-22는 최종적으로 미로 프로그램과 상당히 비슷하게 적용했음을 알 수 있습니다.

리스트 2-22 그래프상의 너비 우선 탐색 적용

```
1  #include <map>
2  #include <queue>
3  using namespace std;
4
5  // 그래프 G에서 정점 start를 시작점으로 검색한다
6  void bfs(const Graph& G, const Node& start) {
7      // dist: 검색 시점 start에서 각 정점의 최단경로
8      map<Node, int> dist;
9      dist[start] = 0;
10
11     // arrow: 경로 복원을 위한 변수
12     map<Node, Node> arrow;
13
14     // 오픈 리스트 todo에 정점 start를 삽입한다
15     queue<Node> todo;
16     todo.push(start);
17
18     // 오픈 리스트가 빈 상태가 될 때까지 검색한다
19     while (!todo.empty()) {
20         // 오픈 리스트에서 정점을 꺼낸다
21         Node v = todo.front();
22         todo.pop();
23
24         // 정점 v에서 이동 가능한 정점을 모두 조사한다
25         for (Node next_v : G[v]) {
26             // 이미 발견한 정점은 건너뛴다
27             if (dist.count(next_v)) continue;
28
29             // 새 정점을 탐색 완료하고, 오픈 리스트에 삽입한다
30             dist[next_v] = dist[v] + 1;
31             arrow[next_v] = v;
```

```
32              todo.push(next_v);
33          }
34      }
35  }
```

그림 2-71의 그래프를 예로 들어 리스트 2-22의 상세 동작을 살펴봅시다. 그림 2-74입니다.

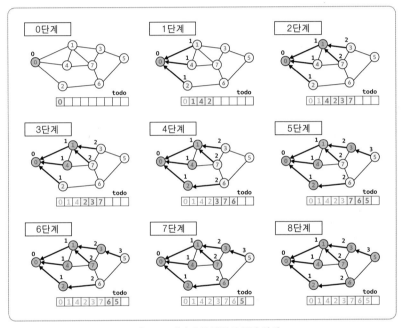

그림 2-74 너비 우선 탐색의 동작 상세

각 단계의 동작은 아래와 같습니다.

- 0단계: 검색 시점이 되는 정점 0을 큐에 삽입한다.
- 1단계: 큐에서 정점 0을 꺼내 탐색을 완료한다. 그다음 정점 0에 인접한 정점 1, 4, 2를 큐에 삽입한다. 이때 정점 1, 4, 2의 dist 값은 각각 1, arrow 값은 각각 0이 된다.
- 2단계: 큐에서 정점 1을 꺼내 탐색을 완료한다. 그다음 정점 1에 인접한 정점 중 먼저 보이는 정점 3, 7을 큐에 삽입한다. 이때 정점 3, 7의 dist 값은 각각 2, arrow 값은 각각 1이 된다.

175

- 3단계: 큐에서 정점 4를 꺼내 탐색을 완료한다. 이때 정점 4에 인접한 처음 보이는 정점이 없으므로 새로 큐에 삽입할 정점이 없다.
- 4단계: 큐에서 정점 2를 꺼내 탐색을 완료한다. 그다음 정점 2에 인접한 정점 6을 큐에 삽입한다. 이때 정점 6의 dist 값은 2, arrow 값은 2가 된다.
- 5단계: 큐에서 정점 3을 꺼내 탐색을 완료한다. 그다음 정점 3에 인접한 정점 5를 큐에 삽입한다. 이때 정점 5의 dist 값은 3, arrow 값은 3이 된다.
- 6단계: 큐에서 정점 7을 꺼내 탐색을 완료한다.
- 7단계: 큐에서 정점 6을 꺼내 탐색을 완료한다.
- 8단계: 큐에서 정점 5를 꺼내 탐색을 완료한다. 이때 큐가 비게 되므로 그래프 탐색을 종료한다.

그림 2-75는 dist 값에 따라 각 정점을 분류한 모습입니다. 너비 우선 탐색은 검색 시점에서 출발해 먼저 dist 값이 1인 정점을 모두 탐색합니다. 이를 마치면 dist 값이 2인 정점을 모두 탐색하고, 이를 마치면 dist 값이 3인 정점을 탐색합니다.

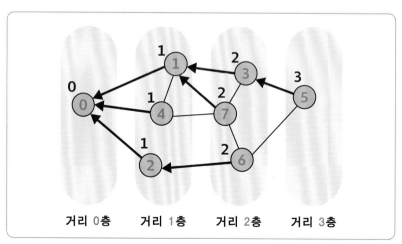

그림 2-75 너비 우선 탐색에 따라 구한 dist 값

○ 너비 우선 탐색의 계산 시간
마지막으로, 너비 우선 탐색에 필요한 계산 시간을 설명하겠습니다. 대부분의 경우,

너비 우선 탐색의 계산 시간은 그래프의 정점 수에 비례한다고 생각해도 무방합니다. 즉, 생각할 수 있는 상태를 모두 열거해 살펴보는 작업과 계산 시간이 동일합니다.[19]

기름 나누기 문제 응용

앞에서 범용적인 '그래프상의 너비 우선 탐색'을 구현했으니 이를 기름 나누기 문제에 응용해봅시다.

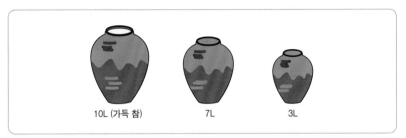

10L (가득 참)   7L   3L

그림 2-76 기름 나누기

이번에는 다음과 같이 좀 더 일반적인 설정을 하여 문제를 풀어봅시다.

- 세 항아리 용량을 cap[0], cap[1], cap[2]로 한다.
- 초기 상태에선 각 항아리에 기름이 start[0], start[1], start[2]만큼 들어 있다.
- 각 항아리에 기름이 goal[0], goal[1], goal[2]만큼 들어 있는 상태로 만들고자 한다.

기름 나누기 문제를 '각 항아리에 들어 있는 기름 양'을 정점으로 하는 그래프상의 탐색 문제로 볼 수 있습니다. 따라서 기름 나누기 프로그램은 리스트 2-23처럼 적용합니다.

---

[19] 엄밀하게는 그래프의 정점 수를 V, 변의 수를 E라 할 때 너비 우선 탐색의 시간 복잡도는 O(V+E)입니다. 엉성한 그래프임(E=O(V))을 가정하면 너비 우선 탐색의 시간 복잡도는 O(V)가 됩니다. 또 리스트 2-22에선 변수 dist에 std::map형을 활용했습니다. 이 경우, 엉성한 그래프상의 너비 우선 탐색 시간 복잡도는 O(V log V)가 됩니다.

리스트 2-23 **기름 나누기 프로그램**(2_3_oil_solver.cpp)

```
1  #include <iostream>
2  #include <vector>
3  #include <map>
4  #include <queue>
5  #include <algorithm>
6  using namespace std;
7
8  // 각 항아리의 기름 양을 정점으로 한다
9  using Node = vector<int>;
10
11 // 기름 나누기 프로그램
12 void solve(const Node& cap, const Node& start, const Node& goal) {
13     // dist: 검색 시점 start에서 각 정점의 최단경로
14     map<Node, int> dist;
15     dist[start] = 0;
16
17     // arrow: 경로 복원을 위한 변수
18     map<Node, Node> arrow;
19
20     // 오픈 리스트 todo에 정점 start를 삽입한다
21     queue<Node> todo;
22     todo.push(start);
23
24     // 오픈 리스트가 빈 상태가 될 때까지 검색한다
25     while (!todo.empty()) {
26         // 오픈 리스트에서 정점을 꺼낸다
27         Node cur = todo.front();
28         todo.pop();
29
30         // 기름 나누는 법을 모두 조사한다(항아리 from에서 항아리 to로)
31         for (int from = 0; from < 3; ++from) {
32             for (int to = 0; to < 3; ++to) {
33                 if (from == to) continue;
34
35                 // 옮겨 담은 후의 상태를 구한다
36                 Node nex = cur;
37                 if (nex[to] + nex[from] <= cap[to]) {
38                     // 항아리 from의 기름을 모두 옮겨도 넘치지 않을 경우
39                     nex[to] += nex[from];
```

```
40                     nex[from] = 0;
41                 } else {
42                     // 넘칠 경우
43                     nex[from] = nex[from] + nex[to] - cap[to];
44                     nex[to] = cap[to];
45                 }
46
47                 // 이미 발견한 정점은 건너뛴다
48                 if (dist.count(nex)) continue;
49
50                 // 새 정점의 검색을 마친 후, 오픈 리스트에 삽입한다
51                 dist[nex] = dist[cur] + 1;
52                 arrow[nex] = cur;
53                 todo.push(nex);
54             }
55         }
56     }
57
58     // 불가능할 경우
59     if (!dist.count(goal)) {
60         cout << "Impossible" << endl;
61         return;
62     }
63
64     // 경로를 복원한다
65     vector<Node> res;
66     Node cur = goal;
67     while (arrow.count(cur)) {
68         res.push_back(cur);
69         cur = arrow[cur];
70     }
71     res.push_back(cur);
72
73     // 출력
74     reverse(res.begin(), res.end());   // 반전한다
75     for (int i = 0; i < res.size(); ++i) {
76         cout << i << " th: ";
77         for (int val : res[i]) cout << val << " ";
78         cout << endl;
79     }
80 }
```

```
81
82  int main() {
83      // 각 항아리의 용량을 입력한다
84      cout << "Cap: ";
85      Node cap(3);
86      for (int& val : cap) cin >> val;
87
88      // 각 항아리에 맨 처음 들어 있는 기름 양을 입력한다
89      cout << "Start: ";
90      Node start(3);
91      for (int& val : start) cin >> val;
92
93      // 각 항아리에 원하는 기름 양을 입력한다
94      cout << "Goal: ";
95      Node goal(3);
96      for (int& val : goal) cin >> val;
97
98      // 기름 나누기를 푼다
99      solve(cap, start, goal);
100 }
```

여기서 기름 나누기 프로그램 실행에 필요한 계산 시간을 측정해봅시다. 그래프의 정점 수, 즉 '각 항아리에 들어 있는 기름 양의 쌍'으로 간주할 수 있는 경우의 수를 생각해봅시다. 기름의 총량을 S=start[0], start[1], start[2]라 할 때 이를 세 항아리에 나누는 방법의 가짓수를 구합니다. 중복조합(multi-choose) 개념으로 계산 가능합니다.[20] 자세한 내용은 생략하지만, 다음 식으로 구할 수 있습니다.

$$_3H_S = {}_{S+2}C_2 = \frac{1}{2}\,(S+2)\,(S+1)$$

즉, 기름 나누기 프로그램을 실행하는 데는 대략 S^2에 비례한 시간이 걸립니다.[21] 그림 2-76 예제의 경우 기름 총량이 10L이므로 가능한 가짓수를 100개 정도로 어림잡습니다. 이는 너비 우선 탐색으로 쉽게 분석할 수 있는 가짓수입니다.

---

20 중복조합은 고등학교 1학년 수학, 선택과목 '확률과 통계'에서 배우는 내용이기도 합니다.
21 3-3절의 칼럼 '알고리즘의 시간 복잡도'에서 소개한 계산량 기호를 활용하면 기름 나누기 프로그램의 시간 복잡도는 $O(S^2)$입니다.

그러면 구체적인 입력 데이터를 기름 나누기 프로그램에 입력합니다.

- 세 항아리 용량: cap = {10, 7, 3}
- 초기 상태의 기름 양: start = {10, 0, 0}
- 원하는 기름 양: goal = {5, 5, 0}

그 결과는 표 2-7과 같습니다. 최소 단계가 9단계임을 알 수 있습니다. 푸는 데 필요한 시간은 제 컴퓨터 환경에서 0.00073초였습니다.

표 2-7 기름 나누기 예제의 최소 단계 수

	0단계	1단계	2단계	3단계	4단계	5단계	6단계	7단계	8단계	9단계
10L 항아리	10	3	3	6	6	9	9	2	2	5
7L 항아리	0	7	4	4	1	1	0	7	5	5
3L 항아리	0	0	3	0	3	0	1	1	3	0

정리

이 절에서 적용한 미로 프로그램의 요점을 복습해봅시다. 미로 프로그램은 '시작 지점에서 가까운 곳부터 순서대로 탐색'하는 너비 우선 탐색으로 구현할 수 있었습니다. 그리고 일반적인 그래프상의 너비 우선 탐색을 생각하면서 범용적인 미로 프로그램을 적용했습니다. 이 프로그램은 미로뿐만 아니라 강 건너기나 기름 나누기 등 여러 퍼즐에도 적용 가능합니다.

🧩 퍼즐 정답

'선교사와 식인종' 문제의 정답 예시입니다.

이쪽 강	반대편 강
선, 선, 선, 식, 식, 식	
선, 선, 선, 식	식, 식
선, 선, 선, 식, 식	식
선, 선, 선	식, 식, 식
선, 선, 선, 식	식, 식
선, 식	선, 선, 식, 식
선, 선, 식, 식	선, 식
식, 식	선, 선, 선, 식
식, 식, 식	선, 선, 선
식	선, 선, 선, 식, 식
식, 식	선, 선, 선, 식
	선, 선, 선, 식, 식, 식

그림 2-77 '선교사와 식인종' 문제의 정답 예시

더 알아보기

바둑돌 줍기

앞에서 본 대로, 미로 프로그램은 강 건너기나 기름 나누기 문제에도 적용할 수 있습니다. 이 기세로 바둑돌 줍기(goishi hiroi)에도 도전해봅시다. 바둑돌 줍기는 그림 2-78과 같이 격자 위에 배치된 바둑돌 몇 개(○)를 순서대로 줍는 퍼즐입니다.

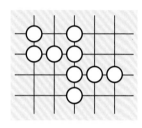

그림 2-78 바둑돌 줍기 예제

바둑돌 줍기 규칙

1. 어떤 바둑돌(○) 위치에서 시작해 가로선이나 세로선을 지나 바둑돌을 주워 나 간다.
2. 이동한 곳에 바둑돌이 없으면 그대로 직진한다.
3. 이동한 곳에 바둑돌이 있으면 그 바둑돌을 반드시 주워야 한다.
4. 바둑돌을 주운 시점에서 이동 방향을 바꿀 수는 있지만, 방금 지나온 방향으로 되돌아갈 수는 없다.
5. 한번 주운 바둑돌은 없어지므로, 바둑돌이 있던 자리를 다시 통과하더라도 거 기서 방향을 회전할 수는 없다.

그림 2-79에 나타낸 순서를 따라 그림 2-78의 바둑돌을 모두 주울 수 있습니다.

제 2 장

그래프 알고리즘

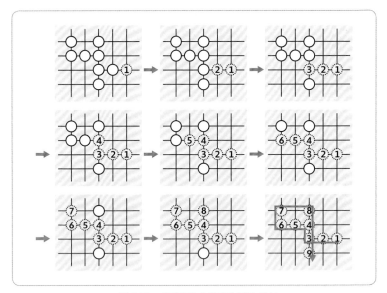

그림 2-79 바둑돌 줍기 예제의 정답 예시

바둑돌 줍기는 인쇄물 등에서 흔히 볼 수 있지만, 실은 역사가 무척이나 오래됐습니다. 기름 나누기처럼 와산(和算)의 하나로 에도 시대부터 이용됐습니다. 그림 2-80에 제시한 몇 가지 바둑돌 줍기 문제는 모두 예전부터 잘 알려진 문제입니다.

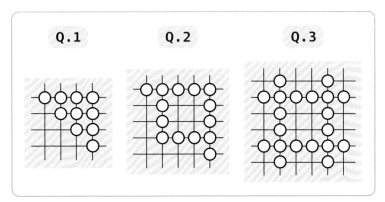

그림 2-80 바둑돌 줍기 문제

제
2
장

그
래
프
알
고
리
즘

바둑돌 줍기 프로그램

미로나 기름 나누기 문제처럼, 바둑돌 줍기에도 '그래프상의 너비 우선 탐색'을 적용할 수 있지만 그래프를 만드는 방법이 조금 어려울 수 있습니다. 바로 떠오르는 것은 바둑알을 정점으로 하고 가로세로에 늘어놓은 바둑돌 사이에 간선을 그리는 그래프겠지만, 이 방법은 잘 사용하지 않습니다. 본래 바둑돌 줍기에선 어느 시점에서 바둑돌을 주운 후 이동할 방법을 정하면, 다음에 줍게 될 바둑돌이 정해집니다. 하지만 이때 '어떤 바둑돌이 판 위에 남았는지'를 모르면 다음에 줍게 될 바둑돌을 특정할 수 없습니다. 아래 세 값을 정점으로 하는 그래프를 생각해봅시다.

---

1. 판 위에 남아 있는 바둑돌 집합
2. 마지막에 주운 바둑돌
3. 마지막에 주운 바둑돌을 어떤 방향에서 주웠는지

이 그래프에서 너비 우선 탐색을 구현해 바둑돌 줍기를 풀 수 있습니다. 단, 바둑돌 개수가 많아지면 그래프 정점 수가 폭발적으로 늘어난다는 점에 유의합시다(1-3절 칼럼 '조합 폭발' 참조). 초기 판의 바둑돌 개수를 N이라 하고 정점 수를 가늠하면 다음과 같습니다.

- 첫째, '판 위에 남아 있는 바둑돌 집합'을 생각할 수 있는 가짓수는 2^N
- 둘째, '마지막에 주운 바둑돌'을 생각할 수 있는 가짓수는 N
- 셋째, '마지막에 주운 바둑돌을 어떤 방향에서 주웠는지'를 생각할 수 있는 가짓수는 4

따라서 그래프의 정점 수는 기껏해야 $2^N \times N \times 4 = 2^{N+2} \times N$개입니다. 일반 가정용 컴퓨터를 활용할 경우, 너비 우선 탐색으로 $N \leq 25$개 정도까지 충분히 빠르게 풀 수 있을 겁니다.

● 외판원 순회 문제

바둑돌 줍기와 관련된 문제로 외판원 순회 문제(traveling salesman problem, TSP)가 있습니다.

외판원 순회 문제

주어진 몇 개 도시를 한 번씩 방문한 후 출발한 도시로 돌아온다고 해봅시다. 도시의 방문 순서를 궁리해 이동거리를 최소로 만드세요.

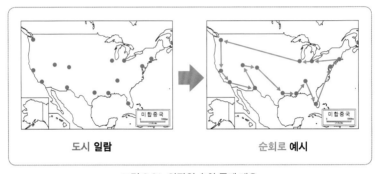

도시 **일람**   순회로 **예시**

그림 2-81 외판원 순회 문제 개요

바둑돌 줍기와 외판원 순회 문제는 모두 일의 순서를 정하는 문제라는 공통점이 있습니다. 실제로 바둑돌 줍기 그래프를 구성한 방식은 외판원 순회 문제를 풀 때에도 유효합니다. 구체적으로 다음 값의 쌍을 정점으로 하는 그래프를 생각할 수 있습니다.

- 아직 방문하지 않은 도시 집합
- 마지막에 방문한 도시

이 그래프의 동적 계산법(3-3절 참조)에 따라, 외판원 순회 문제에서 도시 수가 25개라면 충분히 빠르게 풀 수 있습니다(Held & Karp법). 이 해법에 관심이 있다면 북가이드 [10] 등을 참조하세요.[22] 단, 이 해법도 조합 폭발을 일으킬 가능성이 있습니다.

외판원 순회 문제는 다양하게 응용 가능한 중요한 문제입니다. 그래서 조금이라도 더 효

---

22 북가이드 [10]에서는 Held & Karp 법을 응용한 기법을 일반적으로 '비트 DP'라 부릅니다.

율적으로 푸는 방법이 다수 고안됐습니다. 이에 관심이 있다면 북가이드 [13], [21] 등을 참조하세요.

◉ 정답

바둑돌 줍기 문제(Q.1~Q.3)의 정답 예시를 공개합니다. 유일해가 아니므로 다른 해도 존재합니다.

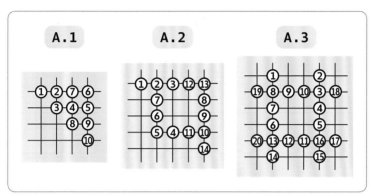

그림 2-82 바둑돌 줍기 문제의 정답 예시

제 2 장

그래프 알고리즘

제 **3** 장

심화 알고리즘

2장에서는 대표적인 그래프 탐색 알고리즘인 깊이 우선
탐색과 너비 우선 탐색을 설명했습니다.
3장에서는 이러한 탐색법을 기반으로 심화 알고리즘이
필요한 퍼즐을 풀어봅니다.

15퍼즐: 반복적 깊이 증가 A*

15퍼즐

15퍼즐(15 puzzle)이란 타일을 움직여 순서를 맞추는 슬라이딩 퍼즐(sliding puzzle)의 한 종류입니다. 1870년대에 만들어져 100여 년이 지난 오늘날까지 전 세계에서 애용되는 퍼즐입니다.

1	2	3	4
5	6	7	8
9	10	11	12
13	14	15	

그림 3-1 15퍼즐

15퍼즐의 목적은 각 타일이 무작위로 흩어진 상태(초기 배치)에서 타일을 빈칸으로 슬라이딩해 최종적으로 '1'부터 '15'까지 순서대로 배치하는(목표 배치) 것입니다.

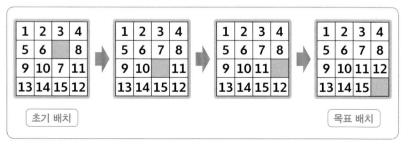

그림 3-2 15퍼즐의 문제 예시와 정답

이번에는 15퍼즐이 초기 상태로 주어질 때 목표 배치를 만드는 최단방법을 구하는 프로그램을 적용합니다. 타일 한 조각을 빈칸으로 슬라이딩하는 조작을 한 단계로 셉니다. 예를 들어 그림 3-2의 초기 배치는 최소 세 단계를 거쳐 목표 배치로 만들 수 있습니다.

초기 배치에 따라서는 목표 배치를 만들 수 없는 경우도 있습니다(칼럼 '샘 로이드의 14-15퍼즐' 참조). 하지만 풀 수 있는 초기 배치에서는 목표 배치를 80단계 이내로 만들 수 있고, 목표 배치를 만드는 데 최소 80단계가 필요한 초기 배치가 17가지 존재합니다. 그중 하나가 그림 3-3입니다. 17가지 배치에 관심이 있다면 루빅스 큐브의 효율적 해법을 고안한 헤르베르트 코침바(Herbert Kociemba)의 해설 페이지를 참조하세요.

- 15-Puzzle Optimal Solver

  http://kociemba.org/themen/fifteen/fifteensolver.html

그림 3-3 목표 배치를 만드는 데 최소 80단계가 필요한 초기 배치 예시

Column

샘 로이드의 '14-15퍼즐'

15퍼즐을 전 세계에 유행시킨 건 미국의 퍼즐 작가 샘 로이드((Sam Loyd, 1841~1911)의 '14-15퍼즐'입니다. 그림 A처럼 '14'와 '15' 타일이 서로 뒤바뀐 상태(초기 배치)에서 바르게 정렬하는(목표 배치) 퍼즐입니다.

제 3 장

심화 알고리즘

1	2	3	4
5	6	7	8
9	10	11	12
13	15	14	

그림 A 샘 로이드의 '14-15퍼즐'

로이드는 이 문제를 신문 칼럼에 게재하고 '14'와 '15'를 바르게 정렬하면 1,000달러 상금을 주겠다고 선언했습니다. 많은 사람들이 열광하며 도전했지만 아무도 상금을 받지 못했습니다. 뒤바뀐 '14'와 '15'를 바르게 정렬하기는 실제로 불가능합니다. 이 사실을 알고 있던 로이드는 이 퍼즐이 선풍적 인기를 얻는 데 한몫했다고 한 바 있습니다. 또 15퍼즐의 초기 배치로 생각할 수 있는 $16! = 20,922,789,888,000$가지 배치 중 정렬 가능한 배치는 딱 절반인 $10,461,394,944,000$가지이고 나머지 절반은 정렬이 불가능함도 알고 있었습니다.

일반적으로 주어진 초기 배치가 정렬 가능한지 여부를 판정하는 간단한 방법을 소개하겠습니다. 우선 그림 B에 나타낸 순서를 따라, 15퍼즐의 배치를 '1부터 15까지 정수 순열'에 대응시킵니다. 다른 배치가 동일한 순열에 대응하는 경우도 있습니다.

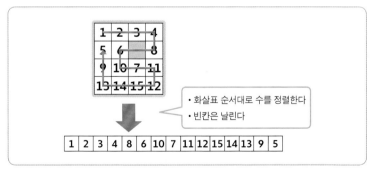

- 화살표 순서대로 수를 정렬한다
- 빈칸은 날린다

그림 B 15 초기 배치가 정렬 가능한지 여부를 판정하는 순열 작성법

다음으로 이 순열의 반전 수(inversion number)를 계산합니다. 반전 수란 순열에서 크기

가 뒤바뀐 두 수의 쌍입니다. 그림 C처럼, 순열에서 자신의 오른쪽에 있는 정수 중에서 자신보다 더 작은 정수의 개수를 모두 더한 총합으로 구합니다.

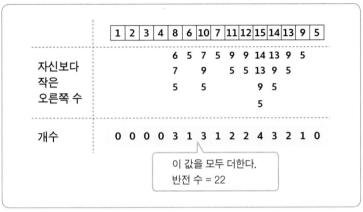

그림 C 순열 반전 수의 계산 방법

사실 15퍼즐의 배치에서 어떤 슬라이딩을 하여 조작하든, 대응하는 순열의 반전 수 홀짝은 불변합니다. 여기서 '목표 배치'와 '14와 15를 바꾼 배치'에 대응하는 순열의 반전 수를 각각 계산하면 다음과 같습니다.

- '목표 배치'에 대응하는 순열 반전 수: 22(짝수)
- '14와 15를 바꾼 배치'에 대응하는 순열의 반전 수: 21(홀수)

즉, '14와 15를 바꾼 배치'에서 어떻게 슬라이드를 조작하든 반전 수가 항상 홀수이므로 반전 수가 짝수인 '목표 배치'를 만들 수 없습니다. 일반적으로 15퍼즐 배치의 정렬 가능 여부는 다음과 같이 판정합니다.[1]

> **15퍼즐 배치가 정렬 가능한지 여부의 판정법**
> - 대응하는 순열의 반전 수가 짝수인 배치는 정렬 가능하다.
> - 대응하는 순열의 반전 수가 홀수인 배치는 정렬 불가능하다.

---

1 이 주장을 하기 위해서는 대응하는 순열의 반전 수가 짝수인 배치는 반드시 정렬 가능함도 나타낼 필요가 있습니다.

직접 풀어보기

15퍼즐의 감을 잡고자 몇 단계로 풀든 상관없이 바르게 정렬하는 방법을 생각해봅시다.[2]

● 윗단을 정렬한다

15퍼즐을 풀려면 우선 윗단부터 바르게 정렬해야 합니다.

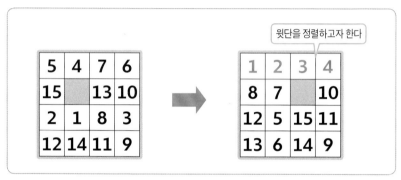

그림 3-4 15퍼즐에서 윗단을 정렬한 상태

15퍼즐에 익숙하지 않으면 윗단이 그림 3-5와 같이 정렬되곤 합니다. '1, 2, 3' 다일까지 바르게 정렬했지만 4의 자리에 다른 정수가 들어 있습니다.

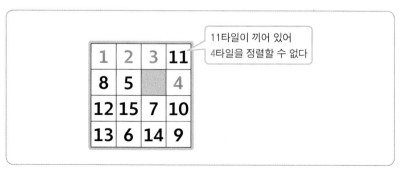

그림 3-5 15퍼즐에서 윗단 정렬에 실패한 상태

---

2 브라우저에서 15퍼즐을 즐길 수 있는 사이트가 있습니다. 예를 들어 오키토 님이 운영하는 사이트 'ゲームのつぼ'
  의 15퍼즐 코너입니다. https://www.afsgames.com/15puzzle.htm

이때 그림 3-6처럼 윗단이 '1, 2, 3'이 아닌 '1, 2, 4'로 정렬됐다고 해봅시다. 또 '4' 바로 아래에 '3'이 오도록 합니다.

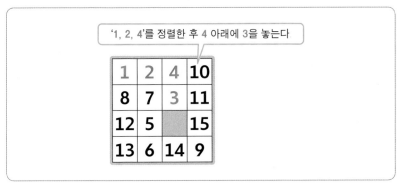

그림 3-6 15퍼즐에서 윗단 정렬 기법

그다음 오른쪽 위가 빈칸이 되도록 슬라이딩한 다음 윗단을 정렬합니다.

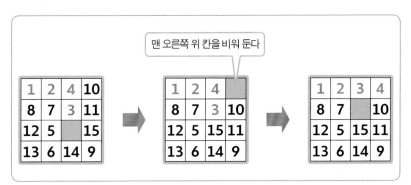

그림 3-7 윗단 정렬하기

● 마지막 2×4판에서 왼쪽 열을 정렬한다

윗단 정렬을 마치면, 두 번째 단계도 마찬가지로 정렬해봅시다. 그러면 2×4판의 배치를 정렬하는 문제로 귀착합니다.

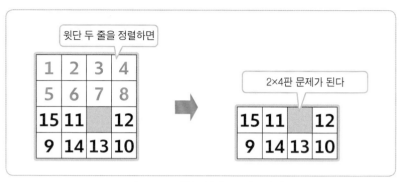

그림 3-8 2×4판을 정렬하는 문제로 귀착

2단까지 바르게 정렬했지만, 3단 정릴에 실패한 분이 많을 겁니다. 마지막 2×4판 정렬은 먼저 왼쪽 열을 정렬해야 쉬워집니다. 목표 배치의 왼쪽 2단 타일이 각각 '9'와 '13'이므로 이를 왼쪽 열에 정렬하는데, 이를 위해서는 그림 3-9처럼 '13', '9'를 나란히 배치해야 합니다.

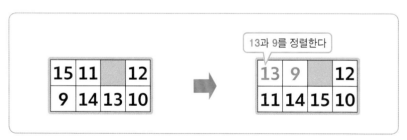

그림 3-9 '13, 9' 배치하기

다음에는 그림 3-10처럼 왼쪽 2단 중 아랫단이 빈칸이 되도록 슬라이딩한 후 왼쪽 열을 정렬합니다.

그림 3-10 2×4판의 왼쪽 열 정렬하기

마찬가지로, 남은 2×3판의 왼쪽 2단('10, 14')을 정렬한 후 마지막으로 2×2판을 정렬하면 완성됩니다.

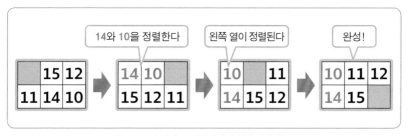

그림 3-11 나머지 2×3판에서 완성하기까지 과정

익숙해지면 대부분의 초기 판을 100단계 이내로 풀게 되지만, 최소 단계로 풀기는 여전히 어렵습니다. 이제부터 최소 단계를 구하는 15퍼즐 프로그램을 적용해보겠습니다.

제 3 장

심화 알고리즘

Column

일반적인 15퍼즐

지금까지 설명한 15퍼즐의 해법은 4×4판 문제를 먼저 3×4판 문제로 만들고, 이를 2×4판 문제로, 그다음 2×3판 문제로, 마지막으로 2×2판 문제로 귀착하는 것이라 할 수 있습니다.

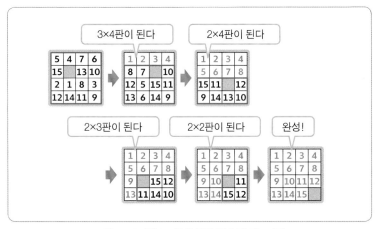

그림 D 15퍼즐 4×4판을 점차 작게 만드는 과정

일반적으로 H×W판 문제를 다음과 같이 말할 수 있습니다.

• 위 1단을 정렬함으로써 (H-1)×W판 문제에 귀착할 수 있다(H≥3, W≥2일 때).
• 왼쪽 1열을 정렬함으로써 H×(W-1)판 문제에 귀착할 수 있다(H≥2, W≥3일 때).

이를 활용해 일반적인 H×W판의 슬라이드 퍼즐도 마지막에는 2×2판으로 귀착해 풀 수 있습니다.[3]

---

3 설령 정렬 불가능한 배치라 해도, 마지막 2×2판을 제외하고 나머지는 정렬할 수 있습니다. 또 마지막 2×2판을 제외하면 반드시 정렬 가능하다는 점을 이용해 4×4판에서 앞서 언급한 주장 '대응하는 순열의 반전 수가 짝수인 배치는 정렬 가능하다'는 점을 증명할 수 있습니다.

🧩 15퍼즐 프로그램 방침

2-3절에서 소개한 미로, 강 건너기, 기름 나누기 계산과 마찬가지로, 15퍼즐도 '초기 상태에서 종료 상태에 이르기까지 최단경로를 구하는 문제'라 볼 수 있으므로 2-3절에서 설명한 **너비 우선 탐색**을 적용합니다. 즉, 그림 3-12와 같이 타일을 슬라이딩하는 과정을 나타낸 그래프(간단하게 3×3판을 그렸습니다)의 초기 배치에서 너비 우선 탐색을 실행해 원리적으로 목적 배치를 만드는 최소 단계를 구합니다.

제

3

장

심
화
알
고
리
즘

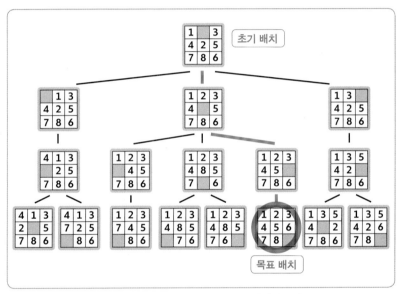

그림 3-12 타일을 슬라이딩하는 과정을 나타낸 그래프

하지만 너비 우선 탐색은 그래프의 각 정점에서 해당 정점까지 최단경로 길이를 기록해 나가는 탐색 알고리즘입니다.[4] 그러므로 너비 우선 탐색은 그래프의 정점 수에 비례하는 메모리 용량이 필요합니다.

한편 15퍼즐의 타일 배치는 16!=20,922,789,888,000가지입니다. 예를 들어 각 배치에 4

---

4 최단경로 길이를 기록하지 않는다면 괜찮으리라 생각할 수도 있겠지만, '어느 정점을 이미 탐색했는지' 알 필요가 있습니다.

바이트(int형 변수 등)를 사용하면, 최악의 경우 약 80TB의 메모리가 필요합니다. 또 1초에 약 10,000,000가지 판을 탐색한다고 가정하면, 최악의 경우 약 2,000,000초(=약 1개월)의 계산 시간이 필요합니다.

일반 가정용 컴퓨터로 계산할 경우, 메모리 용량과 계산 시간 면에서도 너비 우선 탐색만으로 15퍼즐을 풀기는 어렵습니다. 초기 배치에서 25단계 이내로 목표 배치를 만들 줄 안다면 너비 우선 탐색으로도 가능하지만, 그 이상의 단계가 필요한 초기 배치를 푸는 것은 비효율적입니다. 그래서 그림 3-13의 흐름으로 알고리즘을 개선하겠습니다.

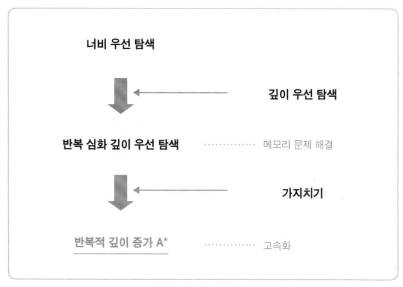

그림 3-13 알고리즘 개선 흐름

반복 심화 깊이 우선 탐색(iterative deepening depth-first search, IDDFS)은 깊이 우선 탐색과 너비 우선 탐색의 장점을 합친 방법입니다. 너비 우선 탐색과 마찬가지로 검색 시점에서 최단경로를 구하고, 깊이 우선 탐색과 마찬가지로 메모리를 거의 소비하지 않고 탐색합니다.

반전 심화 깊이 우선 탐색에 '추정값을 사용한 가지치기'를 도입해 고속화하는 방법
도 있습니다. 이 방법은 많은 경우 기존의 너비 우선 탐색보다 압도적으로 더 빠른 탐
색 방법으로, 반복적 깊이 증가 A*(iterative deepening A*, IDA*)라 합니다. 반복적 깊
이 증가 A*는 루빅스 큐브를 필두로 실제로 많은 퍼즐 해석에 사용되는 강력한 기법
입니다.

반복 심화 깊이 우선 탐색

먼저 반복 심화 깊이 우선 탐색을 설명하겠습니다. 반복 심화 깊이 우선 탐색은 그림
3-14와 같이 목적 정점을 찾을 때까지 다음 실행을 반복합니다.

- 검색 시점에서 깊이가 0 이하인 범위에서 깊이 우선 탐색을 실행한다.
- 검색 시점에서 깊이가 1 이하인 범위에서 깊이 우선 탐색을 실행한다.
- 검색 시점에서 깊이가 2 이하인 범위에서 깊이 우선 탐색을 실행한다.
- 검색 시점에서 깊이가 3 이하인 범위에서 깊이 우선 탐색을 실행한다
- ...

검색 시점에서 목적 정점까지의 최단경로 길이도 구할 수 있습니다. 놀랄 만큼 단순하
지만 흥미로운 특징이 몇 가지 있습니다.

제 3 장

심화 알고리즘

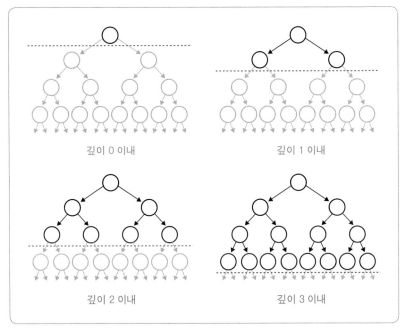

깊이 0 이내　　　　　　　　　깊이 1 이내

깊이 2 이내　　　　　　　　　깊이 3 이내

그림 3-14 반복 심화 깊이 우선 탐색

● 특징 1: 탐색을 마친 정점을 기록하는 구조가 필요하지 않다

일반적으로 그래프를 탐색할 때 사이클이 생기면 다루기가 어려워집니다. 예를 들어
15퍼즐은 타일을 이리저리 옮기며 사이클이 발생합니다.

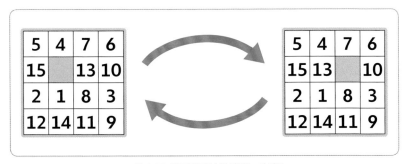

그림 3-15 15퍼즐에서 발생하는 사이클

사이클이 있는 그래프를 탐색하려면 '탐색을 마친 정점은 다시 검색하지 않도록' 해야

합니다.[5] 예를 들어 너비 우선 탐색에서는 각 정점에 '검색 시점에서 최단경로 길이'를 나타내는 값을 표시하고, 한 번 바꾼 값은 다시 변경하지 않게 합니다. 하지만 탐색을 마친 정점을 두 번 탐색하지 않게 하는 구조는 방대한 메모리 용량을 요합니다.

그러나 반복 심화 깊이 우선 탐색에서는 탐색을 마친 정점을 굳이 기록하지 않아도 됩니다. 같은 정점을 여러 번 탐색하는 대신, 검색 시점의 깊이를 제한해 무한루프에 빠지지 않고 무사히 탐색을 마침에 따라 메모리를 거의 소비하지 않습니다. 단, 그림 3-15와 같은 '한 단계 이전 상태로 돌아가는 것을 반복하는' 탐색은 역시 비효율적이므로, 이제부터 적용할 15퍼즐 프로그램에선 직전 상태로 돌아가지 않게 하겠습니다.

● 특징 2: 너비 우선 탐색에 비해 많이 느리지 않다

반복 심화 깊이 우선 탐색은 검색 시점에서 거리가 가까운 정점부터 순서대로 탐색합니다. 깊이 제한값이 작은 단계에서 탐색한 정점은 깊이 제한값이 커지는 그다음 과정에서 여러 번 탐색합니다. 언뜻 보면 너비 우선 탐색보다 탐색 효율이 좋지 않게 보일 수도 있습니다.

하지만 같은 깊이까지 탐색하는 너비 우선 탐색과 비교할 때 고작 몇 배 정도의 계산 시간이 더 걸릴 뿐입니다. 이를 간단하게 증명해봅시다. 깊이 우선 탐색에서 탐색하는 정점의 개수는 일반적으로 탐색 깊이에 지수적으로 증가합니다. 예를 들어 깊이가 1 늘어날 때마다 새로 탐색할 정점 개수가 10배가 된다고 해봅시다. 이때 다음과 같이 깊이 제한값을 늘리면 탐색할 정점 개수가 폭발적으로 증가합니다.

- 깊이 0 이내인 정점 개수: 1
- 깊이 1 이내인 정점 개수: 11(=1+10)
- 깊이 2 이내인 정점 개수: 111(=1+10+100)
- 깊이 3 이내인 정점 개수: 1111(=1+10+100+1000)
- …

5 2-3절에서는 깊이 우선 탐색이나 너비 우선 탐색을 포함하는 일반적인 그래프 탐색의 프레임워크(리스트 2-21)를 나타냈습니다. 리스트 2-21에서 각 정점을 발견했는지 여부를 알아보기 위한 변수 seen을 활용했습니다.

203

따라서 전체적으로 보면 깊이 제한값이 작은 단계에서 탐색에 소비한 시간은 거의 무시해도 됩니다.

반복적 깊이 증가 A

반복적 심화 깊이 우선 탐색에 가지치기를 하여 대폭 고속화한 반복적 깊이 증가 A*를 설명하겠습니다.

○ 가지치기 아이디어

그림 3-16처럼 깊이 제한값이 6인 깊이 우선 탐색에서 그림 3-17의 배치가 깊이 2인 곳에서 나타났다고 합시다.

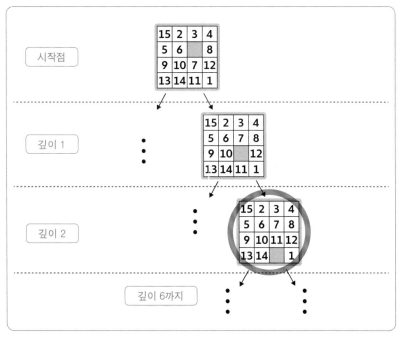

그림 3-16 깊이 제한값이 6인 상태에서 2단계 탐색했을 때 나타난 배치

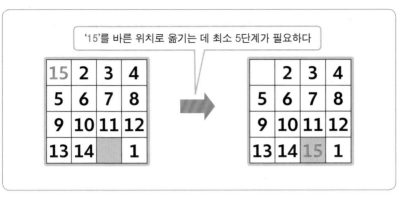

'15'를 바른 위치로 옮기는 데 최소 5단계가 필요하다

그림 3-17 최소 5단계가 필요한 배치

그림 3-17의 배치는 목표 배치까지 최소 5단계 이상이 필요합니다. '15' 타일을 바른 위치로 옮기는 것만으로도 5단계가 필요하기 때문입니다(실제로는 더 많은 단계가 필요합니다). 따라서 초기 배치의 탐색 깊이가 7(=2+5)단계를 넘지 않는 한 목표 배치를 찾지 못합니다. 탐색 제한값이 6인 깊이 우선 탐색에서는 이 배치에서 탐색을 진행할 필요가 없다고 판단할 수 있습니다(가지치기).

● 반복적 깊이 증가 A*

지금까지 살펴본 내용을 일반화해봅시다. 그래프의 각 정점 v에서 목적 정점까지 최단거리가 h[v] 이상임을 사전에 알고 있었다고 합시다. 값 h[v]를 정점 v에 대한 추정값이라 합니다. 이때 반복 심화 깊이 우선 탐색에서 다음과 같이 말할 수 있습니다.

> "깊이 제한값이 max_depth인 깊이 우선 탐색에서, 현재 탐색 깊이가 depth인 상태에서 정점 v를 찾았을 때 가령 depth + h[v] > max_depth라면 정점 v 이후의 탐색을 중단할 수 있다."

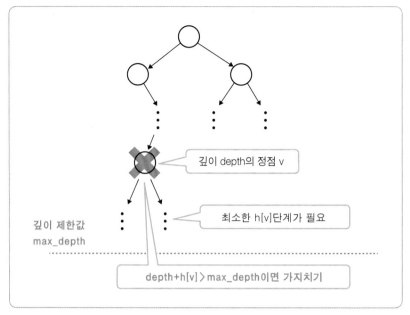

깊이 depth의 정점 v

최소한 h[v]단계가 필요

깊이 제한값
max_depth

depth+h[v]＞max_depth이면 가지치기

그림 3-18 반복적 깊이 증가 A*의 가지치기

이처럼 추정값 h[v]를 활용해 반복 심화 깊이 우선 탐색에 가지치기를 적용한 탐색 알고리즘을 반복적 깊이 증가 A*라 합니다. 일반적으로 이 알고리즘의 성능은 추정값에 크게 좌우됩니다. 추정값이란 실제 최단거리를 넘지 않는 범위 내에서 가능한 한 크게 가늠하길 원하는 값입니다. 반복적 깊이 증가 A*에서 알맞은 추정값을 활용하면 메모리를 거의 소비하지 않고도 최단거리를 빠르게 구할 수 있습니다.

🧩 15퍼즐 프로그램 적용

이제 반복적 깊이 증가 A*를 활용한 15퍼즐 프로그램을 적용해봅시다.

⭕ 입력 데이터

먼저 15퍼즐 프로그램의 입력 데이터 형식을 정합니다. 리스트 3-1의 입력 데이터는 그림 3-2의 초기 배치로, 4×4판에 늘어놓은 각 타일의 수가 됩니다. 빈칸은 0으로 표시합니다.

리스트 3-1 15퍼즐의 입력 데이터 예시

```
1  1  2  3  4
2  5  6  0  8
3  9 10  7 11
4 13 14 15 12
```

● 퍼즐 배치를 0 이상 2^{64} 미만의 정숫값으로 나타낸다

그다음 15퍼즐의 배치를 프로그램상에서 표현하는 방법을 생각해봅시다. 다양한 방법이 있겠지만, 여기서는 15퍼즐 배치를 0 이상 2^{64} 미만인 정숫값(이진법으로 64자리 이내인 정숫값)으로 나타냅니다. 그림 3-19처럼 15퍼즐 배치의 각 칸 수를 이진법으로 나타내고 오른쪽부터 순서대로 정렬합니다.

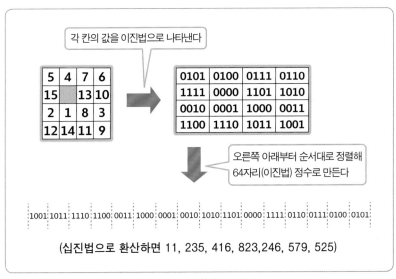

그림 3-19 15퍼즐 배치를 정숫값으로 나타내기

이때 15퍼즐 배치를 입력받거나 출력하는 처리는 리스트 3-2처럼 적용합니다. 위에서 x행(맨 위를 0행이라 한다), 왼쪽에서 y열(맨 왼쪽을 0열이라 한다)의 칸 좌표를 pair<int, int>형의 값 {x, y}로 나타냅니다.

리스트 3-2 15퍼즐의 배치를 입력받거나 출력하는 처리

```cpp
1  #include <iostream>
2  #include <utility>
3  using namespace std;
4
5  // '좌표'를 나타내는 형태를 정숫값 쌍으로 정의한다
6  using Cor = pair<int, int>;
7
8  // 이진법 표기로 나타낸 배치에서 좌표 pos의 정보가 담긴 자리를 구한다
9  int get_digit(const Cor& pos) {
10     return (pos.first * 4 + pos.second) * 4;
11 }
12
13 // 배치 pl의 좌표 pos의 수를 구한다
14 int get_val(uint64_t pl, const Cor& pos) {
15     // 칸 (x, y)의 정보가 담긴 자리의 아래 자리를 삭제한다
16     pl >>= get_digit(pos);
17
18     // 아래 4자리를 얻는다
19     return pl & 0b1111;
20 }
21
22 // 배치 입력 데이터를 받는다
23 // emp는 빈칸의 좌표를 입력받는다
24 uint64_t input(Cor& emp) {
25     uint64_t pl = 0;
26     for (int x = 0; x < 4; ++x) {
27         for (int y = 0; y < 4; ++y) {
28             uint64_t val;
29             cin >> val;
30             if (val == 0)
31                 emp = Cor(x, y);
32             else
33                 pl += val << get_digit(Cor(x, y));
34         }
35     }
36     return pl;
37 }
38
39 // '배치'를 4×4 형태로 출력한다
40 void print(uint64_t pl) {
41     for (int x = 0; x < 4; ++x) {
```

```
42          for (int y = 0; y < 4; ++y) {
43              cout << get_val(pl, Cor(x, y)) << " ";
44          }
45          cout << endl;
46      }
47  }
48
49  int main() {
50      // 입력
51      cout << "15puzzle input: " << endl;
52      Cor emp;   // 빈칸의 좌표
53      uint64_t pl = input(emp);
54
55      // 입력한 판을 출력한다
56      print(pl);
57  }
```

제
3
장

심
화
알
고
리
즘

◯ 반복적 깊이 증가 A*에 활용하는 추정값

15퍼즐 배치인 pl에서 목적 배치를 만들기까지 최소 단계 수인 추정값 h[pl]을 생각해 봅시다. 실제 최소 단계보다 더 큰 값이 되면 안 되지만, 최소 단계값에 가까워질수록 반복적 깊이 증가 A*의 성능이 향상됩니다.

15퍼즐에서 적절한 추정값을 얻으려면 **맨해튼 거리**(Manhattan distance)를 활용합니다. 맨해튼 거리란 '상하좌우 이동에 따른 최단거리'입니다. 그림 3-20에서 분홍색 타일 두 장 간의 맨해튼 거리는 5입니다.

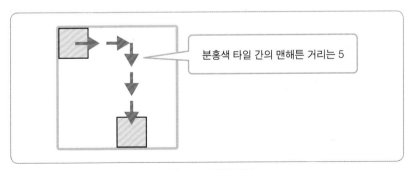

분홍색 타일 간의 맨해튼 거리는 5

그림 3-20 맨해튼 거리

여기선 15퍼즐의 배치 pl에 대한 추정값 h[pl]을 다음 값의 총합이라 정합니다.

- 배치 pl에서 '1'의 위치와 목표 배치인 '1'의 위치 간의 맨해튼 거리
- 배치 pl에서 '2'의 위치와 목표 배치인 '2'의 위치 간의 맨해튼 거리
- …
- 배치 pl에서 '15'의 위치와 목표 배치인 '15'의 위치 간의 맨해튼 거리

어떤 배치 pl이든 목표 배치까지 향하는 데는 h[pl]단계 이상이 필요함을 알 수 있습니다.

● 퍼즐 배치에 대한 슬라이드 조작과 추정값 계산 적용

15퍼즐의 배치 pl(정숫값)에 슬라이드 조작을 실행한 결과를 구하는 함수 slide()와, 배치 추정값(맨해튼 거리를 활용한 값)을 계산하는 함수 estimate()는 리스트 3-3과 같이 적용합니다. 여기서 추정값을 계산하는 함수 estimate()에는 아래 두 가지 함수를 적용했습니다.

- 배치 pl이 주어졌을 때 그 추정값을 계산하는 함수
- 추정값이 set인 배치에서 좌표 pos인 수 val의 타일을 좌표 emp에 있는 빈칸으로 슬라이딩한 후 배치 추정값을 구하는 함수

두 번째 함수를 준비한 이유는 15퍼즐에서 타일을 슬라이드 조작할 때마다 첫 번째 함수로 추정값을 계산하는 것이 비효율적이기 때문입니다. 실제로 슬라이드 조작 전후에 위치 좌표가 바뀌는 타일은 단 하나입니다. 따라서 슬라이드 조작 후의 배치 추정값을 직접 계산하지 않고 슬라이드 조작 전후 추정값의 차분만 계산하는 편이 효율적입니다. 또 리스트 3-2와 3-3에서 함수 get_digit()나 calc_distance()의 반환값을 모든 인수에 대해 새로 구해서 배치상에 기록하면 속도가 더욱 향상됩니다.

리스트 3-3 15퍼즐 배치에서 슬라이드 조작을 실행하는 함수와 추정값을 계산하는 함수

```
1  // 배치 pl에서 슬라이드 조작 후의 배치를 구한다
```

```
 2  // val: 슬라이딩할 타일 수
 3  // pos: 배치 pl에서 슬라이딩할 타일 좌표
 4  // emp: 배치 pl에서 빈칸의 좌표
 5  uint64_t slide(uint64_t pl, int val,
 6                    const Cor& pos, const Cor& emp) {
 7      // 칸 pos의 수 val을 삭제한다
 8      pl -= uint64_t(val) << get_digit(pos);
 9
10      // 칸 emp에 수 val을 추가한다
11      pl += uint64_t(val) << get_digit(emp);
12      return pl;
13  }
14
15  // 수가 val인 타일의, 본래 위치와의 맨해튼 거리를 계산한다
16  int calc_distance(int val, const Cor& pos) {
17      // 목표 지점에서 패널 val의 좌표
18      int x = (val - 1) / 4, y = (val - 1) % 4;
19
20      // 맨해튼 거리를 구한다
21      return abs(x - pos.first) + abs(y - pos.second);
22  }
23
24  // 최초 배치 pl의 추정값을 구한다
25  int estimate(uint64_t pl) {
26      int res = 0;
27
28      // 배치 pl의 좌표 (x, y)타일을 순서대로 살핀다
29      for (int x = 0; x < 4; ++x) {
30          for (int y = 0; y < 4; ++y) {
31              // 패널 값
32              int val = get_val(pl, Cor(x, y));
33
34              // 빈칸은 건너뛴다
35              if (val == 0) continue;
36
37              // 맨해튼 거리를 더한다
38              res += calc_distance(val, Cor(x, y));
39          }
40      }
41      return res;
42  }
```

```
43
44   // 추정값 est의 배치에서,
45   // 수 val의 타일을 pos에서 emp로 슬라이딩한 배치의 추정값을 구한다
46   int estimate(int est, int val, const Cor& pos, const Cor& emp) {
47       return est + calc_distance(val, emp) - calc_distance(val, pos);
48   }
```

15퍼즐 프로그램

준비를 마쳤으니, 반복적 깊이 증가 A*를 기반으로 하는 15퍼즐 프로그램을 리스트 3-4와 같이 적용합니다.

리스트 3-4 15퍼즐 프로그램(3_1_15puzzle_solver.cpp)

```
1   #include <iostream>
2   #include <vector>
3   #include <utility>
4   #include <cmath>
5   #include <algorithm>
6   using namespace std;
7
8   // 리스트 3-2, 3-3의 내용은 생략한다
9
10  // max_depth: 깊이 제한값
11  // depth: 현재 깊이
12  // pl: 현재 배치
13  // emp: 현재 배치 pl의 빈칸 좌표
14  // est: 현재 배치 pl의 추정값
15  // pre_dir: 현재 배치 pl에 이르기 직전의 슬라이드 조작 방향
16  // res: 배치 pl에서 목표 배치로 이르기까지 배치 이동이 저장된다(역순)
17  void dfs(int max_depth,  int depth,
18          uint64_t pl, const Cor& emp,
19          int est, int pre_dir,
20          vector<uint64_t>& res) {
21      // 상하좌우 이동을 정의한다(0: 아래, 1: 오른쪽, 2: 위쪽, 3: 왼쪽)
22      static const int DX[4] = {1, 0, -1, 0};
23      static const int DY[4] = {0, 1, 0, -1};
```

```
24
25        // 만약 이미 해를 찾았다면 탐색을 중단한다
26        if (!res.empty()) return;
27
28        // 종료 조건(1) : 현재 배치 pl이 목표 배치와 일치한 경우
29        if (est == 0) {
30            res.push_back(pl);
31            return;
32        }
33
34        // 종료 조건(2) : 깊이가 한계에 다다른 경우 탐색을 중단한다
35        if (depth >= max_depth) return;
36
37        // 상하좌우로 이동하는 슬라이드 조작을 순서대로 시험해본다
38        for (int dir = 0; dir < 4; ++dir) {
39            // 직전의 배치로 돌아가도록 조작하지는 않는다
40            int reverse_dir = (dir + 2) % 4;
41            if (reverse_dir == pre_dir) continue;
42
43            // 슬라이딩할 타일의 좌표를 계산하고, 판을 벗어났다면 건너뛴다
44            int nx = emp.first + DX[dir];
45            int ny = emp.second + DY[dir];
46            Cor pos(nx, ny);
47            if (nx < 0 || nx >= 4 || ny < 0 || ny >= 4) continue;
48
49            // 새 배치를 구한다
50            int val = get_val(pl, pos);    // 슬라이딩할 타일의 수
51            uint64_t next_pl = slide(pl, val, pos, emp);
52
53            // 새 배치 next_pl의 추정값을 구한다(차분만 계산)
54            int next_est = estimate(est, val, pos, emp);
55
56            // '가지치기 조건'에 걸리지 않으면 탐색을 진행한다
57            if (depth + next_est <= max_depth) {
58                // 해를 찾은 경우 res는 배치 이력을 나타낸다
59                // 해를 찾지 못한 경우 res는 빈 벡터이다
60                dfs(max_depth, depth + 1, next_pl, pos, next_est, dir, res);
61
62                // 해를 찾은 경우의 처리
63                if (!res.empty()) {
64                    // res의 말미에 현재 배치 pl을 추가한다
```

제
3
장

심
화
알
고
리
즘

213

```
65              res.push_back(pl);
66              return;
67            }
68          }
69       }
70   }
71
72   // 15퍼즐 프로그램
73   // pl: 초기 배치, emp: 빈칸의 좌표
74   vector<uint64_t> solve(const uint64_t& pl, const Cor& emp) {
75       // 초기 추정값을 계산한다
76       int est = estimate(pl);
77
78       // 깊이 제한값 max_depth를 늘리며 깊이 우선 탐색을 한다
79       for (int max_depth = 0; max_depth <= 80; ++max_depth) {
80           vector<uint64_t> res;
81           dfs(max_depth, 0, pl, emp, est, -1, res);
82
83           // 해를 찾으면 탐색을 중단한다
84           if (!res.empty()) {
85               reverse(res.begin(), res.end());
86               return res;
87           }
88       }
89       return vector<uint64_t>();
90   }
91
92   int main() {
93       // 입력
94       cout << "15puzzle input: " << endl;
95       Cor emp;   // 빈칸의 좌표
96       uint64_t pl = input(emp);
97
98       // 15퍼즐을 푼다
99       vector<uint64_t> res = solve(pl, emp);
100
101      // 출력
102      for (int i = 0; i < res.size(); ++i) {
103          cout << "-----" << endl;
104          cout << i << " th move: " << endl;
105          print(res[i]);
```

```
106        }
107   }
```

15퍼즐 프로그램에 리스트 3-1의 데이터를 입력했을 때 출력 결과는 다음과 같습니다.
그림 3-2처럼 세 단계 만에 풀 수 있습니다.

제
3
장

심
화
알
고
리
즘

실행 결과

```
15puzzle input:
1 2 3 4
5 6 0 8
9 10 7 11
13 14 15 12
-----
0 th move:
1 2 3 4
5 6 0 8
9 10 7 11
13 14 15 12
-----
1 th move:
1 2 3 4
5 6 7 8
9 10 0 11
13 14 15 12
-----
2 th move:
1 2 3 4
5 6 7 8
9 10 11 0
13 14 15 12
-----
3 th move:
1 2 3 4
5 6 7 8
9 10 11 12
13 14 15 0
```

15퍼즐 프로그램은 대부분 데이터가 입력되면 수초 이내로 최소 단계를 출력합니다.
하지만 최소 단계가 60단계를 상회하는 어려운 문제라면 계산 시간이 급속도로 증가합니다. 특히 그림 3-3의 문제(이론상 최악의 경우 80단계가 필요함)를 푸는 데는 140 시간이 걸렸습니다.

15퍼즐 프로그램을 고속화하려면 무엇보다 가지치기에 활용할 추정값을 알맞게 설정 하는 것이 중요합니다. 관심이 있다면 다음 링크를 참조하세요.

- Herbert Kociemba의 '15-Puzzle Optimal Solver'
  http://kociemba.org/themen/fifteen/fifteensolver.html
- 다카하시 겐이치로의 『15パズル自動解答プログラムの作り方』
  https://computerpuzzle.net/puzzle/15puzzle/index.html

정리

이 절에서 적용한 15퍼즐 프로그램의 요점을 복습해봅시다. 15퍼즐은 생각할 수 있 는 가짓수가 16!=20,922,789,888,000개로 방대하므로 너비 우선 탐색만으로 풀기는 어렵습니다. 따라서 메모리를 거의 소비하지 않는 반복 심화 깊이 우선 탐색을 적용 했습니다.

그다음 '추정값을 활용한 가지치기'로 대폭 고속화한 반복적 깊이 증가 A*를 도출했습 니다. 이 알고리즘은 수많은 문제에 적용 가능한 강력한 방법입니다. 성능이 추정값에 크게 좌우되며, 알맞은 추정값을 설계하려면 개별 퍼즐을 깊이 이해해야 합니다.

Column

루빅스 큐브의 신의 수(God's Number)

루빅스 큐브(Rubik's cube)는 3×3으로 분할된 정사각형 조각들이 뒤섞인(스크램블) 상태 에서 각 조각을 회전해 '한 면의 색상을 같은 색으로 맞추는' 퍼즐입니다.

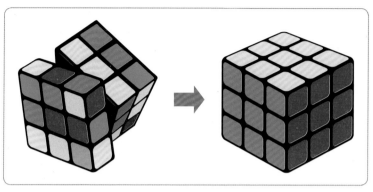

그림 E 루빅스 큐브

루빅스 큐브의 잘 알려진 특징은 다음과 같으며 한 면을 90도나 180도 회전하는 조작을 한 단계로 셉니다.

- 색상을 바르게 배치하는 데 최소 20단계가 필요한 스크램블 상태가 존재한다.
- 임의의 스크램블 상태에서 반드시 20단계 이내로 색상을 맞출 수 있다.

이 특징을 '루빅스 큐브의 신의 수(God's Number)는 20'이라 합니다. 루빅스 큐브의 신의 수를 구하는 문제는 30년에 걸쳐 연구된 방대한 문제였으며 2010년에야 드디어 풀렸습니다.

루빅스 큐브를 푸는 알고리즘으로 코르프(Korf) 법과 코침바(Kociemba) 법이 유명합니다. Korf 법은 엄밀히 말해 최소 단계를 구하지는 못하지만 최소 단계에 가까운 값을 빠르게 구하는 방법입니다. Kociemba 법은 루빅스 큐브의 색상을 배치하는 방법을 두 가지 국면으로 나누고 각 국면에서 반복적 깊이 증가 A*를 활용해 문제를 풉니다.

신의 수를 구하기 위해 각 스크램블 상태의 최소 단계를 반드시 구할 필요가 없다는 사실을 유의하세요. 여러 스크램블 상태에서 20단계 이내로 색상을 배치할 수 있습니다. 이때 고속 알고리즘인 Kociemba 법이 도움이 됩니다. 루빅스 큐브의 신의 수를 구한 프로젝트에 관심이 있다면 꼭 Kociemba의 설명 링크를 참조하세요.

- Cube Explorer 5.14 HTM and QTM
  http://kociemba.org/cube.htm

4×4 오델로: 게임 탐색

4×4 오델로

오델로(Othello)는 플레이어 두 명이 번갈아 돌을 놓으며 상대의 돌을 자신의 돌에 끼워서 자신의 돌 색상으로 바꿔 나가는 보드 게임입니다. 마지막 판에서 돌의 개수가 많은 쪽이 승자가 됩니다. 게임 규칙이 간단하고 명쾌하지만, 수많은 전술이 생겨나면서 나날이 발전하고 있습니다. 이를 단적으로 표현한 경구 '외우는 데는 일 분, 통달하는 데는 평생'이 오델로의 캐치프레이즈가 됐습니다.

이번에는 오델로의 필승 방법을 생각해봅시다. 물론 오델로가 매우 복잡해 현재까지 필승 방법은 찾지 못했습니다. 하지만 그림 3-21처럼 8×8판 크기를 4×4로 축소한 오델로라면 비교적 수월하게 해석할 수 있습니다. 4×4 오델로의 해석을 통해 게임 탐색을 익혀봅시다.

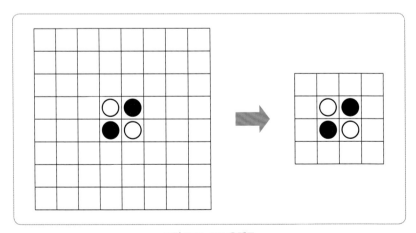

그림 3-21 4×4 오델로

'게임을 푼다'는 것

오델로, 체스, 쇼기, 바둑 등의 게임에 이론적으로는 필승 방법이 존재한다고 알고 있는 분이 많을 겁니다. 우선 이러한 게임의 특징을 정리하고, '필승 방법이 존재한다'는 의미를 명확하게 설명하겠습니다.

● 2인 제로섬 유한 확정 완전정보 게임

오델로는 플레이 시 운의 영향을 받지 않으며,[6] 플레이어 두 명이 번갈아 지혜를 짜내며 실력만으로 승패를 겨루는 게임입니다. 무승부가 되기도 하지만, 한쪽이 승리하면 다른 쪽은 패배합니다. 또 트럼프 게임처럼 서로의 패를 감추지도 않으며 유한 회의 수순으로 반드시 승패가 정해집니다. 이러한 게임을 2인 제로섬 유한 확정 완전정보 게임이라 합니다.

용어	의미	
2인	두 명이 플레이한다	'두 팀'도 성립한다
제로섬	쌍방의 득점을 더하면 항상 0이 된다	한쪽이 이기면 다른 쪽이 지게 된다
유한	각 국면에서 둘 수 있는 수가 유한 개며, 게임이 유한 회 단계로 끝난다	쇼기는 동일 국면이 반복될 수 있으므로 천일수 규정이 있다
확정	우연의 요소가 없다	백개먼은 주사위를 사용하므로 확정 게임이 아니다
완전정보	게임 정보가 모두 공개된다	가위바위보는 상대의 수를 모르는 상태에서 자신의 수를 정해야 하므로 완전정보 게임이 아니다

그림 3-22 2인 제로섬 유한 확정 완전정보 게임의 의미

오델로뿐만 아니라 OX 게임, 체스, 쇼기, 바둑 등도 2인 제로섬 유한 확정 완전정보 게

---

[6] 게임을 시작하기 전에 선수와 후수를 정하는 것은 제외합니다.

임입니다. 이 게임에서는 이론상 모든 국면을 완전히 예측할 수 있습니다.[7] 플레이어 두 명이 항상 서로 최선의 수를 둔다고 할 때 게임 시작 전부터 선수가 이길지(선수필승이라 합니다), 후수가 이길지(후수필승이라 합니다), 비길지가 정해집니다. 또 게임 시작 시의 국면만이 아니라 모든 국면에 대한 최선의 수와, 해당 국면에서 쌍방이 최선을 다했을 때의 승패도 알 수 있습니다.

예를 들어 OX 게임은 국면 이동을 그림 3-23처럼 나타낼 수 있습니다(회전이나 뒤집기를 했을 때 중복되는 국면이 동일하다고 간주합니다). OX 게임뿐만 아니라 오델로, 체스, 쇼기, 바둑 등도 마찬가지로 국면 이동 그래프를 그려볼 수 있습니다. **국면 이동 그래프를 탐색해 각 국면의 최선의 수를 구합니다.** 이와 같이 게임이 '선수필승', '후수필승', '비김' 중 어느 것이 될지 알아내고, 필승 수순을 발견하는 것을 '게임을 푼다'고 합니다.[8]

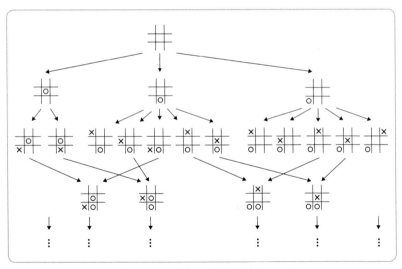

그림 3-23 OX 게임의 국면 이동을 나타낸 그래프

---

7 엄밀히 말하면 현재 쇼기에는 '규칙상 이길지, 패할지, 비길지 여부가 애매한 국면'이 존재합니다. 이는 '최후의 심판'이라는 쓰메쇼기 작품에 나타났습니다.
8 게임 해석에도 단계가 존재합니다. 초기 국면의 승패만 아는 것을 '매우 약하게 풀린 게임'이라 하고, 이를 증명하는 데 필요한 국면의 최선의 수를 아는 것을 '약하게 풀린 게임'이라 하며, 모든 국면의 승패와 최선의 수를 아는 것을 '강하게 풀린 게임'이라 불러 구분하기도 합니다. 이 책에서는 약하게 풀린 게임까지 알아봅니다.

각 게임의 분석 상황

다양한 게임의 분석 상황을 소개하겠습니다.

표 3-1 다양한 게임의 분석 상황

게임	결론	비고	참고문헌
OX 게임	비김		
4×4 오델로	후수필승	후수가 돌 10개 차이로 승리	
6×6 오델로	후수필승	후수가 돌 4개 차이로 승리	J. Feinstein, Amenor wins world 6×6 championships!, Forty billion noted under the tree, pp.6-8, British Othello Federation's newsletter. (1993)
오델로	미결		
렌주	선수필승	47단계로 선수 승리	J. Wagner and I. Virag: Solving renju, ICGA Journal, Vol.24, No.1, pp.30-35 (2001)
동물 쇼기	후수필승	78단계로 후수 승리	
쇼기	미결		田中哲朗「『どうぶつしょうぎ』の完全解析」『情報処理学会研究報告』Vol.2009-GI-22 No.3, pp.1-8, 2009年
4×4 바둑	비김		清愼一, 川嶋俊明「探索プログラムによる四路盤囲碁の解」『研究報告ゲーム情報学(GI)』Vol.2000-GI-004, pp.69-76, 2000年
5×5 바둑	선수필승	선수가 돌 24개 차이로 승리	E. van der Werf, J. van den Herik, and J. Uiterwijk: Solving Go on small boards, ICGA Journal, Vol.26, No.2, pp.92-107 (2003)
바둑	미결		

4×4 오델로, 6×6 오델로가 후수필승임을 알 수 있습니다. 렌주[9]는 일반적인 오목에서 선수의 첫 수에 제한을 추가한 것이지만, 그래도 최단 수인 47단계로 선수가 이길 수 있음이 알려졌습니다.

쇼기는 지금까지 풀리지 않았지만, 쇼기를 간략화한 동물 쇼기는 후수필승(78수)임이 알려졌습니다. 동물 쇼기는 호쿠오 마도카 여류 기사가 쇼기를 간략화한 규칙을 고안하고, 후쿠다 마이코 여류 기사가 디자인해 2008년에 탄생했습니다. 사용하는 말은 사

---

9 역주) 오목에서 파생된 일본 보드 게임의 일종.

제 **3** 장

심화 알고리즘

자, 코끼리, 기린, 병아리의 4종이며, 3×4판으로 진행합니다.

쇼기나 동물 쇼기에선 동일 국면이 여러 번 발생하기도 하는데, 이 경우 '비김'으로 간주합니다. 실제로 쇼기는 동일 국면이 네 번 이상 나타난 경우 선수와 후수를 맞바꾸는 규정(천일수)이 있습니다. 이러한 국면이 반복될 가능성이 있는 게임에선 후퇴 해석이라는 기법이 자주 사용됩니다. 후퇴 해석에 관심이 있다면, 가령 동물 쇼기를 완전 해석한 논문(표 3-1 참고문헌) 등을 참조하세요. 이 장에서 살펴볼 오델로는 '한 수마다 판의 돌 개수가 하나씩 증가한다'는 게임 특성상 국면이 반복될 일은 없습니다.

직접 풀어보기

오델로를 푸는 알고리즘을 생각하기 전에 간단한 게임(돌 줍기 게임)을 실제로 분석해 봅시다.

● 돌 줍기 게임

돌 줍기 게임은 돌이 여러 개 주어질 때 플레이어 두 명이 번갈아 돌을 1~3개씩 가져가는 게임입니다.

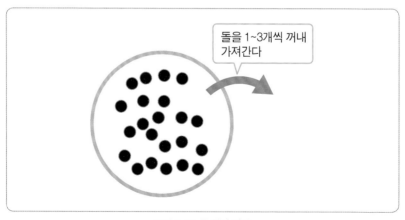

그림 3-24 돌 줍기 게임

마지막에 돌을 줍지 못하면 패배(마지막 돌을 주운 쪽이 승리)합니다. 선수와 후수 양쪽이 최선의 수를 생각할 경우 어느 쪽이 이길까요? 맨 처음 주어진 돌 개수에 따라서도 결론이 달라집니다. 그림 3-25에 나타낸 각 경우가 선수필승인지 후수필승인지 맞혀보세요.

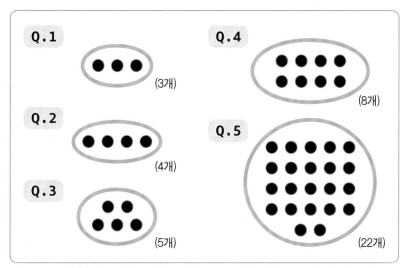

그림 3-25 **돌 줍기 게임에서 돌 개수에 따른 문제**

실질적으로 같은 게임으로, 22보다 큰 수를 말하면 지게 되는 게임도 생각할 수 있습니다(가령 Q.5). 0에서 시작하며, 선수와 후수는 직전 수에서 1~3을 더한 수만 말할 수 있습니다. 이 게임은 많은 분이 해봤을 겁니다.

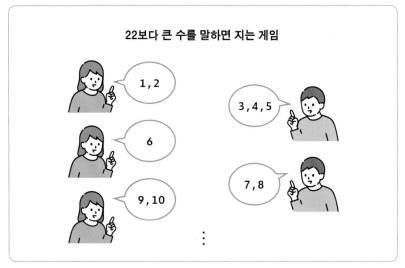

그림 3-26 22보다 큰 수를 말하면 지는 게임

● 돌 줍기 게임 필승법

Q.1~Q.5의 정답과 해설을 설명하겠습니다.

- A.1 (3개)

선수가 첫 수에 돌 3개를 모두 주워 이길 수 있으므로 선수필승입니다.

- A.2 (4개)

선수가 어떻게 돌을 줍든 지게 됩니다.

- 선수가 첫 수로 돌 1개를 주울 경우: 후수가 남은 돌 3개를 주워 승리
- 선수가 첫 수로 돌 2개를 주울 경우: 후수가 남은 돌 2개를 주워 승리
- 선수가 첫 수로 돌 3개를 주울 경우: 후수가 남은 돌 1개를 주워 승리

따라서 후수필승입니다.

• A.3 (5개)

A.2에서 미루어볼 때 '돌이 4개'인 국면은 반드시 패배함을 알 수 있습니다. 즉, 돌이 4개인 국면을 후수에게 넘기면 후수가 지게 되면서 선수가 이깁니다. 따라서 선수는 첫 수에 돌 1개를 주우면 이길 수 있으므로 선수필승입니다.

• A.4 (8개)

선수가 어떻게 돌을 줍든 후수는 '돌이 4개'인 그다음 국면을 선수에게 넘길 수 있습니다. 돌이 4개인 국면은 선수가 반드시 패배하므로 후수필승입니다. 바꿔 말하면 '돌이 8개'인 국면도 반드시 패배한다는 의미가 됩니다.

• A.5 (22개)

'돌이 4개', '돌이 8개'인 국면이 반드시 패배란 점에서, 일반적으로 '돌의 개수가 4의 배수'인 국면에서 반드시 패배한다고 예상할 수 있습니다.

예를 들어 돌의 개수가 22개일 때 선수는 돌 2개를 줍고, 반드시 패배하게 되는 '돌이 20개'인 국면을 후수에게 넘깁니다. 이때 후수가 어떻게 돌을 줍든 반드시 패배하게 되는 '돌이 16개'인 국면을 다시 후수에게 넘깁니다. 그다음 후수가 어떻게 돌을 줍든 항상 '돌의 개수가 4의 배수'인 국면을 후수에게 넘깁니다. 마지막에는 선수가 '돌이 0개'인 국면을 후수에게 넘기며 이깁니다. 따라서 선수필승입니다.

◯ 돌 줍기 게임 결론

돌 줍기 게임의 결론은 이렇습니다.

- 초기 국면의 돌 개수가 4의 배수일 때 후수필승
- 초기 국면의 돌 개수가 4의 배수가 아닐 때 선수필승

달리 말해 '반드시 패배하는 국면=돌의 개수가 4의 배수인 국면'이라고 할 수 있습니다. 여기서 '반드시 패배'하는 국면이란 다음을 의미합니다.

반드시 패배

- 마지막 국면에선 '반드시 패배'한다(수를 놓을 수 없으므로).
- '반드시 패배'하는 국면에서 어떻게 돌을 줍든 '반드시 승리'하는 국면이 된다.
- '반드시 승리'하는 국면에서 최선의 수를 두면 '반드시 패배'하는 국면으로 만들 수 있다.

반드시 패배하는 국면

내가 어떤 수를 두든 그다음 상대가
최선의 수를 두면
또 '반드시 패배'하게 돼!

반드시 승리하는 국면

'반드시 패배'하는 국면을 상대에게 넘길 수 있어!
상대가 다음에 어떤 수를 놓든 '반드시 패배'하는 국면을
상대에게 다시 넘겨서 이길 수 있어!

그림 3-27 '반드시 패배'와 '반드시 승리'의 의미

돌 줍기 게임의 경우, 우선 '돌이 0개'인 마지막 국면은 '반드시 패배'하는 국면입니다. 그리고 돌의 개수가 4의 배수인 국면에서는 어떤 수를 놓든 돌의 개수가 4의 배수가 아니게 됩니다. 또 돌의 개수가 4의 배수가 아닌 국면을 돌의 개수가 4의 배수인 국면으로 만들 수 있습니다.[10]

일반적으로 초기 국면에서 '반드시 패배'하는 게임은 후수필승, '반드시 승리'하는 게임은 선수필승입니다.

---

10 돌 줍기 게임은 수를 놓을 수 없게 된 쪽이 패배합니다. 이러한 설정의 게임을 정규형(normal play)이라 합니다. 반대로, 마지막 수를 놓은 쪽이 패배하는 게임도 생각할 수 있는데, 이를 역형(misere play)이라 합니다. 역형 게임에선 '반드시 패배'에 대한 사고방식도 달라집니다. 또 오델로는 마지막 수를 두는지 여부로 승패가 정해지지는 않지만, 뒤에서 살펴볼 그래프 탐색의 사고방식은 오델로에도 적용 가능합니다.

🎮 게임 해석을 그래프 탐색으로 생각한다

돌 줍기 게임의 결론을 그래프 탐색으로 도출해봅시다. 돌 줍기 게임의 국면 이동은 그림 3-28처럼 나타낼 수 있습니다. 오른쪽 끝의 정점은 마지막 국면(남은 돌이 0개인 상태)을 나타냅니다. 이외의 정점 값은 돌의 개수입니다. 예를 들어 8이라 적힌 정점에서는 7, 6, 5라 적힌 정점으로 이동할 수 있습니다. 돌의 개수가 N인 국면을 나타내는 정점을 정점 N이라 하겠습니다.

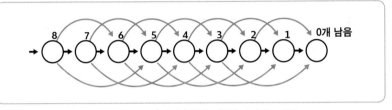

그림 3-28 돌 줍기 게임의 국면 이동을 나타낸 그래프

우선 돌이 0개인 국면에서 차례가 된 쪽이 패배하므로 정점 0은 '반드시 패배'합니다. 그림 3-29처럼 반드시 패배하는 정점에는 'X'를, 반드시 승리하는 정점에는 '○'를 그립니다.

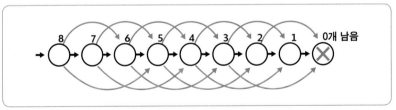

그림 3-29 돌의 개수가 0개인 국면은 '반드시 패배'

일반적으로 게임 탐색에서는 '승패가 정해진 국면을 출발점으로 하여 거꾸로 분석'합니다. 정점 1, 2, 3은 모두 '반드시 패배'하는 정점 0으로 이동할 수 있으므로 '반드시 승리'하는 국면입니다.

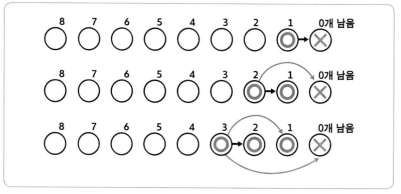

그림 3-30 돌의 개수가 1, 2, 3인 국면은 '반드시 승리'

정점 4에서 이동할 수 있는 정점 1, 2, 3은 모두 '반드시 승리'하므로 어떻게 수를 놓든 상대가 패배합니다. 따라서 정점 4는 '반드시 패배'하는 국면입니다.

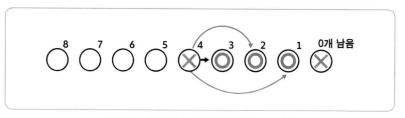

그림 3-31 돌의 개수가 4인 국면은 '반드시 패배'

정점 5는 '반드시 패배'하는 정점 4로 이동할 수 있으므로 '반드시 승리'하는 국면입니다.

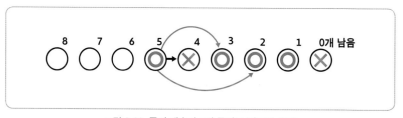

그림 3-32 돌의 개수가 5인 국면은 '반드시 승리'

일반적으로 게임의 그래프 탐색을 다음과 같이 생각할 수 있습니다.

- 이동 가능한 정점이 모두 '반드시 승리'하는 국면이면 '반드시 패배'한다.
- 이동 가능한 정점에 '반드시 패배'하는 국면이 하나라도 존재하면 '반드시 승리'한다.

각 정점의 승패를 그림 3-33처럼 구할 수 있습니다. 일반적으로 돌의 개수가 4의 배수인 정점이 '반드시 패배'하는 국면임을 알 수 있습니다.

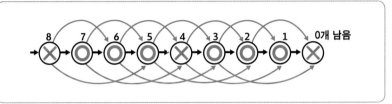

그림 3-33 돌 줍기 게임의 그래프 탐색 결과

게임 탐색 적용

지금까지 설명한 게임 탐색의 사고방식을 적용해봅시다.

게임 탐색의 기본형

게임 탐색은 리스트 3-5와 같이 재귀 함수를 활용해 적용합니다. 판이나 차례에 대한 정보가 클래스 Node로 적용됐다고 가정합니다. 국면 node의 이동 위치에 '반드시 패배'하는 정점이 하나라도 존재하면 res = 1(반드시 승리)을 반환합니다. node의 이동 위치에 '반드시 패배'하는 정점이 존재하지 않으면 res = -1(반드시 패배)을 반환합니다. 초기 국면을 인수로 재귀 함수 rec()를 호출해 초기 국면의 승패를 구합니다.

리스트 3-5 게임 탐색 적용의 일반형

```
1   // 국면 node에서 차례 측이 '반드시 승리'하는 국면이면 1, '반드시 패배'하는 국면이면 -1을
    반환한다
2   int rec(Node node) {
3       // 종료 조건: 마지막 국면이 '반드시 패배'
4       if (node가 마지막 국면) return -1;
```

```
5
6       // 놓을 수 있는 수를 모두 생각한다
7       int res = -1;    // '반드시 패배'로 초기화한다
8       for (Node node2 : (node의 이동 장소)) {
9           // 만약 node2가 '반드시 패배'하는 국면이면 node는 '반드시 승리'
10          if (rec(node2) == -1) res = 1;
11      }
12      return res;
13  }
```

● 이득이 있는 게임의 경우(negamax 탐색)

오델로처럼 돌 개수가 중요한 게임에선 수를 놓을 수 없게 된 쪽이 반드시 패배한다고
할 수 없습니다. 또 단순히 승수를 둘 뿐만 아니라, 돌 개수가 마지막에 최대가 되는 수
를 두게 됩니다. 리스트 3-5를 이와 같이 수정합시다.

● 이득의 사고방식 확인

우선 '자신의 이득과 상대의 이득의 합계가 0'인 제로섬 게임을 생각해봅시다. 즉, 어느
쪽이 이기든 자신의 이득은 상대 이득의 -1배가 됩니다. 오델로를 예를 들어 다음과 같
이 말할 수 있습니다.

- 검은 돌이 10개, 흰 돌이 6개인 상태에서 게임이 종료되면 검은 돌의 이득이 4점, 흰 돌
  의 이득이 -4점(돌이 4개인 선수의 승리)
- 검은 돌이 6개, 흰 돌이 10개인 상태에서 게임이 종료되면 검은 돌의 이득이 -4점, 흰 돌
  의 이득이 4점(돌이 4개인 후수의 승리)

● negamax 전략

쌍방 플레이어가 게임이 끝날 때 서로 얻게 될 이득을 최대화하려 한다고 해봅시다.
즉, 각 국면에서 자신이 놓을 수를 고를 때 상대가 '상대의 이득이 최소가 되는 수'를 놓
을 것이라 가정하고 선택합니다. 이때 각 국면에 놓을 수를 구하고자 각 국면의 평가
값을 다음과 같이 계산합니다.

각 국면 node의 평가값을 구하는 방법

- 국면 node가 마지막 국면인 경우, 국면 node의 차례 측에서 계산한 이득을 평가값으로 한다.
- 국면 node에서 이동할 수 있는 각 국면 node2에 대해, 다음 단계에서 구한 값의 최댓값을 국면 node의 평가값으로 한다. 또 그 최대치를 달성하는 수를 국면 node의 최선의 수라 한다.
  1. 국면 node2의 평가값을 재귀적으로 평가한다.
  2. 그 평가값은 상대 측의 이득을 나타내므로 -1을 곱한다.

제
3
장

심
화
알
고
리
즘

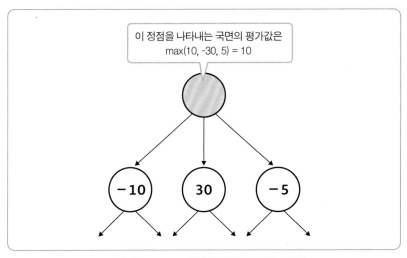

이 정점을 나타내는 국면의 평가값은
max(10, -30, 5) = 10

그림 3-34 negamax 전략에 기반한 평가값 구하기

국면 node의 평가값이 score인 것은 '국면 node의 차례 측에서, 국면 node에 도달하면 이후 최선의 수를 계속 둘 수 있으므로 최소한 score 이상의 이득을 얻게 됨'을 의미합니다. 상대도 항상 최선의 수를 놓는 경우, 최종 이득은 score가 됩니다. 초기 국면의 평가값이 양수라면 선수필승, 음수라면 후수필승입니다.

이상의 평가값 계산처럼, 수를 놓은 후 국면 평가값의 -1배가 최대가 되는 수(최선의 수)를 고르는 전략을 negamax 전략이라 합니다. 그리고 negamax 전략에 기반해 각

국면의 평가값을 구하는 것을 negamax 탐색이라 합니다.[11] negamax 탐색은 리스트 3-6처럼 적용합니다.

리스트 3-6 이득이 있는 게임 탐색 적용의 일반형

```
 1    // 국면 node의 평가값을 구한다
 2    int rec(Node node) {
 3        // 종료 조건: 마지막 국면의 이득을 계산한다
 4        if (node가 마지막 국면) return (node의 이득);
 5
 6        // 무한소를 나타내는 값으로 평가값을 초기화한다
 7        int res = -INF;
 8
 9        // 이동 위치의 국면을 순서대로 조사한다
10        for (Node node2 : (node의 이동 장소)) {
11            // node2의 평가값에 -1을 곱한다
12            int score = -rec(node2);
13
14            // 그 값이 최대가 되는 수를 선택하도록 한다
15            res = max(res, score);
16        }
17        return res;
18    }
```

○ α-β 탐색

α-β 탐색은 수많은 게임 분석에 활용 가능한 대표적인 게임 탐색법입니다. negamax 법은 절대 채택되지 않는 수는 다시 읽지 않도록 가지치기를 적용해 고속화한 것입니다.

그림 3-35의 예시로 α-β 탐색의 사고방식을 설명하겠습니다. 그림 3-35는 어떤 게임의 국면 이동 일부를 나타내며, 정점 A가 나타내는 국면의 평가값을 재귀적으로 계산하려 합니다. 여기서 정점 v가 나타내는 국면의 평가값을 '정점 v의 평가값'이라 하겠습니다. 이때 파란색 정점의 평가값은 모두 확정했다고 합시다. 정점 B의 평가값을 3

---

[11] 게임 탐색을 다룬 문헌에선 대개 minimax 탐색을 설명합니다. negamax 탐색은 선수와 후수의 구분 없이 minimax 탐색을 정리한 것으로 본질적으로 같습니다. 적용할 경우 negamax 탐색을 더 간결하게 나타낼 수 있습니다. 이러한 차이에 관심이 있다면 북가이드 [19] 등을 참조하세요.

이라 확정했으니 다음으로 정점 C의 평가값을 구하려 합니다. 그러려면 먼저 정점 D, E, F의 평가값을 구해야 하는데, 정점 D의 평가값을 이미 구했다 쳤을 때 정점 D의 평가값에 따라 정점 E, F(와 그 이후의 정점)를 탐색할 필요가 없는 경우가 있습니다.

예를 들어 정점 D의 평가값이 -10이라 합시다. 이때 정점 C의 평가값은 최소한 반드시 10 이상이므로 '정점 C의 평가값≥정점 B의 평가값'이 됩니다. 그러면 상위 정점인 A에서 negamax 전략에 따라 정점 C를 고를 선택지가 사라지므로 정점 E, F를 탐색할 필요가 없어집니다. 한마디로 말해, 정점 C의 국면에서 절묘수(정점 D)가 존재하면 애초에 상대가 정점 C의 국면으로 유도할 일은 없습니다.

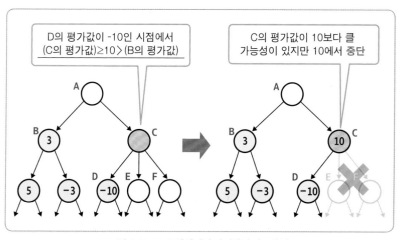

그림 3-35 α-β 탐색에서 가지치기 사고방식

이 이야기를 일반화해볼까요? 국면 node 탐색 중, 국면 node 측 차례가 최종적으로 얻을 수 있는 이득이 α 이상 β 이하임을 안다고 합시다. 그러면 상대가 최종적으로 얻는 이득은 $-\beta$ 이상 $-\alpha$ 이하가 됩니다. 이때 국면 node에서 각 이동 위치 node2를 조사 중일 때 국면 node의 평가값이 β 이상이 되면, 상대는 애초에 한 수 앞에서 국면 node를 우리 쪽으로 넘길 이유가 없습니다. 왜냐하면 상대는 국면 node로 유도하지 않아도 $-\beta$ 이상의 이득을 확실히 얻기 때문입니다. 따라서 쌍방 플레이어가 최선을 다할 때 국면 node에 도달하지 않아도 상관없으므로 국면 node에서 탐색을 중단할 수 있습니다. 이러한 가지치기를 적용한 게임 탐색을 α-β 탐색이라 합니다.

α-β 탐색은 리스트 3-7처럼 적용합니다. 초기 국면 start의 평가값을 구할 때는 INF가 충분히 큰 값이 되면 rec(-INF, INF, start)를 호출합니다.

리스트 3-7 α-β 탐색

```
1   // 국면 node의 평가값을 구하고자 한다
2   int rec(int alpha, int beta, Node node) {
3       // 종료 조건: 게임 종료 시 이득을 계산한다
4       if (node가 마지막 국면) return (node의 이득);
5
6       // 무한소를 나타내는 값으로 평가값을 초기화한다
7       int res = -INF;
8
9       // 이동 위치의 국면을 순서대로 조사한다
10      for (Node node2 : (node의 이동 장소)) {
11          // 이동 국면의 평가값 부호를 바꿔 입력받는다
12          int score = -rec(-beta, -alpha, node2);
13
14          // 그 값이 최대가 되는 수를 고르고자 한다
15          res = max(res, score);
16
17          // 가지치기
18          if (res >= beta) return res;
19
20          // 차례 측이 이보다 높은 득점을 얻을 수 있는 알파값을 갱신한다
21          alpha = max(alpha, res);
22      }
23      return res;
24  }
```

○ 치환표

게임에 따라서는 국면이 동일해지는 경우가 있습니다. 합류가 많이 일어나는 게임에선 동일 국면을 여러 번 분석하게 될 가능성이 있습니다.

이를 방지하는 데는 이미 분석한 국면의 득점을 메모화하는 기법이 효율적입니다. 게임 탐색에서 메모화에 활용하는 자료 구조를 치환표라 합니다. 너비 우선 탐색에서도 '검색 시점에서 각 정점으로의 최단경로 길이'를 메모화했던 것을 떠올려봅시다. 메모

화는 다음 절에서 설명할 동적 계획법의 한 종류이기도 합니다. 여기서는 치환표 적용을 생략하겠습니다.

4×4 오델로 프로그램 적용

지금까지 설명한 α-β 탐색을 4×4 오델로에 적용합니다. 우선 그림 3-36과 같이 오델로 판의 각 칸에 0부터 15까지 번호를 매깁니다.

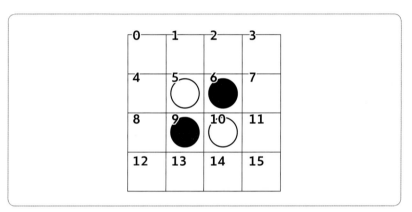

그림 3-36 4×4 오델로의 각 칸에 번호 매기기

그리고 오델로 게임을 진행할 때 각 국면을 변수 세 개로 관리합니다.

- 검은 돌 배치를 나타내는 정수 black
- 흰 돌 배치를 나타내는 정수 white
- 차례를 나타내는 변수 col(검은 돌 차례를 1, 흰 돌 차례를 0이라 한다)

검은 돌 배치를 나타내는 정수 black은 이진수로 표현했을 때 검은 돌 칸의 번호에 대응하는 자릿값이 1이고 다른 자릿값이 0인 정숫값을 나타냅니다. 흰 돌의 배치를 나타내는 정수 white도 마찬가지입니다. 이러한 변수를 활용해 4×4 오델로에서 초기 국면의 평가값을 구하는 처리를 리스트 3-8처럼 적용합니다.

또 오델로 득점 계산 시 빈칸이 존재하는데, 쌍방이 수를 놓을 수 없는 경우도 있음에
주의하세요. 이 경우 빈칸이 남는 상태에서 게임이 종료되며 승자의 득점은 (승자의
돌 수) + (빈칸 수) - (패자의 돌 수)가 됩니다.

리스트 3-8 4×4 오델로의 해석(3_2_othello_solver.cpp)

```cpp
 1  #include <iostream>
 2  #include <vector>
 3  #include <utility>
 4  #include <algorithm>
 5  using namespace std;
 6
 7  // 오델로 판의 각 칸 좌표와, 차례를 정수형으로 나타낸다
 8  using Cell = int;
 9  using Color = int;
10
11  // 오델로 판의 돌의 좌표도 정수형(0 이상 2^16 미만)으로 나타낸다
12  using Stones = int;
13
14  // 오델로는 판의 크기와, 무한대를 나타내는 값
15  const int SIZE = 4;
16  const int INF = SIZE * SIZE;   // 평가값의 이론적 최댓값
17
18  // 색을 정의한다
19  const Color BLACK = 1;
20  const Color WHITE = 0;
21
22  // 칸 cell과 인접한 칸을 구한다(방향 dir)
23  Cell move(Cell cell, int dir) {
24      // 주위의 8칸으로 이동하는 벡터
25      static const vector<int> DX = {1, 0, -1, 0, 1, 1, -1, -1};
26      static const vector<int> DY = {0, 1, 0, -1, 1, -1, -1, 1};
27
28      // 칸 cell과 인접한 칸의 x 좌표와 y 좌표를 구한다
29      int x = cell / SIZE + DX[dir];
30      int y = cell % SIZE + DY[dir];
31
32      // 판 바깥으로 나갈 경우 -1이 된다
33      if (x < 0 || x >= SIZE || y < 0 || y >= SIZE)
34          return -1;
```

```
35      else
36          return x * SIZE + y;
37  }
38
39  // 판이 (black, white)일 때, 칸 cell의 색상이 col인지 여부
40  bool iscolor(Stones black, Stones white, Color col, Cell cell) {
41      if (cell == -1)
42          return false;
43      if (col == BLACK)
44          return ((black >> cell) & 1);
45      else
46          return ((white >> cell) & 1);
47  }
48
49  // 판이 (black, white)일 때, 칸 cell에 col 색상인 돌을 놓는다
50  // 색상이 반전되는 칸의 집합을 반환한다(놓을 수 없다면 0을 반환한다)
51  Cell put(Stones black, Stones white, Color col, Cell cell) {
52      // 칸 cell에 이미 돌이 놓여 있으면 놓을 수 없다
53      if (((black | white) >> cell) & 1) return 0;
54
55      // 8방향에서 각 돌을 뒤집어 놓는 집합을 구해 맞춰본다
56      Stones res = 0;
57      for (int dir = 0; dir < 8; ++dir) {
58          // 방향 dir에 대해 돌을 뒤집어 놓는 집합을 rev라 한다
59          Stones rev = 0;
60
61          // 방향 dir를 순서대로 살핀다
62          Cell cell2 = move(cell, dir);
63          while (iscolor(black, white, 1 - col, cell2)) {
64              rev |= 1 << cell2;
65              cell2 = move(cell2, dir);
66          }
67
68          // 자신의 색상으로 돌이 끼워져 있는 경우, rev를 res에 더한다
69          if (iscolor(black, white, col, cell2)) {
70              res |= rev;
71          }
72      }
73      return res;
74  }
75
```

제 3 장

심화 알고리즘

```
76    // 게임 종료 시 cell과 득점을 계산한다(col 측 차례)
77    int calc(Stones black, Stones white, Color col) {
78        // 게임 종료 시 검은 돌, 흰 돌, 빈칸 개수를 구한다
79        int num_black = 0, num_white = 0, num_empty = 0;
80        for (Cell cell = 0; cell < SIZE * SIZE; ++cell) {
81            if ((black >> cell) & 1)
82                ++num_black;
83            else if ((white >> cell) & 1)
84                ++num_white;
85            else
86                ++num_empty;
87        }
88
89        // 빈칸 수를 승리 측 값에 더한다
90        if (num_black > num_white)
91            num_black += num_empty;
92        else if (num_black < num_white)
93            num_white += num_empty;
94
95        // 차례에 따른 득점을 반환한다
96        if (col == BLACK)
97            return num_black - num_white;
98        else
99            return num_white - num_black;
100   }
101
102   // 판이 (black, white), 차례가 col인 국면의 평가값을 구한다
103   int rec(int alpha, int beta, Stones black, Stones white, Color col) {
104       // 돌이 놓일 곳을 구한다(mine: 자신, opp: 상대)
105       vector<Cell> mine, opp;
106       for (Cell cell = 0; cell < SIZE * SIZE; ++cell) {
107           if (put(black, white, col, cell))
108               mine.push_back(cell);
109           if (put(black, white, 1 - col, cell))
110               opp.push_back(cell);
111       }
112
113       // 게임이 종료될 경우 돌 개수 차이를 세어 순서에 따른 득점을 반환한다
114       if (mine.empty() && opp.empty()) {
115           return calc(black, white, col);
116       }
```

```
117
118        // 수를 둘 수 없을 경우 패스한다
119        if (mine.empty()) {
120            return -rec(-beta, -alpha, black, white, 1 - col);
121        }
122
123        // 무한소를 나타내는 값으로 평가값을 초기화한다
124        int res = -INF;
125
126        // 둘 수 있는 수를 순서대로 조사한다
127        for (Cell cell : mine) {
128            // 수를 둔 후의 판을 구한다
129            Stones rev = put(black, white, col, cell);
130            Stones black2 = black ^ rev;
131            Stones white2 = white ^ rev;
132
133            // 칸 cell에 돌을 놓는다
134            if (col == BLACK)
135                black2 |= 1 << cell;
136            else
137                white2 |= 1 << cell;
138
139            // 이동 국면의 평가값 부호를 바꿔 입력받는다
140            int score = -rec(-beta, -alpha, black2, white2, 1 - col);
141
142            // 그 값이 최대가 되는 수를 구하고자 한다
143            res = max(res, score);
144
145            // 가지치기
146            if (res >= beta) return res;
147
148            // 차례 측이 이보다 높은 득점을 얻을 수 있는 알파값을 갱신한다
149            alpha = max(alpha, res);
150        }
151        return res;
152    }
153
154    int main() {
155        // 초기 배치 (판 크기에 따라 바뀐다)
156        Stones black = (1 << 6) | (1 << 9);    // 검은 돌 배치
157        Stones white = (1 << 5) | (1 << 10);   // 흰 돌 배치
```

제 3 장

심화 알고리즘

```
158
159     // α = -16 (이론상 최솟값), β = 16 (이론상 최댓값), 검은 돌이 선수
160     int score = rec(-INF, INF, black, white, BLACK);
161     cout << score << endl;
162 }
```

리스트 3-8을 실행하면 -10이 출력됩니다. 이는 쌍방 플레이어가 최선을 다할 경우 후수가 돌 10개 차이로 승리함을 의미합니다. 리스트 3-8에선 생략했지만 각 국면에 대한 최선의 수를 저장해 후수필승 단계를 구체적으로 복원할 수도 있습니다. 분석 결과는 그림 3-37과 같습니다. 계산에 필요한 시간은 제 컴퓨터 환경에서 0.050초였습니다.

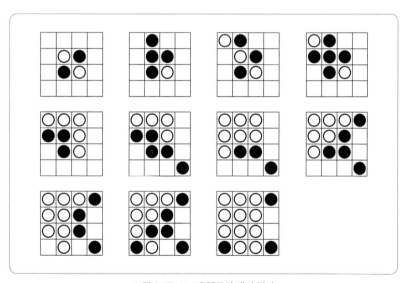

그림 3-37 4×4 오델로의 해석 결과

정리

이 절에서 적용한 4×4 오델로의 해석 요점을 복습해봅시다. 게임 탐색의 일반론을 적용해 4×4 오델로를 분석했습니다. 게임 탐색은 보다 일반적인 기법을 게임에 응용한 것이라고도 볼 수 있습니다.

- 게임 탐색: 깊이 우선 탐색의 응용 예시
- α-β 탐색: 가지치기를 활용한 탐색의 적용 예시
- 치환표: 메모화를 활용한 동적 계획법의 사용 예시

이를 종합한 α-β 탐색은 여러 게임 탐색의 기초가 되는 중요한 방법입니다.

3-3

편집 거리: 동적 계획법

편집 거리

편집 거리(edit distance)를 구하는 문제는 주어진 문자열을 다른 문자열로 바꿔 만드는 최단수순을 묻는 문자형 퍼즐입니다. 예를 들어 문자열 'ROOF'를 문자열 'SOFT'로 바꾸려는 경우, 그림 3-38처럼 세 단계를 거칩니다.

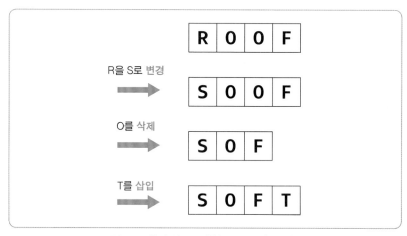

그림 3-38 문자열 'ROOF'를 'SOFT'로 바꾸는 수순

문자열 ROOF에 대한 문자열 SOFT의 편집 거리는 3입니다. 한 단계에서 다음 중 하나를 실행하도록 합니다.

실행 가능한 조작

- (삽입): 문자열에서 원하는 곳에 원하는 문자를 1개 삽입한다.
- (삭제): 문자열에서 원하는 문자를 1개 삭제한다.
- (변경): 문자열에서 원하는 문자를 1개 변경한다.

앞에서는 문자열 ROOF에서 'R을 S로 변경'하고 'O를 삭제'하고 'T를 삽입'해 문자열 SOFT로 바꿨습니다. 반대로, 이 일련의 단계를 되돌려 문자열 SOFT에서 'T를 삭제'하고 'O를 삽입'하고 'S를 R로 변경'해 문자열 ROOF로 만들 수도 있습니다. 즉, 편집 거리는 쌍방향성을 지닙니다.

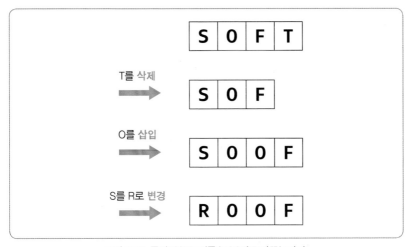

그림 3-39 문자열 'SOFT'를 'ROOF'로 바꾸는 수순

이번에는 주어진 두 문자열의 편집 거리를 구하는 프로그램을 동적 계획법(dynamic programming)을 활용해 적용합니다. 동적 계획법은 편집 거리뿐만 아니라 수많은 문제에 적용 가능한 강력하며 범용적인 기법입니다. 1,000문자 정도 되는 문자열의 편집 거리도 1초 내에 구할 수 있도록 적용하는 것을 목표로 해봅시다.

퍼즐에 도전

편집 거리를 구하는 알고리즘을 생각하기 전에 몇 가지 문자열의 편집 거리를 실제로 구해봅시다. 세 문제를 내겠습니다. 정답은 이 장 마지막에서 찾아보세요.

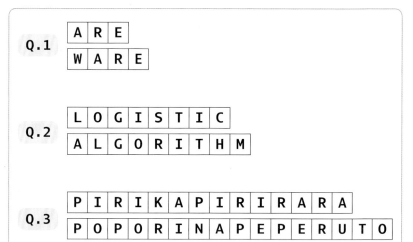

그림 3-40 편집 거리를 구하는 문제

Column

편집 거리의 실제 응용

편집 거리는 재미있는 퍼즐이지만, 실제로 다양한 문제에 응용 가능한 중요한 문제입니다. 그중 몇 가지를 소개하겠습니다.

● 응용 예 1: 바이오 인포매틱스

생물의 DNA는 네 개의 문자 A, C, G, T로 이루어진 문자열이라 볼 수 있습니다. 바이오 인포매틱스에서는 두 종류의 생물이 어느 정도 유사한지 추정하는 것이 중요합니다. 이때 생물 두 종류의 DNA를 나타내는 문자열의 편집 거리를 구해 유사도를 측정합니다.

● 응용 예 2: 오타 검사

인터넷 사전에서 'softwere'로 검색하면 "'software'를 찾으셨나요?" 같은 메시지가 표시됩니다. 'softwere' 같은 존재하지 않는 단어에 대해 해당 단어와의 편집 거리가 작은 단어를 검색해 바른 단어를 찾아줍니다.

● 응용 예 3: 음성 인식

사람이 발화한 음성의 파형 데이터를 문자화하는 문제를 생각해봅시다. 이를 위해 사전에 표준의 음성 파형 데이터를 표본으로 수집합니다. 발화한 음성의 파형 데이터와 편집 거리가 작은 표본 데이터를 검색해 문자화합니다.

🧩 편집 거리를 그래프로 나타내기

편집 거리를 구하는 문제도 미로, 강 건너기, 기름 나누기, 15퍼즐 등과 마찬가지로 '초기 상태에서 종료 상태에 이르기까지 최단경로를 구하는 문제'로 볼 수 있으므로, 이론적으로는 너비 우선 탐색이나 반복 탐색 A*로 풀 수 있습니다. 하지만 가령 1,000문자에서 두 문자열 간의 편집 거리를 구하려 할 때 단계마다 가능한 조작은 수천 가지나 됩니다. 2단계, 3단계, …처럼 순서대로 살펴보며 진행할 경우, 순식간에 조합 폭발이 일어납니다. 지금까지 설명한 내용을 다시 정리해봅시다.

● 일련의 조작을 한눈에 정리한다

'ROOF'를 'SOFT'로 바꾸는 일련의 수순인 그림 3-38은 그림 3-41처럼 한눈에 정리할 수 있습니다. 조작 횟수는 세로 방향의 빨간 화살표 개수와 일치합니다. 같은 문자가 세로로 늘어선 것을 나타내는 파란 화살표는 세지 않습니다.

즉, 두 문자열의 편집 거리를 구하는 문제는 두 문자열을 상하로 정렬해, 문자가 배치되지 않은 곳의 개수를 최소화하는 문제와 일치합니다. 여기서 두 문자열을 상하로 정렬하는 방법을 얼라인먼트라 하겠습니다.

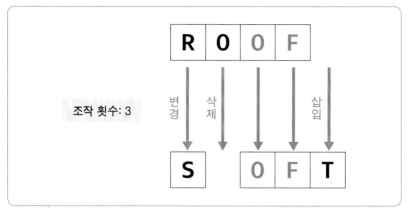

그림 3-41 'ROOF'를 'SOFT'로 바꾸는 조작을 한눈에 정리하기

그림 3-41을 보면 같은 문자를 되도록 세로로 많이 정렬해 문자가 배치되지 않은 곳을 최소화합니다. 하지만 일에는 예외가 있는 법이죠. 두 문자열 XXXXAAX와 YAAYYYY 에서는 'AA' 부분을 정렬해도 오히려 문자가 정렬되지 않는 곳이 많아집니다.

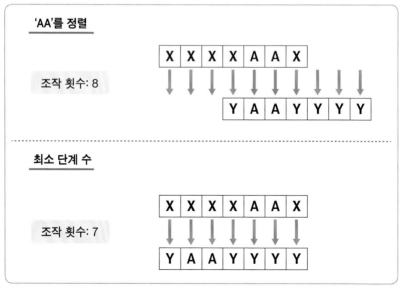

그림 3-42 두 문자열 XXXXAAX와 YAAYYYY

그래프로 나타내기

문제를 바꿔 생각해봅시다. 문자열 간의 편집 거리를 구한다는 문제는 언뜻 그래프와
관계없어 보이지만 결국은 그래프 문제로 귀착됩니다. 예를 들어 두 문자열 ROOF와
SOFT의 경우, 그림 3-43과 같은 그래프를 그릴 수 있습니다.

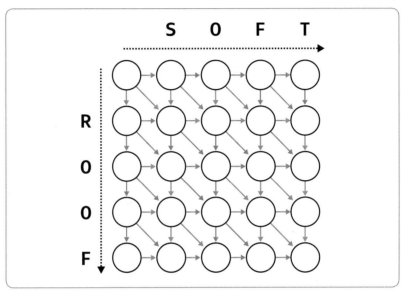

그림 3-43 두 문자열 ROOF와 SOFT의 얼라인먼트를 나타낸 그래프

두 문자열 ROOF와 SOFT의 얼라인먼트는 그래프의 왼쪽 위 정점에서 오른쪽 아래 정
점으로 도달하는 경로에 대응합니다. 그림 3-44는 몇 가지 예시입니다. 얼라인먼트에
서 '위아래에 다른 문자가 배치된 곳'은 그래프의 경로에서 '오른쪽 아래 방향으로 향하
는 빨간 화살표'에 대응합니다. 위아래에 같은 문자가 배치된 곳은 파란 화살표에 대응
합니다. 또 얼라인먼트에서 '위쪽에만 문자가 배치된 곳'은 '아래 방향으로 향하는 빨간
화살표'에 대응합니다. 얼라인먼트에서 '아래쪽에만 문자가 배치된 곳'은 '오른쪽 방향
으로 향하는 빨간 화살표'에 대응합니다.

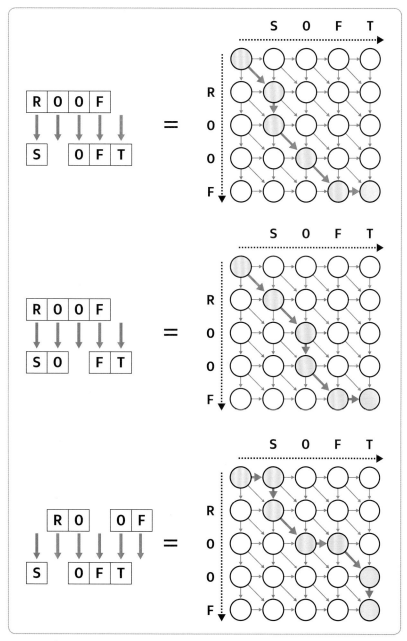

그림 3-44 두 문자열 ROOF와 SOFT의 얼라인먼트를 그래프상의 경로에 대응하기

위의 내용을 정리하면, 두 문자열 ROOF와 SOFT의 편집 거리를 구하는 문제는 그림 3-45 그래프(각 간선의 무게는 0 혹은 1)의 왼쪽 위 정점에서 오른쪽 아래 정점으로 향하는 최단경로 길이를 구하는 문제로 바꿔 말할 수 있습니다. 여기서 경로 길이를 '경로에 포함된 가중치 총합'이라 정의합니다.

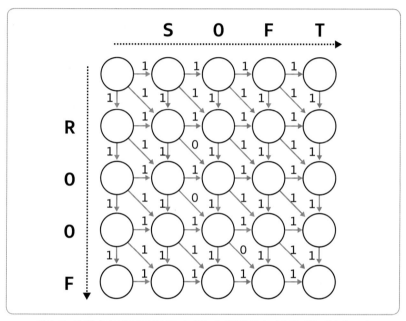

그림 3-45 두 문자열 ROOF와 SOFT의 편집 거리를 구하기 위해 무게를 나타낸 그래프

🧩 동적 계획법

그림 3-45와 같은 그래프에서 왼쪽 위 정점에서 오른쪽 아래 정점에 이르는 최단경로를 구하는 방법을 생각해봅시다.

⭕ 각 정점으로 향하는 최단경로 길이를 순서대로 구한다

그래프상에서 최단경로를 구하는 알고리즘으로 2-3절에서 너비 우선 탐색을 설명했습니다. 여기서 다루는 그래프는 간선에 무게가 존재하므로 (일반적인) 너비 우선 탐색으로는 최단경로를 구하지 못합니다.[12] 하지만 너비 우선 탐색과 마찬가지로, 각 정점으로의 최단경로 길이를 순서대로 구해 적어 나가는 방법이 효율적입니다. 그림 3-46처럼 i행, j열의 정점을 (i, j)라 표현하겠습니다.

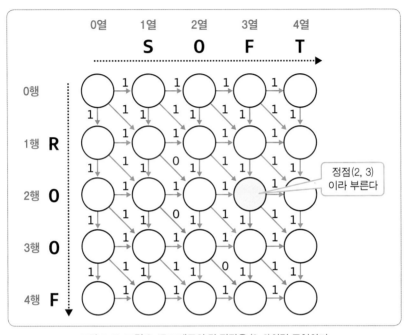

그림 3-46 그림 3-47 그래프의 각 정점을 (2, 3)처럼 표현하기

우선 그림 3-47처럼 시작점(정점 (0, 0))에서 정점 (0, 0) (0, 1) (0, 2) (0, 3) (0, 4)와의 최단경로 길이를 각 정점에 적어 나갑니다. 예를 들어 시작점에서 정점 (0, 3)으로 향하는 방법은 오른쪽으로 직선 이동하는 경로 하나뿐이므로 해당 경로 길이 '3'을 적어 넣습니다.

그림 3-47에서는 경로 복원(2-3절 참조)에 사용하는 화살표를 두껍게 그렸습니다. 이 화살표는 기존 그래프에서 간선의 화살표와 반대 방향임에 유의하세요. 예를 들어 정점 (0, 3)에서 출발해 두꺼운 화살표를 이동하면 '시작점에서 정점 (0, 3)에 이르는 최단경로'를 역주행하게 됩니다.

---

12 여기서는 설명을 생략하지만 가중치가 0 혹은 1인 그래프의 최단경로 문제는 너비 우선 탐색을 개선한 알고리즘으로 풀 수도 있습니다.

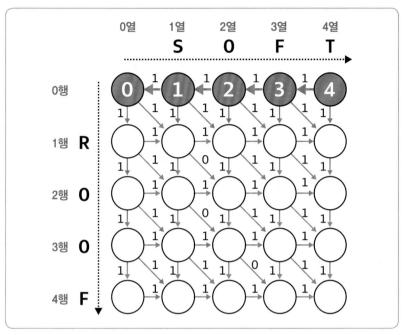

그림 3-47 그래프의 0행에서 각 정점에 이르는 최단경로 길이

다음으로 그림 3-48처럼 1행의 각 정점(1, 0) (1, 1) (1, 2) (1, 3) (1, 4)으로의 최단경로 길이를 구해서 적어 나갑니다. 예를 들어 정점 (1, 2)로 향하는 최단경로 길이를 구할 때 그림 3-49처럼 세 방향의 경로를 모두 고려합니다.

- 정점 (1, 1)에서 출발할 경우: 경로 길이는 1+1=2
- 정점 (0, 2)에서 출발할 경우: 경로 길이는 2+1=3
- 정점 (0, 1)에서 출발할 경우: 경로 길이는 1+1=2

이중 최솟값은 정점 (1, 1)에서 출발할 경우입니다. 따라서 그림 3-48에서는 정점 (1, 2)에 '2'를 적고, 정점 (1, 2)에서 정점 (1, 1)로 두꺼운 화살표를 그렸습니다. 정점 (0, 1)에서 출발할 경우도 마찬가지로 최솟값이므로 정점 (1, 2)에서 정점 (0, 1)로 두꺼운 화살표를 그려도 괜찮습니다.

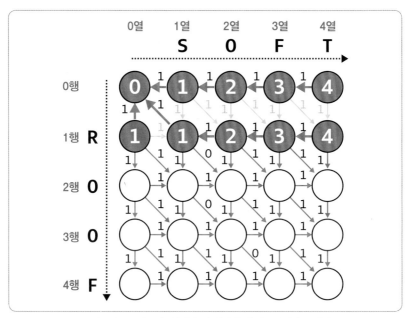

그림 3-48 그래프의 1행에서 각 정점에 이르는 최단경로 길이

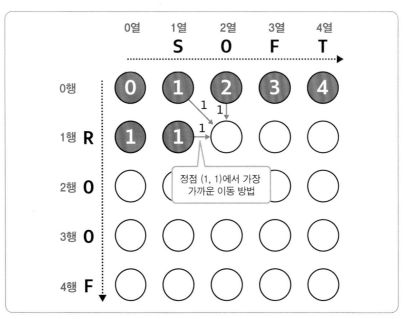

그림 3-49 그래프의 정점 (1, 1)로 향하는 최단경로 길이를 구하는 방법

마찬가지로 2행, 3행, 4행의 정점에도 순서대로 수를 적어 나가면 그림 3-50과 같습니다.

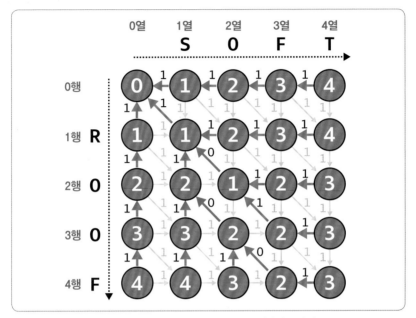

그림 3-50 그래프의 각 정점에 이르는 최단경로 길이

이로써 그래프의 시작점(정점 (0, 0))에서 종점(정점 (4, 4))에 이르는 최단경로 길이 3을 구했습니다. 이는 'ROOF'와 'SOFT'의 편집 거리가 3임을 의미합니다. 또 종점(정점 (4, 4))에서 두꺼운 화살표를 따라 역주행하면 최단경로를 구체적으로 복원할 수도 있습니다.

○ 동적 계획법이란

앞에서 그래프상의 최단경로를 구한 방법을 다시 생각해봅시다. 너비 우선 탐색은 '시작점과 가까운 정점에서 최단경로 길이를 순서대로 적어 나가는' 방법이었지만, 이번에 다룬 동적 계획법도 '최단경로 길이라 확신할 수 있는 곳부터 순서대로 최단경로 길이를 적어 나가는' 유사한 방법이었습니다. 일반적으로, 동적 계획법이란 다음과 같은 방법입니다.

1. 기존 문제(여기서는 시작점에서 종점으로 향하는 최단경로 길이를 구하는 문제)를 일련 의 부분 문제(이번에는 시작점에서 각 정점으로 향하는 최단경로 길이를 구하는 문제)로 분해한다.

2. 각 부분 문제의 해를 메모화한 값을 재활용하면서, 작은 부분 문제에서 큰 부분 문제 순 으로 해를 구해 나간다.

편집 거리 프로그램 적용

이러한 동적 계획법을 기반으로 두 문자열의 편집 거리를 구하는 알고리즘을 리스트 3-9처럼 적용합니다. 단, 경로 복원은 생략합니다. 경로 복원은 2-3절에서 설명한 방법 으로 적용합니다. 입력 데이터로 'ROOF'와 'SOFT'를 입력하면 '3'을 출력합니다.

리스트 3-9 편집 거리 프로그램(3_3_edit_distance_solver.cpp)

```cpp
1  #include <iostream>
2  #include <vector>
3  #include <string>
4  #include <algorithm>
5  using namespace std;
6
7  // 문자열 S, T의 편집 거리를 구한다
8  int solve(const string& S, const string& T) {
9      // 두 문자열 크기
10     int M = S.size();
11     int N = T.size();
12
13     // 동적 계획법을 위한 배열
14     // 배열 전체를 무한대를 나타내는 값으로 초기화한다(여기선 N + M)
15     vector<vector<int>> dp(M + 1, vector<int>(N + 1, N + M));
16
17     // 동적 계획법 초기 조건
18     dp[0][0] = 0;
19
20     // 각 정점의 최단거리를 순서대로 구해 나간다
21     for (int x = 0; x <= M; ++x) {
```

```
22          for (int y = 0; y <= N; ++y) {
23              // 위쪽 정점에서 출발하는 경로를 고려한다
24              if (x > 0) {
25                  dp[x][y] = min(dp[x][y], dp[x - 1][y] + 1);
26              }
27
28              // 왼쪽 정점에서 출발하는 경로를 고려한다
29              if (y > 0) {
30                  dp[x][y] = min(dp[x][y], dp[x][y - 1] + 1);
31              }
32
33              // 왼쪽 위 정점에서 출발하는 경로를 고려한다
34              if (x > 0 && y > 0) {
35                  // 문자가 일치할 경우 간선의 길이는 0이 된다
36                  int length = 1;
37                  if (S[x - 1] == T[y - 1]) length = 0;
38
39                  // 갱신
40                  dp[x][y] = min(dp[x][y], dp[x - 1][y - 1] + length);
41              }
42          }
43      }
44
45      // 오른쪽 아래 정점의 값을 반환한다
46      return dp[M][N];
47  }
48
49  int main() {
50      // 입력
51      string S, T;
52      cout << "First String: ";
53      cin >> S;
54      cout << "Second String: ";
55      cin >> T;
56
57      // 문자열S, T의 편집 거리를 구한다
58      cout << solve(S, T) << endl;
59  }
```

제 3 장

심화 알고리즘

리스트 3-9의 계산을 실행하는 데 필요한 시간을 짐작해봅시다. 두 문자열 크기를 M,

N이라 하면 이때 생각해야 할 그래프의 정점 수는 (M+1)×(N+1)개가 됩니다. 정점 수를 간단히 M×N개라 생각해도 좋겠습니다. 리스트 3-9는 각 정점에 순서대로 수를 적어 나가는 것이므로 계산 시간은 정점 수에 비례합니다.[13] M=1,000, N=1,000이라면 정점 수는 약 M×N=1,000,000개입니다. 1,000,000개 정점에 순서대로 접근하는 처리는 매우 빠르게 실행됩니다. 실제로 제 컴퓨터 환경에서 크기가 1,000인 두 문자열을 입력 데이터로 했을 때 0.059초 만에 편집 거리를 구했습니다.

Column

알고리즘의 시간 복잡도

시간 복잡도 알고리즘을 설계할 때, 알고리즘을 적용하기 전에 계산 실행에 드는 시간을 어림잡고자 한다면 시간 복잡도(time complexity)이란 개념을 이용합니다. 예를 들어 2-3절에서는 너비 우선 탐색의 계산 시간이 대략적으로 그래프의 간선의 수(E라 합니다)에 비례한다고 했습니다. 이를 '너비 우선 탐색의 시간 복잡도는 O(E)이다'라고 표현합니다.

일반적으로 알고리즘의 입력 데이터 크기가 N이고 계산 실행 시간이 대략 f(N)에 비례할 때, 그 알고리즘의 시간 복잡도는 O(f(N))이라고 표현합니다.[14] 예를 들면 다음과 같습니다.

- O(N)의 시간 복잡도: 해당 알고리즘의 계산 실행에 필요한 시간은 대략 N에 비례한다.
- $O(N^2)$의 시간 복잡도: 해당 알고리즘의 계산 실행에 필요한 시간은 대략 N^2에 비례한다.
- O(NlogN)의 시간 복잡도: 해당 알고리즘의 계산 실행에 필요한 시간은 대략 NlogN에 비례한다.

리스트 3-9에서 적용한 편집 거리 프로그램은 두 문자열 크기가 각각 M, N이고 시간 복잡도는 O(MN)이라고 평가할 수 있습니다. 시간 복잡도에 대해 더 알고 싶다면 북가이드 [1], [2], [4] 등을 참조하세요.

---

13 정확히 말해 계산 시간은 변의 수에 비례합니다. 단, 이 장에서 다룬 그래프에서는 각 정점을 종점으로 하는 변의 수가 세 개이므로 계산 시간이 정점 수에 비례한다고 할 수 있습니다.
14 정확히는 크기 N의 입력 데이터에 대한 계산 시간 T(N)에서 N이 충분히 크며, 정수 c>0이 존재하고 항상 |T(N)|>c|f(N)|이 성립할 때 해당 알고리즘의 시간 복잡도는 O(f(N))이라 표현합니다.

정리

이 절에서 적용한 편집 거리 프로그램의 요점을 복습해봅시다. 먼저 편집 거리를 구하는 문제를 그래프상의 편집 거리 길이를 구하는 문제로 귀착했습니다. 그리고 그래프상의 최단경로를 구하고자 동적 계획법을 활용했습니다. 즉 동적 계획법을 활용함으로써 그래프상의 각 정점의 최단경로 길이를 순서대로 메모화한 값을 재활용해 최종적으로 종점으로의 최단경로 길이를 구할 수 있었습니다.

동적 계획법은 사실 이전 절에도 등장했습니다. 너비 우선 탐색에서, 그래프 시작점에서 각 정점의 최단경로 길이를 순서대로 구하는 것은 동적 계획법의 적용 예라 할 수 있습니다. 또 게임 해석에서 각 국면의 평가값을 순서대로 계산해 나가는 negamax 탐색에서 치환표를 활용하는 방법도 동적 계획법의 적용 예입니다. 이처럼 다양한 상황에 동적 계획법을 응용할 수 있습니다. 변형된 동적 계획법에 관심이 있다면 북가이드 [1], [3], [4] 등을 참조하세요.

퍼즐 정답

문제(Q.1~Q.3)의 정답입니다.

표 3-2 편집 거리를 구하는 문제의 정답

문제	정답
Q.1	1
Q.2	6
Q.3	10

다익스트라 알고리즘

앞에서 다룬 그래프에서 '각 정점의 최단경로 길이를 순서대로 적어 나가는' 방법으로
최단경로를 구한 이유를 생각해봅시다. 앞에서 다룬 그래프는 DAG(Directed Acyclic
Graph)라는 특징이 있습니다. DAG란 다음 성질을 만족하는 그래프입니다.

> DAG의 정의
>
> 유향 그래프이면서 사이클이 없는 그래프

유향 그래프의 사이클은 어느 정점에서 출발해 간선을 따라 가다가 다시 같은 정점으로
돌아오는 부분을 말합니다. 사이클이 없다는 것은 '정점에 순서가 존재함'을 의미합니다.
DAG는 정점에 순서가 존재하므로 '각 정점에 최단경로 길이를 순서대로 적어 나가는' 해
법이 성립한다고 할 수 있습니다.

사이클 포함
(DAG가 아님)

사이클 미포함
(DAG)

그림 F 사이클

하지만 실제로 많은 그래프에는 사이클이 존재합니다. 무향 그래프에선 같은 변을 오가
기만 해도 사이클이 형성됩니다. 도로망처럼 각 간선에 가중치가 존재하고 사이클도 포
함하는 그래프상에서 최단경로를 구하고자 할 경우, 다익스트라 알고리즘처럼 속도가 빠

른 알고리즘이 필요합니다.

그래프상의 최단경로를 구하는 알고리즘을 표 A에 정리합니다. 각 알고리즘의 시간 복잡도에서 정점의 수를 V, 간선의 수를 E로 표시합니다. 최단경로 알고리즘에 관심이 있다면 북가이드 [1], [13], [14] 등을 참조하세요.

표 A 그래프의 최단경로 알고리즘

그래프 성질	적용하는 알고리즘	시간 복잡도
무게가 없는 그래프	너비 우선 탐색	$O(V+E)$
DAG	동적 계획법	$O(V+E)$
각 간선의 무게가 음수가 아닌 그래프	다익스트라 알고리즘	$O(E\log V)$[15]
제한 없음	벨만 포드법	$O(VE)$

제 **3** 장

심화 알고리즘

---

[15] 다익스트라 알고리즘의 시간 복잡도는 사용하는 자료 구조에 의존합니다. 여기선 오픈 리스트를 이진 힙으로 적용한 경우를 상정합니다.

도미노 채우기

도미노 채우기(domino tiling)는 그림 3-51처럼 주어진 격자 형태의 판을 도미노(정사
각형 2개를 이어 붙인 1×2 크기의 직사각형)로 틈새가 없도록 메우는 퍼즐입니다. 화
장실 바닥에 타일을 깔듯 퍼즐을 맞추는 것이라 할 수 있습니다.

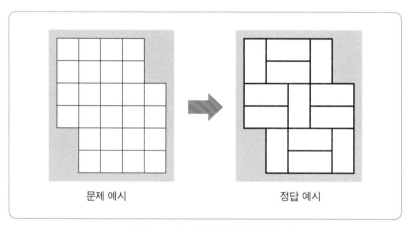

문제 예시   정답 예시

그림 3-51 도미노 채우기 문제와 정답 예시

도미노 채우기는 다양한 형태의 조각을 조합해 모양을 만드는 타일링 퍼즐(tiling
puzzle)의 일종입니다. 정사각형을 일곱 조각으로 나누고 그것을 늘어놓아 다양한 형
태를 만드는 탱그램(칠교 놀이)도 대표적인 타일링 퍼즐로, 모두 한 번쯤은 즐겨보았
을 겁니다.

2-2절 칼럼에서 소개한 듀드니의 '정삼각형을 정사각형으로 만드는 퍼즐'이나 많은 사
람에게 익숙한 직소 퍼즐(jigsaw puzzle)도 타일링 퍼즐이고, 뒤에서 살펴볼 '테트로미

노'를 활용한 타일링 퍼즐도 사랑받고 있습니다.

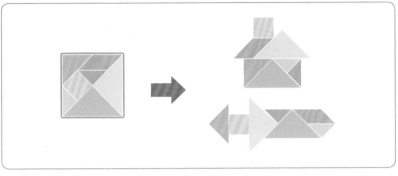

그림 3-52 탱그램

도미노 채우기로 돌아가서, 이번에는 주어진 도미노 채우기 문제에서 도미노로 빈틈을 모두 채우는 방법을 구하는 프로그램을 적용합니다.

제 3 장

심화 알고리즘

Column

퍼즐 거장 소개 2: 로이드

샘 로이드(1841~1911)는 미국의 천재적인 퍼즐 작가입니다. 평생 동안 제작한 퍼즐 작품이 1만여 점이라고 합니다. 다양한 오리지널 작품은 오늘날에도 빛 바래지 않고 널리 사랑받고 있습니다. 글 재능도 타고나 일상적인 소식이나 이야기도 퍼즐 칼럼에 담았습니다. 재치 있는 글 솜씨도 열광적인 퍼즐 붐을 일으킨 요소인 듯합니다.

14세부터 체스에 푹 빠진 로이드는 체스 퍼즐 작가로 활약했습니다. 추후 체스뿐만 아니라 수학 퍼즐도 제작했습니다. 동 시대의 출중한 퍼즐 작가 듀드니와도 교류했으며, 만든 퍼즐을 교환하

그림 G 샘 로이드

※출처: https://ja.wikipedia.org/wiki/サム·ロイド

면서 서로 영감을 받았다고 합니다.

듀드니의 퍼즐은 수학 이론에 기반한다는 특징이 있습니다. 반대로 로이드의 퍼즐은 화려한 연출로 독자를 즐겁게 해주었다고 합니다. 유명한 '14-15퍼즐'(3-1절 칼럼 참조)도 '14와 15의 위치를 바꾼 15퍼즐은 복원할 수 없다'는 사실을 알면서도 1,000달러의 상금을 걸고 출제해 당시 폭발적인 화젯거리가 됐습니다.

다른 에피소드도 유명합니다. 로이드는 1903년에 출판한 탱그램 문제집 서두에서 탱그램이 중화 발상으로 4,000년의 역사를 지닌다고 소개했습니다. 탱그램은 4,000여 년 전에 중국인 탱이 네모난 접시를 떨어뜨려 깨진 조각들이 다양한 모양을 이룬 데서 생겨났고, 피타고라스의 정리를 탱그램으로 증명 가능한 것이 바로 그 증거라고 주장했습니다. 이러한 스토리는 로이드가 지어낸 것이었지만 이를 그대로 믿는 사람이 많았습니다.

로이드의 퍼즐 작품이나 에피소드에 관심이 있다면 북가이드 [7], [8] 등을 참조하세요.

직접 풀어보기

도미노 채우기를 푸는 알고리즘을 생각하기 전에 몇 가지 문제를 실제로 풀어봅시다. 빈틈을 모두 채울 수 있다면 그 방법의 예를 들고, 불가능하다면 그 이유를 설명하세요.

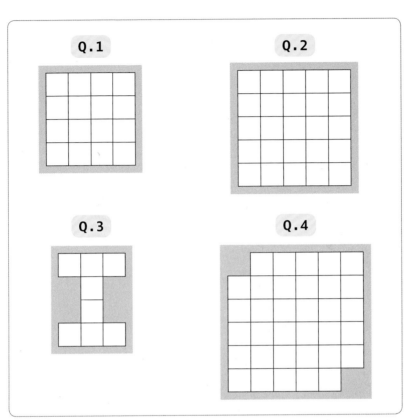

그림 3-53 도미노 채우기 예제

• A.1

Q.1은 그림 3-54처럼 빈칸을 모두 채울 수 있습니다.

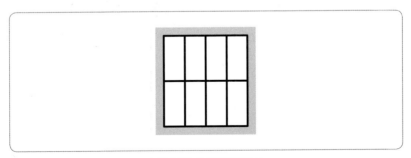

그림 3-54 Q.1의 정답 예시

• A.2

Q. 2는 칸 수가 5×5=25개로 홀수이므로 1×2 도미노로 빈칸을 모두 채울 수 없습니다.

• A.3

Q. 3은 칸 수가 8개로 짝수이지만 모양 특성상 빈틈을 모두 채울 수 없습니다.

• A.4

Q. 4는 칸 수가 34개로 짝수입니다. 언뜻 보기엔 빈칸을 모두 채울 수 있을 것 같지만, 실은 불가능합니다. 빈칸을 채울 수 있는지 여부를 증명하는 기법으로 칸 전체를 체크무늬로 칠하는 방법이 있습니다.

그림 3-55를 보면 도미노를 어디에 배치하든 '검은색 정사각형'과 '흰색 정사각형'을 하나씩 덮는 것을 알 수 있습니다. 가령 Q. 4 판을 도미노로 빈틈없이 채우기가 가능하다고 가정하면, 판의 검은색 정사각형의 개수와 흰색 정사각형의 개수가 같아야 합니다. 하지만 Q. 4 판에서 정사각형의 개수는 이처럼 다릅니다.

- 검은색 정사각형: 18개
- 흰색 정사각형: 16개

따라서 최대 16개 도미노만 배치할 수 있습니다.

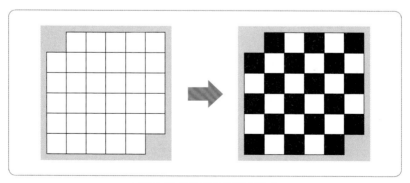

그림 3-55 판을 체크무늬로 채우기

⬤ 일반적인 프로그램

빈칸을 모두 채울 수 있는 경우와 없는 경우를 살펴보았습니다. 불가능한 경우 다양한 방법으로 왜 불가능한지를 증명했는데, 다양한 문제에서 빈칸을 모두 채울 수 있는지 여부를 알아내기는 어렵다고 생각할지도 모르겠습니다.

하지만 도미노 채우기는 이분 매칭 문제라는, 그래프 알고리즘 분야의 중요한 문제로 귀착 가능합니다. 이분 매칭 문제를 풀면 도미노 채우기도 풀 수 있습니다.

제
3
장

심
화
알
고
리
즘

Column

테트로미노

이 절에서 다루는 도미노는 정사각형을 두 개 이은 것이지만, 정사각형을 네 개 이은 형태도 있는데 이를 테트로미노(tetromino)라 합니다. 도미노는 한 가지 모양밖에 없지만 테트로미노는 그림 H와 같이 다섯 가지 모양이 있습니다. 테트로미노를 활용한 퍼즐 및 게임으로는 테트리스(Tetris)가 가장 유명합니다.

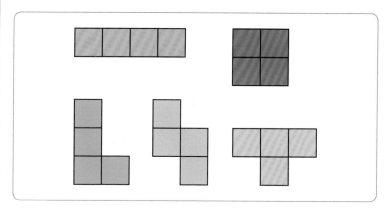

그림 H 테트로미노

테트로미노를 활용해 다양한 모양을 만드는 것도 타일링 퍼즐의 한 종류로, 널리 연구되고 있습니다. 예를 들어 5종의 테트로미노를 두 세트씩 활용해 그림 I처럼 4×10 크기의 직사각형을 만듭니다. 테트로미노는 회전하거나 뒤집어도 상관없습니다.

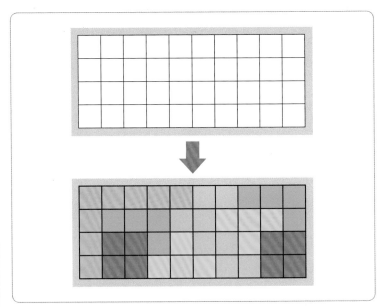

그림 | 테트로미노로 직사각형 만들기

그러나 5종의 테트로미노를 한 세트씩 사용해 '4×5 직사각형'을 만들 수는 없습니다. 체크무늬를 활용해 이를 증명할 수 있으니, 증명하고 그 이유도 생각해보세요. 테트로미노 퍼즐을 필두로 다양한 도형 퍼즐을 즐기고 싶다면 북가이드 [5], [6] 등을 참조하세요.

이분 매칭 문제로 귀착

도미노 채우기 문제는 곧 이분 매칭 문제이기도 합니다.

● 최대 매칭을 구하는 문제로 귀착

도미노 채우기 판을 그림 3-56처럼 '정사각형 칸'이 정점에 대응하고, '정사각형 칸의 인접 관계'가 간선에 대응하는 그래프로 그릴 수 있습니다.

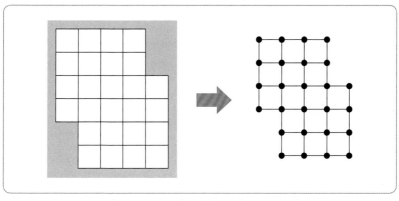

그림 3-56 도미노 채우기 판을 그래프로 그려보기

그러면 도미노 채우기의 해는 그림 3-57처럼 그래프의 매칭(matching)에 대응합니다. 매칭이란 그래프에 있는 간선의 집합 중 서로 끝점을 공유하지 않는 것을 의미합니다. 간선의 개수가 최대인 매칭을 최대 매칭(maximum matching)이라 합니다. 또 그래프의 모든 정점이 매칭을 구성하는 간선(이후 매칭된 간선이라 합니다)의 끝점일 때 '완전 매칭'이라 합니다. 도미노를 빈틈없이 채우는 해가 존재하면, 이에 대응하는 매칭은 완전 매칭이 됩니다. 칸을 모두 채우지 못하면 완전 매칭은 존재하지 않습니다.

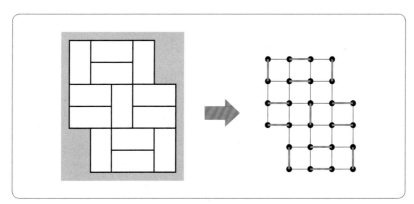

그림 3-57 도미노 메우기 해와 매칭의 대응

정리하면 도미노 채우기는 다음 순서로 풀 수 있습니다.

도미노 채우기 해법

1. 주어진 도미노 채우기 판을, 대응하는 그래프로 표현한다.
2. 대응하는 그래프의 최대 매칭을 구한다. 최대 매칭이 완전 매칭이 아니면 칸을 모두 채우기는 불가능하다.
3. 완전 매칭이면 주어진 판에 도미노를 배치한다.

○ 이분 그래프

더 알아봅시다. 도미노 채우기를 나타내는 그래프는 이분 그래프(bipartite graph)라는 특수한 그래프입니다. 일반적으로 그림 3-58처럼 그래프의 각 정점을 검은색이나 흰색으로 칠해서, 다음 성질을 만족하는 그래프를 이분 그래프라 합니다.

- 검은색 정점끼리 묶는 간선이 존재하지 않는다.
- 흰색 정점끼리 묶는 간선이 존재하지 않는다.

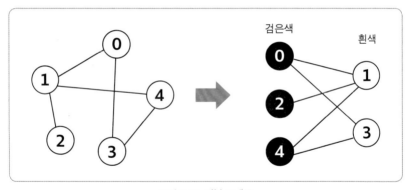

그림 3-58 이분 그래프

이분 그래프가 아닌 예로는 그림 3-59의 삼각형 그래프가 있습니다.

도미노 채우기 판에 대응하는 그래프는 무조건 이분 그래프가 됩니다. 그림 3-55를 떠올려봅시다. 판을 체크무늬로 칠하면 다음 관계가 성립합니다.

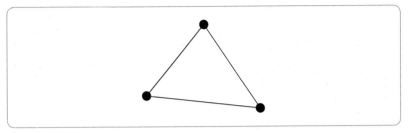

그림 3-59 이분 그래프가 아닌 그래프

- 검은색 정사각형끼리 인접하지 않는다.
- 흰색 정사각형끼리 인접하지 않는다.

따라서 도미노 채우기를 나타내는 그래프는 검은색 정사각형에 대응하는 정점을 검은
색으로, 흰색 정사각형에 대응하는 정점을 흰색으로 칠함으로써 이분 그래프라 볼 수
있습니다. 여기서 이분 그래프의 검은색 정점을 왼쪽 정점이라 하고, 흰색 정점을 오
른쪽 정점이라 하겠습니다.

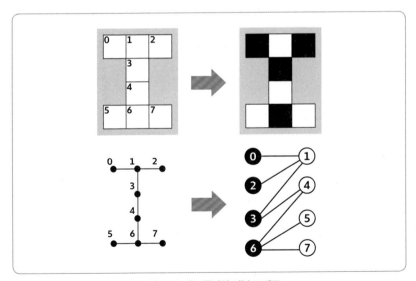

그림 3-60 체크무늬와 이분 그래프

◯ 이분 매칭 문제

이분 그래프상에서 최대 매칭을 구하는 문제를 이분 매칭 문제라 합니다. 이분 매칭 문제는 그림 3-61처럼 다른 두 범주(가령 '남자'와 '여자')에서 최대 몇 쌍을 만들 수 있는지를 묻는 문제라고 해석할 수 있습니다.

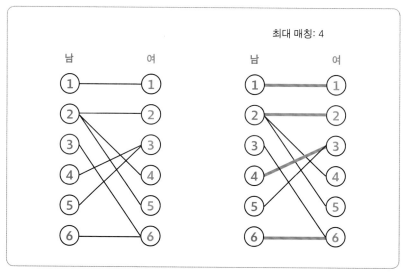

그림 3-61 이분 매칭 문제

예를 들어 다음과 같은 두 범주의 관계성을 살펴볼 경우에도 이분 매칭 사고방식이 적용됩니다.

- 인터넷 광고에서 '사용자'와 '광고' 매칭
- 상품 추천 시스템에서 '사용자'와 '상품' 매칭
- 직원 교대 할당 시 '직원'과 '교대' 매칭
- 택배 배송 계획 시 '택배'와 '트럭' 매칭
- 팀 대항전에서 '자기 팀원'과 '상대 팀원' 매칭

도미노 채우기도 '검은색 정사각형'과 '흰색 정사각형'의 매칭이라 볼 수 있습니다. 예를 들어 그림 3-62의 오른쪽 위 판에서 정사각형 0과 1, 3과 4, 5와 6을 덮도록 도미노 세 개를 배치할 경우 그림 3-62의 오른쪽 아래 매칭에 대응합니다.

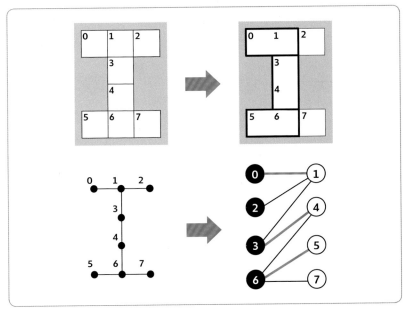

그림 3-62 도미노 채우기 예시와 이분 매칭의 대응

🧩 이분 매칭 문제 해법

도미노 채우기를 이분 매칭 문제로 귀착했습니다. 이제 이분 매칭 문제를 푸는 알고리즘을 설명하겠습니다. 이분 매칭 문제는 매칭된 간선을 최대한 늘려 나가는 방식으로 풉니다. 매칭된 간선을 늘리기 위해 다음에 설명할 확장 경로(augmenting path)를 활용합니다.

⭕ 확장 경로

그림 3-63의 왼쪽 그래프를 보면, 매칭된 간선이 두 개입니다. 언뜻 보기엔 더 이상 매칭된 간선을 늘릴 수 없을 것 같지만 세 개 매칭된 간선으로 이루어진 매칭도 존재합니다.

271

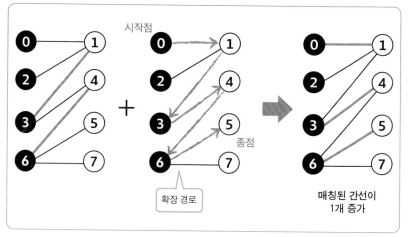

그림 3-63 매칭된 간선을 늘리는 확장 경로

여기서 확장 경로를 정의합시다. 매칭에서 경로 P가 확장 경로가 되기 위해서는 다음 조건을 만족해야 합니다.

확장 경로의 정의
• 경로 P의 시작점은 왼쪽 정점이며 매칭의 끝점이 아니다.
• 경로 P는 매칭된 간선과 그렇지 않은 간선을 번갈아 반복한다.
• 경로 P의 종점은 오른쪽 정점이며 매칭의 끝점이 아니다.

그림 3-63 왼쪽의 매칭에 대한 확장 경로의 한 예시는 그림 3-63의 가운데와 같습니다. 이 확장 경로는 다음처럼 매칭된 간선과 그렇지 않은 간선이 번갈아 나타납니다.

• 정점 0을 시작점으로 한다.
• 간선 (0, 1)은 매칭된 간선이 아니다.
• 간선 (1, 3)은 매칭된 간선이다.
• 간선 (3, 4)는 매칭된 간선이 아니다.
• 간선 (4, 6)은 매칭된 간선이다.
• 간선 (6, 5)는 매칭된 간선이 아니다.

- 정점 5를 종점으로 한다.

매칭된 간선그림 3-63의 오른쪽처럼 확장 경로의 각 간선에서 매칭된 간선이 아닌 간선을 모두 매칭된 간선으로 대응하고, 매칭된 간선을 모두 그렇지 않은 간선으로 대응해 얻을 수 있는 새 매칭된 간선을 생각해봅시다. 새 매칭은 기존 매칭에서 매칭된 간선이 1개 증가합니다![16]

이분 매칭 문제의 해법

이 책에선 증명을 생략하지만, 확장 경로가 존재하면 이를 활용해 매칭된 간선을 늘려나가는 알고리즘으로 이분 그래프의 최대 매칭을 구할 수 있습니다. 매칭된 간선이 0개인 상태에서 시작하며, 더 이상 확장 경로를 찾을 수 없을 때 최대 매칭을 얻게 됨을 증명할 수 있습니다. 확장 경로는 깊이 우선 탐색으로 찾을 수 있습니다. 이분 매칭 문제를 자세히 알고 싶다면 북가이드 [1], [4], [14] 등을 참조하세요.

이분 매칭 문제를 푸는 알고리즘은 리스트 3-10처럼 적용합니다. 클래스 BipartiteMatching은 이분 그래프의 왼쪽 정점 수를 나타내는 변수 size_left와 오른쪽 정점 수를 나타내는 변수 size_right를 멤버 변수로 가집니다. 여기서 다음과 같이 생각합니다.

- 이분 그래프의 왼쪽 정점 번호는 0, 1, ⋯, size_left - 1
- 이분 그래프의 오른쪽 정점 번호는 0, 1, ⋯, size_right - 1

이분 그래프 간선의 집합을 멤버 변수 list로 관리합니다. 정점 번호가 v인 왼쪽 정점에 대해 list[v]는 정점 v에 인접하는 오른쪽 정점의 집합을 나타냅니다. 멤버 변수 add_edge()를 활용해 이분 그래프를 그린 다음, 멤버 변수 solve()를 적용해 최대 매칭을 구합니다. 계산 결과는 멤버 변수 l2r, r2l에 저장됩니다.

---

16 어떤 간선과도 공유하지 않는 간선이 존재할 때 해당 간선 자체도 일종의 확장 경로입니다. 이 경우 확장 경로를 따라 매칭을 늘리는 조작은 단순히 '간선을 1개 증가시키는' 것에 대응합니다.

리스트 3-10 이분 매칭 문제를 풀기 위한 클래스

```
 1  #include <iostream>
 2  #include <vector>
 3  #include <string>
 4  #include <utility>
 5  using namespace std;
 6
 7  // 이분 매칭을 풀기 위한 클래스
 8  class BipartiteMatching {
 9   private:
10      // 왼쪽 정점 수와 오른쪽 정점 수
11      int size_left, size_right;
12
13      // list[l] : 왼쪽 정점 l에 인접한 오른쪽 정점 집합
14      vector<vector<int>> list;
15
16      // 계산 결과
17      // l2r[l] : 왼쪽 정점 l과 한 쌍이 되는 오른쪽 정점
18      // r2l[r] : 오른쪽 정점 r과 한 쌍이 되는 왼쪽 정점
19      // 매칭되지 않는 부분의 값을 –1로 한다
20      vector<int> l2r, r2l;
21
22   public:
23      // 생성자
24      BipartiteMatching(int sl, int sr) :
25          size_left(sl), size_right(sr), list(sl) {}
26
27      // 이분 그래프의 간선을 추가해 나간다
28      // 왼쪽 정점 l과 오른쪽 정점 r을 연결한다
29      void add_edge(int l, int r) { list[l].push_back(r); }
30
31      // 왼쪽 정점 l을 시작점으로 확장 경로를 탐색한다
32      // seen[l] : 왼쪽 정점 l에서 출발한 탐색을 마쳤는지 여부
33      // 반환값: 존재할 경우 true, 아닐 경우 false
34      bool dfs(int l, vector<bool>& seen) {
35          // 이미 탐색을 마쳤을 경우 false를 반환한다
36          if (seen[l]) return false;
37
38          // 탐색을 마친 상태로 한다
39          seen[l] = true;
40
```

```
41          // 오른쪽 정점을 순서대로 탐색한다
42          for (int r : list[l]) {
43              // 오른쪽 정점 r이 존재할 경우 true를 반환한다
44              // 또는 이미 매칭된 왼쪽 정점으로 향하는
45              // 확장 경로가 존재할 경우에도 true를 반환한다
46              if (r2l[r] == -1 || dfs(r2l[r], seen)) {
47                  l2r[l] = r;
48                  r2l[r] = l;
49                  return true;
50              }
51          }
52
53          // 확장 경로가 존재하지 않을 경우 false를 반환한다
54          return false;
55      }
56
57      // 이분 매칭 문제를 푼다
58      // 반환값: 매칭된 간선(왼쪽 및 오른쪽 정점)의 집합
59      vector<pair<int, int>> solve() {
60          // 매칭된 간선
61          vector<pair<int, int>> res;
62
63          // 초기화
64          l2r.assign(size_left, -1);
65          r2l.assign(size_right, -1);
66
67          // 확장 경로를 찾을 수 없을 때까지 반복한다
68          while (true) {
69              // 갱신 여부를 나타내는 그래프 변수
70              bool update = false;
71
72              // 동일한 왼쪽 정점의 중복 탐색을 방지한다
73              vector<bool> seen(size_left, false);
74
75              // 왼쪽 정점 l을 순서대로 탐색한다
76              for (int l = 0; l < size_left; ++l) {
77                  // 이미 매칭됐을 경우 건너뛴다
78                  if (l2r[l] != -1) continue;
79
80                  // 확장 경로가 존재할 경우 조건을 반복한다
81                  if (dfs(l, seen)) {
```

```
82                    update = true;
83                    break;
84                }
85            }
86
87            // 확장 경로를 찾을 수 없을 경우 종료한다
88            if (!update) break;
89        }
90
91        // 매칭된 간선을 복원한다
92        for (int l = 0; l < size_left; ++l) {
93            if (l2r[l] != -1) res.emplace_back(l, l2r[l]);
94        }
95        return res;
96    }
97 };
```

도미노 채우기 프로그램 적용

도미노 채우기 프로그램을 적용해봅시다.

◯ 입력 데이터

우선 도미노 채우기 프로그램의 입력 데이터 형식을 정합니다. 리스트 3-11은 그림 3-51의 판에 대응하는 입력 데이터입니다. 1행은 판의 크기, 2행부터는 판의 형태를 나타내며, 판의 모양은 '.' 문자를 통해 입력합니다. 리스트 3-11과 같이 6×5의 직사각형 판을 입력합니다.

리스트 3-11 도미노 채우기 입력 형식

```
1  6 5
2  ....X
3  ....X
4  .....
5  .....
6  X....
7  X....
```

● 도미노 채우기 프로그램

입력한 판으로 이분 그래프를 구성합니다. 여기서는 H×W 크기인 판에서 왼쪽 정점 수와 오른쪽 정점 수가 HW개가 되도록 합니다. 위에서 i행, 왼쪽에서 j열의 검은색 칸 과 위에서 k행, 왼쪽에서 l행의 흰색 칸이 인접할 때 정점 번호가 iW+j인 왼쪽 정점과, 정점 번호가 kW+l인 오른쪽 정점을 간선으로 잇습니다. 이렇게 구성한 이분 그래프의 최대 매칭을 구합니다. 마지막으로, 매칭 값을 토대로 도미노 채우기의 해를 복원합니다. 칸을 모두 채우는 해가 존재하지 않는 경우에도 최대한 많은 도미노를 배치하는 해를 출력합니다.

이와 같은 도미노 채우기 프로그램은 리스트 3-12와 같이 적용합니다.

리스트 3-12 도미노 채우기 프로그램(3_4_domino_solver.cpp)

```
1   #include <iostream>
2   #include <vector>
3   #include <string>
4   #include <utility>
5   using namespace std;
6
7   // 이분 매칭을 풀기 위한 클래스는 생략한다
8
9   // 도미노 채우기 프로그램(판에 타일 채우기)
10  // 반환값은 칸을 채운 도미노 개수
11  int solve(vector<string>& board) {
12      // 상하좌우 네 방향 이동을 나타내는 벡터
13      static const vector<int> dx = {1, 0, -1, 0};
14      static const vector<int> dy = {0, 1, 0, -1};
15
16      // 판의 크기
17      int H = board.size(), W = board[0].size();
18
19      // 이분 그래프를 구성한다
20      BipartiteMatching bm(H * W, H * W);
21      for (int i = 0; i < H; ++i) {
22          for (int j = 0; j < W; ++j) {
23              // 'x'일 경우 건너뛴다
24              if (board[i][j] == 'x') continue;
```

```
25
26              // 검은색 칸이 아닐 경우 건너뛴다
27              if ((i + j) % 2) continue;
28
29              // 상하좌우 네 방향을 조사한다
30              for (int dir = 0; dir < 4; ++dir) {
31                  int ni = i + dx[dir];
32                  int nj = j + dy[dir];
33
34                  // 판 바깥은 건너뛴다
35                  if (ni < 0 || ni >= H || nj < 0 || nj >= W) continue;
36
37                  // 'x' 경우 건너뛴다
38                  if (board[ni][nj] == 'x') continue;
39
40                  // 이분 그래프의 간선을 추가한다
41                  bm.add_edge(i * W + j, ni * W + nj);
42              }
43          }
44      }
45
46      // 이분 매칭의 해를 얻는다
47      const vector<pair<int, int>>& res = bm.solve();
48
49      // 판을 채운다
50      for (const pair<int, int>& lr : res) {
51          int l = lr.first, r = lr.second;
52          int li = l / W, lj = l % W;
53          int ri = r / W, rj = r % W;
54
55          if (li == ri) {
56              // 가로로 나열한다
57              board[li][lj] = '-';
58              board[ri][rj] = '-';
59          } else {
60              // 세로로 나열한다
61              board[li][lj] = '|';
62              board[ri][rj] = '|';
63          }
64      }
65      return res.size();
```

```
66  }
67
68  int main() {
69      // 입력
70      cout << "Domino Tiling Input:" << endl;
71      int H, W;
72      cin >> H >> W;
73      vector<string> board(H);
74      for (string& row : board) cin >> row;
75
76      // 도미노 채우기 문제를 푼다
77      int max_num = solve(board);
78
79      // 해를 출력한다
80      cout << "num of domino: " << max_num << endl;
81      for (const string& row : board) cout << row << endl;
82  }
```

이 프로그램에 리스트 3-11의 입력 데이터를 입력하면 출력 결과는 다음과 같습니다. 도미노를 채울 수 있는 해를 얻었습니다.

실행 결과

```
Domino Tiling Input:
6 5
....x
....x
.....
.....
x....
x....
num of domino: 13
|--|x
||||x
|||--
|--||
x||||
x||--
```

 정리

이 절에서 적용한 도미노 채우기 프로그램의 요점을 복습해봅시다. 먼저 판을 그래프라 생각하고 도미노 채우기 문제를 매칭 문제로 바꿨습니다. 그다음 판의 각 칸을 체크무늬로 칠해보고 이 그래프가 이분 그래프임을 살펴보았습니다. 이에 따라 도미노 채우기 문제가 이분 매칭 문제로 귀착했습니다.

이분 매칭 문제는 수많은 분야에서 응용되고 있습니다. 도미노 채우기와 같은 퍼즐이 중요한 문제와 연결되는 것도 재미있습니다.

마치며

지금까지 텐 퍼즐, 고마치잔, 충식산, 스도쿠, 복면산, 미로, 15퍼즐, 4×4 오델로, 편집
거리, 도미노 채우기 프로그램을 제작하며 퍼즐에 대한 이해를 넓혔습니다. 퍼즐 프로
그램 제작은 단순히 퍼즐 문제를 푸는 작업을 컴퓨터로 수행하는 것이 아니라 퍼즐에
대한 이해도를 높이는 일이기도 합니다.

또 퍼즐 프로그램을 만들어보면서 알고리즘 실력을 연마했습니다. 생각하는 것은 퍼
즐입니다. 즉, 퍼즐을 푸는 알고리즘을 생각하는 과정 자체도 하나의 퍼즐이 됩니다.
'퍼즐을 푸는 알고리즘'이라는 퍼즐에 관심이 있다면 꼭 북가이드 [9], [10], [11] 등을 참
조하거나 AtCoder 같은 프로그래밍 경진대회를 둘러보기 바랍니다.

이 책을 통해 퍼즐이나 알고리즘의 즐거움을 조금이라도 느꼈다면 제겐 큰 기쁨이 될
것입니다. 다른 곳에서 다시 만나면 좋겠습니다.

북가이드

퍼즐 세계를 더 깊게 즐기거나 고급 알고리즘 학습에 도움되는 책을 소개합니다.

● 알고리즘

알고리즘 설계 기법을 다룬 책입니다.

[1] 『問題解決力を鍛える!アルゴリズムとデータ構造』

　大槻兼資 (저), 秋葉拓哉 (감수), 講談社, 2020

[2] 『問題解決のための「アルゴリズム×数学」が基礎からしっかり身につく本』

　米田優峻 (저), 技術評論社, 2015

[3] 『プログラミングコンテスト攻略のためのアルゴリズムとデータ構造』

　渡部有隆 (저), Ozy, 秋葉拓哉 (협력), マイナビ出版, 2015

[4] 『アルゴリズムデザイン』

　Jon Kleinberg, Eva Tardos (저), 浅野孝夫, 浅野泰仁, 小野孝男, 平田富夫 (역), 共立
出版, 2008

● 퍼즐

이 책에서 언급한 퍼즐은 일부에 불과합니다. 앞으로 다양한 퍼즐을 즐기는 데 이정표
가 될 만한 책입니다.

[5] 『ニュートン式 超図解 最強に面白い!!数学パズル』

　小谷 善行 (감수), ニュートンプレス, 2021

[6] 『数学パズル 増補第2版 (ニュートン別冊)』

　ニュートンプレス, 2021

[7] 『巨匠の傑作パズルベスト100 (文春新書)』

　伴田良輔 (저), 文藝春秋, 2008

[8] 『パズル遊びへの招待－古典的名作から最新の傑作まで、古今東西パズルの博物館』

　高木茂男 (저), PHP研究所, 1994

● 퍼즐처럼 알고리즘을 배울 수 있는 책

퍼즐 문제를 풀어보며 알고리즘 사고력을 즐겁게 익힐 수 있는 책입니다.

[9] 『プログラマ脳を鍛える数学パズル シンプルで高速なコードが書けるようになる70問』
　　増井敏克 (저), 翔泳社, 2015

[10] 『プログラミングコンテストチャレンジブック [第2版] ~ 問題解決のアルゴリズム
　　活用力とユーディングテクニックを鍛える ~』
　　秋葉拓哉, 岩田陽一, 北川宜稔 (저), マイナビ出版, 2012

[11] 『5分で論理的思考力ドリル』
　　ソニー・グローバルエデュケーション (저), 学研プラス, 2019

🔵 그래프

책 전체에 선보인 그래프를 깊이 있게 배울 수 있는 책입니다.

[12] 『イラストで学ぶ 離散数学 (KS情報科学専門書)』
　　伊藤大雄 (저), 講談社, 2019

[13] 『最短経路の本 レナのふしぎな数学の旅』
　　P. グリッツマン, R. ブランデンベルク (저), 石田基広 (역), 丸善出版, 2012

[14] 『セジウィック:アルゴリズムC 第5部-グラフアルゴリズム』
　　R.セジウィック (저), 田口東, 高松瑞代, 高澤兼二郎 (역), 近代科学社, 2021

🔵 충식산, 복면산

1-3절 '충식산', 2-2절 '복면산'을 즐길 수 있는 책입니다.

[15] 『虫食算パズル700選』
　　大駒誠一, 武純也, 丸尾学 (저), 共立出版, 1985

[16] 『虫食算と覆面算: 難易度別200選』
　　大駒誠一, 武純也 (저), 東京電機大学出版局, 2008

🔵 스도쿠

2-1절 '스도쿠'를 다룬 책입니다.

[17] 『ニコリ「数独」名品100選』
　　ニコリ (저), 文藝春秋, 2006

[18] 『実践 遺伝的アルゴリズムーーパズルの問題の自動生成で学ぶアルゴリズムの実装』
　　藤原博文 (저) オライリージャパン, 2014

◯ 게임 AI

3-2절에서 '오델로'를 분석하는 α-β 탐색을 설명했습니다. 더 심오한 게임 AI를 개발하는 데 유용한 책입니다.

[19] 『リバーシのアルゴリズム C++&Java対応ー「探索アルゴリズム」「評価関数」の設計と実装 (I・O BOOKS)』
Seal Software (저), 工学社, 2003

[20] 『強い将棋ソフトの創りかた』
山岡忠夫, 加納邦彦 (저), マイナビ出版, 2021

◯ 기타

그 밖의 관련 서적을 소개합니다. 퍼즐을 푸는 것은 수리 최적화의 한 종류이지만 [21]은 수리 최적화 분야를 전반적으로 해설합니다. 또 퍼즐은 인공지능 분야의 주된 주제 중 하나지만 [22]는 인공지능 분야를 전반적으로 해설합니다. 그리고 [23]은 이 책처럼 프로그램을 만들어보며 퍼즐을 즐기되 이 책에서 소개하지 않은 확률 퍼즐, 논리 퍼즐도 다룹니다.

[21] 『しっかり学ぶ数理最適化 モデルからアルゴリズムまで (KS情報科学専門書)』
梅谷俊治 (저), 講談社, 2020

[22] 『イラストで学ぶ 人工知能概論 (KS情報科学専門書)』
谷口忠大 (저), 講談社, 2014

[23] 『プログラムで愉しむ数理パズル ー 未解決の難問やAIの課題に挑戦』
伊庭斉志 (저), コロナ社, 2016

찾아보기

퍼즐로 이해하는 알고리즘
예제를 통해 문제를 풀고, 만들고, 해결하며 배우는 생각하는 힘

출간일 2023년 10월 20일 | 1판 1쇄

지은이 | 오츠키 겐스케
옮긴이 | 윤모린
펴낸이 | 김범준
기획 · 책임편집 | 권혜수, 조부건
교정교열 | 김묘선
편집디자인 | 김옥자
표지디자인 | 이세래나

발행처 | (주)비제이퍼블릭
출판신고 | 2009년 05월 01일 제300-2009-38호
주 소 | 서울시 중구 청계천로 100 시그니쳐타워 서관 9층 949호
주문 · 문의 | 02-739-0739   **팩스** | 02-6442-0739
홈페이지 | http://bjpublic.co.kr   **이메일** | bjpublic@bjpublic.co.kr

가 격 | 22,200원
ISBN | 979-11-6592-236-8 (93000)
한국어판 © 2023 (주)비제이퍼블릭